MW01705921

Allons jouer dehors

Activités extérieures et aménagement d'une aire de jeu

LES PUBLICATIONS DU QUÉBEC
1500 D, rue Jean-Talon Nord, Sainte-Foy (Québec) G1N 2E5

VENTE ET DISTRIBUTION
Case postale 1005, Québec (Québec) G1K 7B5
Téléphone : (418) 643-5150 ou, sans frais, 1 800 463-2100
Télécopie : (418) 643-6177 ou, sans frais, 1 800 561-3479
Internet : www.publicationsduquebec.gouv.qc.ca

Données de catalogage avant publication (Canada)

Vedette principale au titre :

Allons jouer dehors : activités extérieures et aménagement d'une aire de jeu

Comprend des réf. bibliogr.

Sommaire : Guide et fiches : activités extérieures dans les centres de la petite enfance et les garderies – Guide : aménager l'aire extérieure de jeu d'un centre de la petite enfance et d'une garderie.

ISBN 2-551-19600-0

1. Garderies – Activités. 2. Aires de jeux – Planification. 3. Jeux éducatifs. 4. Aires de jeux – Sécurité – Mesures. 5. Enfants – Développement. I. Gagnon, Danielle. II. Québec (Province). Ministère de la famille et de l'enfance.

GV1203.A44 2003 796.5'083'3 C2002-942009-1

Allons jouer dehors

Activités extérieures et aménagement d'une aire de jeu

LES PUBLICATIONS DU QUÉBEC

Québec

Cette publication a été réalisée par la
Direction des programmes à l'enfance
et à la jeunesse et par la
Direction des communications du
ministère de la Famille et de l'Enfance.

600, rue Fullum, Montréal (Québec) H2K 4S7
Téléphone :
- Région de Montréal : (514) 873-2323
- Région de Québec : (418) 643-2323
- Ailleurs au Québec: 1 800 363-0310

Courriel : famille @mfe.gouv.qc.ca
Internet : www.mfe.gouv.qc.ca

Chargé de projet :
Daniel Fines, ministère de la Famille et de l'Enfance

Coordination de l'édition :
Danielle Gagnon, ministère de la Famille et de l'Enfance

Ce document a été édité par
Les Publications du Québec
1500 D, rue Jean-Talon Nord, 1er étage
Sainte-Foy (Québec) G1N 2E5

Partie 1 :
Guide et fiches
Activités extérieures dans les centres de la petite enfance et les garderies

Recherche et rédaction :
Marie Alexandre, enseignante
en techniques d'éducation à l'enfance
Chantal Roussel, enseignante
en techniques d'éducation à l'enfance

Comité de lecture :
Suzanne Alain, Lorraine Belisle, Lucie Côté,
Chantal Cournoyer, Bernard Desjardins,
Sylvie Desjardins, Nicole Dion,
Diane Labelle, Brigitte Lépine,
Lise Perron, Sophie Veilleux

Révision linguistique et production :
Direction des communications,
Ministère de la Famille et de l'Enfance

Conception graphique :
Communications Bleu Blanc Rouge

Infographie :
Claude Guérin

Photo :
Josiane Farand

Partie 2 :
Guide
Aménager l'aire extérieure de jeu d'un centre de la petite enfance et d'une garderie

Recherche et rédaction :
André Émond
Charlotte Gaudette
Emmanuelle Tittley

Comité de lecture :
Suzanne Alain, Lucie Côté, Chantal Cournoyer,
Nicole Dion, Bernard Desjardins, Christine Lajoie,
Vicky Lefebvre, Brigitte Lépine, Louise Mandeville,
Sylvie Melsbach, Danielle Ménard, Sophie Veilleux,
Benoît Veronneau

Production :
Direction des communications,
Ministère de la Famille et de l'Enfance

Révision linguistique :
Beaux dires

Grille graphique :
Communications Bleu Blanc Rouge

Adaptation graphique et infographie :
Claude Guérin

Photo :
Josiane Farand

Illustrations :
Jacinthe Durand

Projets :
André Émond, Méta + Forme

ISBN 2-551-19600-0
Dépôt légal – 2003
Bibliothèque nationale du Québec
Bibliothèque nationale du Canada

AVANT-PROPOS

Jouer dehors fait partie du quotidien des enfants dans les centres de la petite enfance et les garderies. Nous possédons là un merveilleux moyen de permettre aux enfants de se développer globalement, et c'est l'approche privilégiée par le programme éducatif des centres de la petite enfance. Source et amorce de nouvelles explorations ou de créations artistiques, chaque instant passé à l'extérieur peut devenir une occasion pour l'enfant de grandir sur les plans psychomoteur, intellectuel, socio-affectif et langagier. De plus, les espaces naturels lui offrent des possibilités inouïes de jeu, d'observation et de découvertes.

Une aire extérieure de jeu bien aménagée qui répond aux besoins des enfants est essentielle à tout service de garde. Elle doit d'abord être sécuritaire, permettre un grand nombre d'activités et d'expériences et doit également faciliter le travail du personnel éducateur.

La première partie de ce guide, qui porte sur les activités proprement dites, a été rédigée par deux enseignantes en techniques d'éducation à l'enfance du cégep de Rivière-du-Loup. Elle s'adresse plus précisément aux éducatrices et éducateurs des centres de la petite enfance et des garderies et leur sera d'une aide précieuse dans l'organisation et la réalisation d'activités enrichissantes pour les enfants, tout en leur suggérant des pistes de réflexion pour adapter ces activités aux besoins des tout-petits et pour innover.

Grâce à la démarche proposée et aux fiches d'activités, ce guide comble un besoin bien réel et, à ce titre, il trouvera assurément une place de choix dans le coffre à outils de tous ceux et celles qui veillent au développement des enfants, les parents bien sûr, mais tout particulièrement les éducatrices et les éducateurs.

La seconde partie qui traite de l'aménagement, écrite par trois spécialistes de la conception et de la réalisation d'aires extérieures de jeu dans les services de garde, donnera des idées nouvelles aux services de garde et les aidera à aménager des aires extérieures de jeu stimulantes, où les enfants pourront développer leur plein potentiel.

Cet ouvrage se révélera un outil précieux pour toute personne désireuse d'améliorer le bien-être de l'enfant.

Pierre Roy
Sous-ministre
Ministère de la Famille et de l'Enfance

Table des matières

Table des matières (SUITE)

Table des matières (SUITE)

Table des matières (SUITE)

Liste des tableaux

Figure

Listes des fiches

Table des matières (SUITE)

Partie 2

Table des matières (SUITE)

Partie 1

Guide et fiches

Activités extérieures

dans les centres de la petite enfance et les garderies

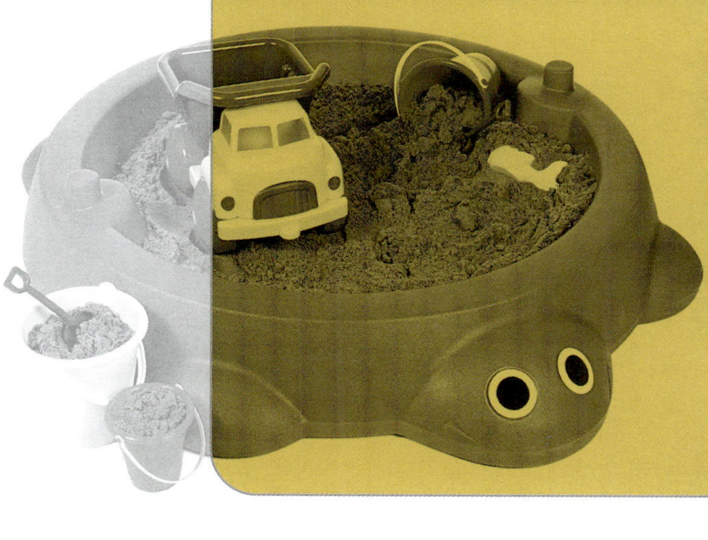

INTRODUCTION

La nature contribue au plein épanouissement de l'être humain. Avide de découvrir et de comprendre l'univers, l'enfant gardera toute sa vie l'empreinte de son contact quotidien avec le monde naturel. À cet égard, le présent guide, conçu spécifiquement pour le personnel éducateur des centres de la petite enfance et des garderies, constitue un outil permettant d'exploiter de manière optimale l'environnement extérieur (cour attenante à l'installation et autres lieux à proximité et plus éloignés) au profit des enfants de cinq ans ou moins.

Les éléments qui le composent sont regroupés en trois chapitres. Le premier présente les bases théoriques concernant les avantages et les possibilités du jeu à l'extérieur pour le développement de l'enfant. Les orientations privilégiées sont les suivantes : reconnaître le potentiel et la richesse des lieux extérieurs, donner une place importante à l'activité extérieure dans l'horaire de la journée, considérer l'environnement l'extérieur comme le prolongement des aires de jeu intérieures et valoriser l'engagement professionnel du personnel éducateur pour l'apprentissage, l'encadrement et la sécurité des enfants.

Le deuxième chapitre touche plus spécifiquement l'apport de l'espace de jeu extérieur aux dimensions motrice, socio-affective et intellectuelle du développement de l'enfant et donne des exemples d'application de différents types d'apprentissage dans lesquels les jeux extérieurs engagent l'enfant.

Le troisième chapitre présente le rôle professionnel du personnel éducateur dans le développement de la pensée experte et se termine par un exemple d'application de ce rôle durant la période d'activités à l'extérieur auprès d'un groupe d'enfants de deux à cinq ans.

Le personnel éducateur peut adapter et combiner les éléments du guide en fonction des objectifs de développement de l'enfant. Les activités suggérées offrent des possibilités infinies et font appel à l'imagination créatrice aussi bien du personnel que de l'enfant.

Un recueil de 65 fiches d'activités pour tous les groupes d'âge et pour toutes les saisons complète ce guide.

Les auteures remercient tout spécialement Karyne Fortin et Nathalie Landry ainsi que tous les enfants du Centre de la petite enfance de Rivière-du-Loup pour leur collaboration à la conception des activités.

CHAPITRE

1

2

3

4

À la découverte du monde extérieur

La plus grande classe au monde est à l'extérieur... l'avons-nous oublié?

De nos jours, on semble privilégier l'intérieur comme lieu d'apprentissage pour les enfants, les moments passés dehors étant considérés souvent comme des périodes de récréation où l'enfant est laissé à lui-même en « jeux libres ». Cependant, la contribution de la nature au développement de l'enfant dépasse le simple besoin de défoulement. Il offre un système de soutien des expérimentations et des expressions de l'enfant. Le monde du dehors, ce vaste réservoir d'expériences imprévisibles, est un lieu d'apprentissage précieux et irremplaçable. Que l'on songe aux jeux extérieurs d'il y a vingt ou trente ans ou à ceux que l'on observe aujourd'hui, les habiletés développées sont les mêmes et l'attrait exercé par la nature demeure.

Riches d'apprentissage, les activités extérieures sont autant d'occasions de négocier, de pratiquer la coopération, d'attendre son tour, de résoudre des problèmes et de jouer différents rôles au sein d'un groupe. En fait, sauter à la corde, se rouler dans les feuilles, jouer au ballon, courir, collectionner papillons, insectes et roches contribuent largement au développement de l'enfant dans toutes les dimensions de sa personnalité.

1.1 L'ENVIRONNEMENT EXTÉRIEUR : UN BESOIN

Les sensations que fait naître l'environnement naturel ne pourront jamais être reproduites à l'intérieur. Que l'on pense au sifflement du vent dans les oreilles, à son chatouillement sur la peau, aux odeurs des peupliers qui bourgeonnent, à la terre mouillée, au son de la pluie ainsi qu'au concert des insectes. Ces impressions visuelles, tactiles, olfactives, sonores et kinesthésiques restent uniques et cruciales pour le développement de l'enfant.

L'enfant, dans un lieu extérieur, crée un contact réel et une expérience directe avec l'environnement biologique et social. La variété des êtres qui vivent dans la nature l'aide à apprendre la tolérance, à mieux comprendre et interpréter la réalité. Les activités auxquelles il s'adonne en plein air et en pleine lumière lui procurent également un immense bénéfice pour sa santé.

1.1.1 Activité extérieure : avantages et possibilités pour le développement global de l'enfant

En jouant, l'enfant acquiert des habiletés motrices, intellectuelles, affectives et sociales. Il s'exprime véritablement par le jeu. En l'observant, on peut avoir des indices sur ce qui se passe dans son esprit, il nous dévoile une part de ses émotions, de ses difficultés et de ses préoccupations. Le jeu devrait être considéré, par l'adulte, comme l'activité la plus sérieuse de l'enfant.

Le jeu à l'extérieur offre un apprentissage différent de celui que procurent les activités intérieures. Souvent, les enfants calmes et timides à l'intérieur deviennent plus volubiles et aventureux dehors. Il y a échange de compagnons de jeux à l'extérieur par rapport à ce qui se vit à l'intérieur. Le contact avec la faune et la flore est privilégié. C'est également une occasion de mieux connaître les intérêts particuliers et les habiletés des enfants.

1.1.2 Activité extérieure : bienfaits pour la santé

L'expérience de vie ou l'écologie des enfants d'aujourd'hui oblige le personnel éducateur à porter une attention spéciale aux jeux extérieurs comme partie intégrante de l'activité physique à laquelle se livrent quotidiennement ces derniers. En effet, l'ordinateur, la télévision, l'espace réduit dans les maisons et le voisinage non sécuritaire contribuent à les rendre passifs. Les enfants sont 40 pour cent moins actifs qu'il y a trente ans. L'obésité juvénile a augmenté de 50 pour cent. Selon l'Institut canadien de la recherche sur la condition physique et le mode de vie, « trois enfants sur cinq ne font pas suffisamment d'activité physique pour croître et se développer de manière optimale ». Leur niveau d'activité et leur condition physique laissent grandement à désirer.

Les bienfaits de l'activité physique pour l'enfant

Les bienfaits de l'activité physique pour les enfants sont indéniables. L'activité physique quotidienne améliore l'état de leurs os, les rendant plus solides. Elle améliore leur santé mentale et contribue à la croissance. Elle améliore également le rendement en accroissant la capacité d'attention et de concentration. L'habitude de l'activité physique en bas âge a bien des chances de se poursuivre à l'âge adulte. Cela constitue un avantage important pour le maintien de l'état de santé tout en ayant un effet positif sur le comportement et le style de vie (effet apaisant).

Types d'activité physique à offrir aux enfants

Plusieurs études indiquent qu'une activité physique quotidienne vigoureuse est nécessaire à la santé. On recommande de placer dans l'horaire de la journée, entre 20 minutes et une heure d'activité intense pour les enfants de plus de 18 mois. La notion d'intensité fait référence au coût énergétique d'un travail ou d'une activité physique donnée. Il y a généralement trois principaux niveaux d'intensité : faible, modérée et élevée. Une activité dans laquelle l'enfant va jusqu'au bout de ses capacités, c'est-à-dire jusqu'à l'essoufflement, est considérée de niveau élevé. Les bienfaits de ce type d'activité sont nombreux : réduction de la pression sanguine, réduction de la masse graisseuse et du rythme cardiaque, diminution de l'incidence des maladies cardiaques et de certaines formes de cancer, augmentation de la santé des os et des muscles, augmentation de la force et de l'endurance physique.

Atteindre ce niveau d'activité n'est pas aussi simple qu'on pourrait le croire. Une étude démontre que lorsqu'on laisse les enfants jouer librement à l'extérieur, seulement 11 pour cent d'entre eux s'adonnent à une activité physique vigoureuse, alors que 60 pour cent participent à des activités plutôt sédentaires, comme marcher, parler avec d'autres ou jouer sur place.

La mise en place du programme de jeux extérieurs inclut obligatoirement des activités de mouvement invitant les enfants à une grande dépense d'énergie. (VOIR TABLEAU 1.1)

1.2 POTENTIEL ET RICHESSE DES LIEUX EXTÉRIEURS

Lorsqu'on s'y attarde, on constate que l'environnement immédiat des centres de la petite enfance et des garderies s'avère extrêmement riche : un parc situé à proximité, une cour d'école où il y a un immense terrain de balle, un sentier pédestre, une piste cyclable ou les rues du quartier. D'autres sites, peut-être plus éloignés, tels que le bord de la mer, les parcs provinciaux ou nationaux, les boisés, un centre d'interprétation, tous les lieux à vocation spécifique (jardin botanique, ferme, élevage piscicole, érablière, verger) sont autant d'attraits qui peuvent fournir des occasions d'expériences nouvelles à l'extérieur.

1.2.1 Caractéristiques d'un site extérieur idéal

Un site extérieur, qu'il soit à proximité ou éloigné du service de garde, devrait procurer à l'enfant un environnement pourvu d'un ensemble d'éléments qui favorisent son développement global. À n'en pas douter, le type d'espace disponible influence les activités auxquelles se livrent les enfants. Ainsi, un lieu extérieur vaste ou restreint va permettre ou limiter les activités à grand déploiement. De même, l'aménagement extérieur peut être propice ou non à la création artistique ou à des jeux symboliques.

Un site extérieur idéal doit aussi présenter des défis. Il devrait comprendre une variété de texture et de matériel, un jardin, un petit point d'eau ou un ruisseau, des zones plus sauvages, un

TABLEAU 1.1 RÉPERTOIRE D'ACTIVITÉS [1]

Activités de grande mobilité	Activités de mobilité moyenne	Activités de faible mobilité
☐ Courir, sauter, glisser, sautiller, rouler, lancer, frapper, grimper, transporter, se tenir en équilibre, construire avec de gros blocs ou d'autres matériaux	☐ Creuser avec sable et eau	☐ Peindre, lire
☐ Productions artistiques : danse, pièce de théâtre, orchestre	☐ Faire pousser des plantes	☐ Manipuler des objets, faire des casse-tête
	☐ Prendre soin d'animaux	☐ Modeler avec de la glaise et d'autres matériaux.
	☐ Théâtre de marionnettes	
	☐ Jeu symbolique avec personnages, animaux et véhicules miniatures	

1. MAUFFETTE, A. G. *Revisiter les environnements extérieurs pour enfants : un regard sur l'aménagement, le jeu et la sécurité*, 1999.

endroit où l'enfant peut s'isoler des autres et un coin de création. On devrait y trouver des structures pour grimper, un carré de sable, une aire gazonnée, et il doit offrir la possibilité de tirer, de conduire ou de pousser des jouets roulants. Le personnel éducateur peut mieux évaluer la richesse d'un site en appliquant ou en reconnaissant certains critères.

Les aires de jeu extérieures, tout en étant le prolongement de l'intérieur, offrent des possibilités différentes. Les activités et les jeux induits par l'environnement extérieur comprennent, plus particulièrement, l'utilisation du sable et de l'eau, la peinture de clôtures et de trottoirs, l'utilisation de craie pour dessiner sur les murs ainsi qu'une aire de construction. L'espace extérieur permet des activités telles que barboter, grimper, se rouler dans le gazon ou dans la neige, faire de la bicyclette ou du tricycle, circuler en voiturette ou courir dans des zones de jeu plus vastes.

Lors de l'aménagement de la cour, il faut planifier celle-ci de façon que les enfants aient la possibilité d'explorer et d'être en contact avec divers éléments paysagers, tels que les endroits ensoleillés et ombragés (sous des arbres), du gazon, des roches, de l'eau. L'intérêt des enfants pour la flore est stimulé par les arbres fruitiers, les arbustes, la vigne et les fleurs. (VOIR TABLEAU 1.2)

1.2.2 Contraintes du jeu à l'extérieur

L'environnement extérieur représente une source inestimable d'apprentissages. Toutefois, des contraintes inhérentes au climat et à l'environnement peuvent limiter ou même contrecarrer les efforts faits pour amener l'enfant au jeu extérieur. Voici certaines contraintes imposées par les éléments extérieurs et les précautions à prendre à l'égard de chacune d'elles.

Le climat

Le soleil

Les enfants qui passent plus de temps à l'extérieur sont susceptibles d'être exposés aux rayons nocifs du soleil. Les zones ombragées deviennent donc primordiales. Les arbres peuvent procurer la protection voulue ; sinon, il faut prévoir des abris adaptés aux besoins des enfants. La protection solaire appropriée est également de mise.

Le froid

En hiver, les enfants qui sont exposés au froid durant de longues périodes peuvent avoir des engelures. Il est indiqué d'habiller les enfants chaudement avec plusieurs couches de vêtements, un chapeau et un cache-col. Il est important de surveiller les mains et les pieds (enlever de temps à autre une mitaine afin de vérifier la température des mains), car les extrémités gèlent en premier.

L'environnement

Les plantes

Les enfants en bas âge sont naturellement enclins à porter les choses à leur bouche, cela fait partie de leur développement. La vigilance est de mise lorsque les enfants sont à l'extérieur, particulièrement en ce qui a trait aux plantes et à leurs fruits. Certaines plantes et certains fruits sont plus ou moins dangereux pour la santé, voire mortels s'ils sont ingérés. Si un enfant absorbe une plante ou ses fruits, il est recommandé d'en apporter un échantillon complet (branches, feuilles, fleurs ou fruits) pour l'identifier. On doit absolument éviter de manger une plante si on n'est pas absolument certain qu'elle soit comestible.

Les insectes

Les piqûres d'insectes sont sans gravité, pour la plupart des enfants ; toutefois, pour certains, elles peuvent causer des allergies (apparition de rougeurs localisées jusqu'au choc anaphylactique pouvant entraîner la mort).

Pour prévenir les piqûres d'insectes, il faut éviter de marcher pieds nus dans l'herbe et d'utiliser les parfums, les savons et les shampooings parfumés, car ils attirent les insectes. Les activités extérieures se tiennent en dehors des périodes plus critiques, tels le lever et le coucher du soleil. L'utilisation des insectifuges ou insecticides est permise avec des enfants de plus de deux ans, à condition d'avoir une ordonnance médicale et l'autorisation des parents. Le port de vêtements de couleur claire à manches longues et recouvrant les jambes réduit les surfaces exposées aux piqûres.

Les animaux

Les enfants qui demeurent dans la cour du service de garde sont peu ou pas exposés aux animaux ainsi qu'aux risques de maladies associés à leur contact. Lors de promenades dans un parc ou un boisé, il est important de prévenir les enfants de ne pas toucher à des animaux morts, s'ils en trouvent, et à s'éloigner des animaux sauvages qui viennent trop près ou qui semblent familiers (par exemple, les écureuils). De même, il vaut mieux apprendre aux enfants à ne pas aller spontanément vers un animal domestique, quel qu'il soit, car on ne peut jamais prévoir la réaction de celui-ci.

Les cours d'eau et les piscines

Les cours d'eau et les piscines présentent un attrait particulier pour les enfants. Il ne faut jamais laisser des enfants seuls près des cours d'eau. La surveillance d'un adulte en tout temps est obligatoire. Il est également nécessaire d'installer une barrière adéquate autour des points d'eau situés dans la cour du service de garde. De plus, il faut veiller à respecter les règlements municipaux ainsi que ceux du ministère de l'Environnement.

1.2.3 Importance de l'activité extérieure dans l'horaire de la journée

Il est essentiel pour la croissance et le développement des enfants de jouer dehors tous les jours, en toutes saisons, dans un environnement sécuritaire et confortable. L'organisation physique et matérielle de l'environnement extérieur immédiat doit être pensée de manière à favoriser des périodes de jeux

TABLEAU 1.2 CRITÈRES D'UN SITE EXTÉRIEUR IDÉAL

Critères	Questions pour le choix, l'amélioration ou l'enrichissement d'un site
☐ **Variété des expériences**	• L'enfant a-t-il la possibilité de construire, de rouler, de collectionner, de creuser ou de verser?
☐ **Possibilité pour l'enfant de s'approprier l'expérience qu'il est en train de vivre**	• Est-ce que les pièces de jeu ou d'équipement ont plus d'un usage ? • Peuvent-elles être adaptées et utilisées de multiples façons par les enfants ?
☐ **Niveaux de défis variés et adaptés**	• L'environnement permet-il un éventail d'expériences connues ou non, de pratiquer des jeux ou de relever de nouveaux défis ? Par exemple, un jardin est un moyen fantastique pour les enfants d'apprendre les bases scientifiques concernant les saisons, la croissance, le soleil, l'eau et l'origine des légumes.
☐ **Possibilité de faire des choix**	• L'enfant peut-il maîtriser son environnement et choisir le niveau de risque qu'il se sent prêt à affronter ? • Peut-il choisir le type d'activité qui répond à ses goûts du moment ? • Le matériel est-il nouveau pour l'enfant ?
☐ **Expression de l'imagination**	• L'imagination de l'enfant est-elle encouragée par la présence de structures telles que maisons, forts, tunnels, ou d'un coin aménagé pour l'expression artistique? • Le matériel offert est-il nouveau pour l'enfant ?
☐ **Possibilité d'acquérir de l'autonomie**	• L'environnement est-il suffisamment sécuritaire pour minimiser le nombre d'interventions de l'adulte au cours des périodes de jeux plus libres passées à l'extérieur ?
☐ **Réponse à toutes sortes d'intérêts**	• L'aire extérieure répond-elle aux intérêts spontanés des enfants et en suscite-t-elle d'autres ?
☐ **Aménagement adaptable**	• Peut-on transformer l'aménagement, placer le matériel et l'équipement de diverses façons afin de l'adapter aux besoins changeants des enfants ?
☐ **Durabilité**	• Le matériel et l'équipement choisis sont-ils durables (solides et sécuritaires) et résistants aux conditions climatiques ?
☐ **Présence des dimensions du développement global**	• Est-ce que l'aire extérieure encourage le jeu multidimensionnel ? • Encourage-t-elle le développement du langage, l'intégration de l'enfant à un groupe, l'utilisation de la pensée de l'enfant et l'acquisition des connaissances de base ?

extérieurs les plus longues possible. Lorsque le temps passé à l'extérieur s'échelonne sur de courtes périodes, les jeux sont répétitifs alors que des périodes plus longues (au moins 45 minutes) donnent lieu à une grande diversité de comportements ludiques, à des projets plus élaborés.

1.3 ENCADREMENT ET SURVEILLANCE DES ACTIVITÉS EXTÉRIEURES

Le personnel éducateur doit exercer une surveillance et un encadrement adéquats auprès des enfants, le nombre de blessures subies par ces derniers étant directement lié au manque de surveillance. Cette supervision active de l'adulte est un facteur clé qui permet à l'enfant de faire ses apprentissages en toute confiance et en toute sécurité.

Rappelons qu'il faut, en tout temps, faire preuve de vigilance.

Le personnel éducateur est en mesure de reconnaître les risques associés aux lieux extérieurs. Il établit les règles à respecter pour les adultes et les enfants, et s'assure que tout le monde les connaît et les applique.

En plus de superviser l'activité des enfants, le personnel éducateur participe activement à leurs jeux. À cet égard, certaines pratiques sont à valoriser. (VOIR TABLEAU 1.3)

Afin de réduire les risques de blessure et de mortalité des enfants qui jouent à l'extérieur, il est primordial de prendre conscience de quatre facteurs importants.

1.3.1 Premier facteur de risque : supervision inadéquate de la part des adultes

Souvent, à l'extérieur, les enfants sont laissés à eux-mêmes en jeux libres sans supervision active de l'adulte. Ce dernier agit comme si la qualité de l'équipement et l'organisation de l'environnement suffisaient à en assurer la sécurité et rendaient la surveillance inutile. Une aire de jeu sans supervision active de l'adulte est une aire de jeu dangereuse.

L'enfant n'est pas à l'abri des blessures. Cependant, la vue d'ensemble du terrain et l'anticipation de certains comportements peuvent en réduire l'incidence (éraflures aux genoux, œil au beurre noir ou fractures), et lorsqu'un accident survient, l'enfant reçoit les premiers soins plus rapidement si la surveillance est adéquate.

L'adulte est également là pour aider les enfants à faire les bons choix, en donnant des instructions sur les façons de jouer ou d'utiliser le matériel, sur les règles de vie et de sécurité à respecter.

TABLEAU 1.3 PRATIQUES À VALORISER ET PRATIQUES À ÉVITER

À valoriser	À éviter
☐ **Le personnel éducateur prend part aux jeux des enfants et les soutient.**	• Les périodes de jeux à l'extérieur sont des temps de relaxation pour le personnel éducateur et des périodes pour parler avec les autres adultes.
☐ **Le personnel éducateur manifeste son intérêt pour les jeux extérieurs en continuant à travailler et à dialoguer avec les enfants.**	• Le personnel éducateur adopte une position de retrait par rapport aux enfants.
☐ **Le personnel éducateur interagit avec les enfants afin de mieux connaître leurs champs d'intérêt.**	• Le personnel éducateur s'assoit pendant que les enfants jouent librement entre eux.
☐ **Le personnel éducateur favorise une approche teintée d'un enthousiasme naturel.**	• Le personnel éducateur n'intervient qu'en cas de conflit.
☐ **Le personnel éducateur s'habille de façon à pouvoir grimper, rouler, creuser, participer aux activités des enfants.**	• Le personnel éducateur porte des vêtements qui empêchent l'aisance de ses mouvements ou qui sont peu appropriés à la saison ou à l'activité.

L'enfant est naturellement poussé vers l'action : frapper, courir, lancer, sauter; tout cela contribue à augmenter le risque de blessures. L'interaction entre les enfants peut également entraîner des collisions ou des conflits. Encore une fois, la supervision active de l'adulte permet d'éviter certains accidents. Le personnel éducateur se poste à proximité des enfants pour être prêt à intervenir dans les situations présentant les plus grands risques.

La clé de la supervision active repose sur la capacité de voir ce qui se passe, d'anticiper et de se déplacer constamment à travers les aires de jeu.

Comment exercer une surveillance efficace ?

- Avant que les enfants ne sortent dans l'aire de jeu, vérifier s'il y a du verre brisé, des clous, de grands bâtons ou des branches d'arbres, des objets transportés par le vent. Il est aussi nécessaire de vérifier si l'équipement a pu être vandalisé ;
- Porter sur soi une trousse « minimale » de premiers soins, comprenant pansements, mouchoirs, gants de caoutchouc ou de latex pour se protéger du sang ;
- Si possible, porter sur soi un téléavertisseur, un téléphone cellulaire ou sans fil ou un walkie-talkie en état de fonctionnement ;
- Circuler dans les aires de jeu afin de prévenir d'éventuels accidents. Éviter de demeurer stationnaire. Circuler au hasard à travers la cour ;
- Vérifier dans les aires de jeu les « zones aveugles » (les aires en dehors du champ de vision) et circuler autour de ces zones plus souvent ;
- Communiquer respectueusement avec les enfants.

1.3.2 Deuxième facteur de risque : aire de jeu et équipements non adaptés à l'âge des enfants

Les enfants ont des comportements différents selon leurs niveaux de développement, autant sur les plans intellectuel et socio-affectif que moteur. Ils ont besoin de défis mais ceux-ci doivent être adaptés à leur âge ainsi qu'à leur niveau de développement. On s'entend pour dire que les aires et les équipements de jeux doivent répondre à certaines caractéristiques spécifiques. Ils doivent être adaptés aux enfants de deux ans ou moins, de deux à cinq ans et de cinq à douze ans, selon le cas.

1.3.3 Troisième facteur de risque : surfaces dures

Au Canada, plus de 140 000 enfants se blessent chaque année à cause de la présence de surfaces d'amortissement trop dures sous les équipements de jeux. Vérifiez que les matériaux répondent aux normes de sécurité : la terre et le gazon ne conviennent pas pour absorber des chutes. Même lorsque le matériel absorbant répond aux normes, il convient d'en vérifier la capacité d'amortissement quotidiennement et, dans le cas du sable, de le travailler ou d'en rajouter au besoin.

1.3.4 Quatrième facteur de risque : manque d'entretien ou entretien inadéquat des équipements

Comme pour une voiture, l'équipement des aires de jeu extérieures a besoin d'un entretien adéquat et régulier. Tout bris doit être immédiatement réparé. Plusieurs accidents peuvent survenir à cause de négligence dans l'entretien de l'équipement.

1.3.5 Autres éléments à considérer pour assurer la sécurité des enfants à l'extérieur

Vêtements

Il faut veiller à ce que rien, dans la tenue vestimentaire des enfants, ne puisse rester accroché : éviter le plus possible les foulards, les cordons de vêtements, les capuchons. Le personnel et le service de garde doivent également sensibiliser les parents, par une lettre circulaire ou un autre moyen, à l'importance de munir les enfants de vêtements « sécuritaires ».

Comportements

Le personnel éducateur encourage les comportements positifs chez les enfants, contribuant ainsi à réduire les comportements perturbateurs ou dangereux.

Il s'assure également de bien observer les façons de jouer des enfants, tout en enrichissant leurs jeux. Il aide les enfants à résoudre les conflits qui surgissent : cela constitue une excellente façon de prévenir les coups, en évitant que certaines situations ne dégénèrent. Il doit également se rappeler d'appliquer (avec beaucoup de constance) les quelques règles bien définies, qui sont connues des enfants et qui, parfois même (idéalement), ont été déterminées avec eux.

Risques calculés

Dans la cour, mais aussi dans la programmation des activités, il est nécessaire de prévoir des lieux et des activités où les enfants peuvent prendre certains risques (par exemple : une aire de saut, une « corde à Tarzan » ou une activité suggérant un défi particulier). Ces mesures éviteront que les enfants plus hardis ne cherchent d'autres défis trop dangereux pour eux, mettant en péril leur propre sécurité. À se rappeler constamment : tous les équipements et structures de jeux extérieurs doivent être adaptés à l'âge des enfants et répondre à la norme du CSA (Association canadienne de normalisation) sur les aires et les équipements de jeu.

1.3.6 Les sorties : des règles strictes

Les sorties offrent des occasions enrichissantes d'explorer d'autres facettes de l'environnement extérieur. Elles sont de beaux prétextes et de belles invitations, tant pour les enfants que pour les adultes qui les accompagnent, à découvrir de nouveaux lieux qu'ils n'auraient pas l'occasion de connaître autrement. Bien conçues et planifiées, ces sorties à l'extérieur du cadre quotidien servent à favoriser de nouveaux apprentissages pour le développement global de l'enfant.

Il faut évaluer de façon rigoureuse les risques inhérents à de telles activités. Obtenir l'autorisation écrite des parents est l'une des premières étapes à franchir lorsqu'on désire faire une sortie avec les enfants. On doit préciser par qui et comment le transport sera effectué. On doit prévoir la présence d'un autre adulte pour la sortie. Il est nécessaire de planifier la sortie en fonction de l'âge, des capacités et de l'endurance des enfants. De plus, il est utile de demander aux parents de prévoir des vêtements adéquats ainsi que des chaussures appropriées. Le personnel éducateur prévoit une trousse de premiers soins ainsi que tout autre élément essentiel (eau, collation), apporte une liste à jour des numéros de téléphone des personnes à appeler en cas d'urgence et effectue une visite préalable des lieux afin de mieux planifier l'activité et de vérifier que ces lieux répondent aux besoins et aux capacités des enfants. Même dans les parcs publics, il faut s'assurer que les équipements de jeu sont sécuritaires. De plus, avant la sortie, il faut bien expliquer aux enfants le déroulement prévu ainsi que les consignes de sécurité.

Il est primordial d'informer les parents accompagnateurs des risques inhérents à la sortie, des mesures à prendre ainsi que des règlements à suivre afin d'assurer la sécurité des enfants. Pour apprendre, l'enfant a besoin d'un cadre de vie sain, confortable et sécuritaire.

Privilégier le jeu extérieur et reconnaître toute la richesse des différents sites à exploiter avec les enfants est au cœur du propos de ce chapitre. La connaissance des contraintes liées à l'environnement extérieur, l'encadrement et la prévention sont des outils indispensables pour mener à bien cette tâche. Il s'avère également primordial que le personnel éducateur fasse preuve de créativité et d'imagination pour aplanir les difficultés dans l'attribution d'une place de choix aux activités extérieures dans l'horaire de la journée. Sa présence enthousiaste et son engagement dans un processus de supervision active permettent d'assurer la sécurité des enfants et de les soutenir dans leur démarche d'apprentissage.

CHAPITRE

1

2

3

4

Le développement de l'enfant de cinq ans ou moins dans un environnement extérieur

« Venez les enfants, allons dehors ! ». En lançant cette phrase, le personnel éducateur engage chaque enfant, souvent inconsciemment, dans un processus d'apprentissage multidimensionnel relié à son développement global.

L'activité à l'extérieur familiarise l'enfant avec la nature et le monde autour de lui. En agissant seul ou avec les autres, et en s'engageant véritablement dans l'action, il éveille ses sens et son intelligence. Par conséquent, la valeur pédagogique de l'activité extérieure est inestimable. L'enfant s'approprie les notions de base de ce qui l'entoure. La complexité et la diversité des éléments qu'il trouve dans les lieux extérieurs stimulent chacune des dimensions de son développement.

2.1 CARACTÉRISTIQUES DES ENFANTS D'ÂGE PRÉSCOLAIRE

Observons un instant un enfant de deux ou trois ans qui marche sur le trottoir en tenant la main d'un adulte. Que peut-on remarquer? Vers quoi se porte son attention? Qu'arriverait-il à cet enfant s'il se retrouvait seul ? Eh bien! l'enfant de cet âge cueille une fleur sur le bord du trottoir, ramasse un morceau de papier, suit un papillon qui passe... son attention est facilement détournée.

Les gens qui sont appelés à côtoyer quotidiennement les enfants savent que ces derniers ont besoin d'une surveillance et d'un encadrement constants. Les caractéristiques des enfants, et les conséquences qui en découlent, ont des effets directs sur le travail du personnel éducateur. (VOIR TABLEAU 2.1)

Dès sa naissance, l'enfant, en s'engageant dans une activité extérieure, sollicite toutes les facettes de son être.

La connaissance de l'évolution des dimensions motrice, socio-affective et intellectuelle du développement global de l'enfant par le personnel éducateur est un gage de réussite dans l'utilisation des lieux extérieurs pour des activités significatives. À cet égard, le monde extérieur regorge de richesses permettant l'apprentissage d'expériences clés en relation avec le développement global de l'enfant du préscolaire.

De plus, la volonté d'offrir des expériences de jeux aux enfants présentant des limitations fonctionnelles facilite grandement l'intégration de ceux-ci et renforce les comportements pro-sociaux de l'ensemble du groupe.

2.2 DIMENSION MOTRICE[1]

Parmi les caractéristiques du développement moteur, il faut retenir la loi de la progression céphalocaudale et le principe proximodistal dans l'évolution du contrôle moteur des parties du corps. Dans le premier cas, le contrôle musculaire de l'axe corporel vient de la tête et s'étend vers les jambes. Dans le second cas, le contrôle moteur évolue parallèlement du centre vers la périphérie (du tronc vers les membres) : par exemple, le contrôle des membres supérieurs s'exerce d'abord sur l'épaule et le bras, ensuite le poignet et la paume et enfin les doigts de la main.

2.2.1 Progrès moteurs du poupon et du trottineur

Au cours de sa première année, le poupon contrôle, par ordre d'apparition, le cou en tant que soutien antigravitaire[2] de la tête et le mouvement de rotation afin de suivre du regard. Par la suite, le contrôle du haut du dos et du bassin permet le redressement du tronc par une poussée des bras. Il parvient ensuite à la position assise. Finalement, la position verticale et la maîtrise de la marche apparaissent avec le contrôle des membres inférieurs.

La maturation[3] seule ne suffit pas à l'apparition et au perfectionnement des comportements moteurs. Il faut que le poupon ou le trottineur soit amené à les exercer et à les reproduire le plus souvent possible. Ses principales sources de motivation à l'action lui viennent de l'attrait sensoriel des éléments de l'environnement. De toutes les modalités sensorielles, la vision est celle qui joue le rôle le plus déterminant dans son développement moteur. Le bébé redresse la tête et change la position de son corps afin de découvrir son environnement proche et lointain. Il saisit et manipule des objets repérés par le regard et convoités. Il se déplace pour se rapprocher des êtres ou des objets reconnus. La richesse du monde extérieur stimule l'activité motrice du bébé par la présence d'objets ou de réalités immobiles (bois, roches, sable, arbre, trottoir, rue) ou d'objets et d'êtres vivants en mouvement (feuilles au vent, balançoires, insectes). Les couleurs et les textures de la nature le pousseront vers les explorations motrices : attraper, tourner, ramper, prendre, s'étirer, ramasser.

Au cours de la deuxième année, l'observation du bébé le conduit à imiter les comportements des plus grands de son entourage, comme grimper sur un plan fortement incliné ou monter un

1. PAOLETTI, R. *Éducation et motricité de l'enfant de deux à huit ans*, Gaétan Morin Éditeur, Montréal, 1999.
2. Antigravitaire : dans toutes nos activités, nous devons neutraliser la force d'attraction terrestre qui nous attire vers le bas, en déployant une activité musculaire antigravitaire, c'est-à-dire dirigée vers le haut et de force équivalente.
3. La maturation se définit comme le processus, génétiquement déterminé, par lequel un organe, ou un ensemble d'organes, atteint un état de développement optimal qui le rend apte à assurer avec aisance et efficacité la fonction pour laquelle il est conçu.

TABLEAU 2.1 CARACTÉRISTIQUES DES ENFANTS D'ÂGE PRÉSCOLAIRE ET CONSÉQUENCES ASSOCIÉES [4]

Caractéristiques	Conséquences
Les jeunes enfants ne peuvent prévoir la vitesse et la direction d'objets en mouvement.	• Ils sont vulnérables aux collisions.
Les jeunes enfants ont un angle de vision de moins de 70 %.	• Ils ne voient pas toujours les choses venir.
Les jeunes enfants ne voient pas les dangers (rue, profondeur) et sont faciles à distraire.	• Il faut les protéger.
Les jeunes enfants sont en voie d'apprendre à maîtriser leur corps.	• Ils ont de la difficulté à s'arrêter, à tourner et à changer de direction rapidement.
Les jeunes enfants développent progressivement leur coordination mais n'ont pas encore maîtrisé toutes les formes de mouvement.	• Ils trébuchent, glissent, tombent en courant, en sautillant ou lorsqu'ils grimpent.
La paroi du crâne des enfants est plus mince et leur tête est proportionnellement plus volumineuse.	• Ils sont plus vulnérables aux traumatismes à la tête.
Les jeunes enfants n'ont pas beaucoup de force dans la partie supérieure ou abdominale du corps.	• Ils vont facilement perdre prise et tomber.
La taille des jeunes enfants varie de 0,5 à 1,20 m.	• Ils sautent sans tenir compte de la hauteur, ni de la surface de réception.
En raison de leur petite taille, les enfants détectent plus facilement les objets sur le sol.	• Ils vont remarquer ce qu'il y a par terre et l'utiliser.
Les enfants ont de moins en moins d'occasions d'exercer leur motricité globale, aussi bien à l'intérieur qu'à l'extérieur.	• Ils sont exposés à des troubles respiratoires et cardiaques, à une diminution de la densité osseuse et aux blessures. Ils ont des difficultés de discrimination perceptive. Le développement de leurs qualités physiques (équilibre, endurance et coordination) risque d'être compromis.
Les enfants sont curieux et imprévisibles.	• Ils utilisent le matériel de façon inédite et parfois dangereuse. Ils ignorent les interdits.
Les enfants de moins de trois ans sont insensibles à la sécurité des autres. Certains enfants sont extrêmement impulsifs et manquent de jugement ou aiment prendre de grands risques.	• Ils sont une source importante de danger pour eux-mêmes et autrui.
Les enfants sont excités quand ils jouent.	• Ils oublient les recommandations.

4. MAUFFETTE, A. G. *Revisiter les environnements extérieurs pour enfants : un regard sur l'aménagement, le jeu et la sécurité*, 1999.

escalier ou une échelle verticale. Par exemple, marcher dehors avec un habit de neige représente en soi un exploit.

2.2.2 Progrès moteurs de l'enfant de deux à sept ans

Entre deux ans et sept ans, l'enfant amorce une période de sa vie qui va déterminer son devenir moteur par la constitution des comportements moteurs fondamentaux. Ces comportements servent d'assise à toutes les autres formes de mouvements hautement spécialisés et sont au centre des disciplines athlétiques, sportives et artistiques. C'est, en fait, le patrimoine moteur de l'enfant. Ces comportements sont généralement regroupés en trois catégories : la locomotion, la manipulation et la stabilisation. (VOIR TABLEAU 2.2)

L'acquisition des comportements moteurs par l'enfant est jalonnée de stades précis. L'accès à un nouveau stade pour un comportement moteur donné dépend de la qualité et de la quantité des expériences motrices vécues par l'enfant. Un stade fait référence aux séquences caractéristiques de l'évolution d'un comportement moteur. Au nombre de trois, ils sont communément appelés initial, intermédiaire et final. (VOIR TABLEAU 2.3)

TABLEAU 2.2 COMPORTEMENTS MOTEURS FONDAMENTAUX[5]

Locomotion	Manipulation	Stabilisation
☐ **Mouvement de base** • Marcher • Courir • Enjamber • Sauter • Se déplacer à cloche-pied	☐ **Dans un but de propulsion** • Lancer • Donner un coup de pied • Frapper (bâton) • Frapper (main) • Dribbler • Rouler	☐ **Stabilisation axiale** • Courber • Étirer • Pivoter • Tourner • Balancer • Chuter • Élever
☐ **Formes combinées** • Galoper • Se déplacer en pas chassés • Se déplacer à cloche-pied en alternance[6] • Grimper	☐ **Dans un but de capture** • Attraper • Bloquer du pied	☐ **Postures stationnaires et dynamiques** • Garder l'équilibre • Se mettre en équilibre, tête en bas • Rouler • S'élancer • Arrêter • Feindre de partir d'un côté et s'élancer de l'autre

5. PAOLETTI, R. *Éducation et motricité de l'enfant de deux à huit ans.* Gaëtan Morin Éditeur, Montréal, 1999.
6. Pas et saut à cloche-pied : pas avec jambe droite et saut à cloche-pied sur pied droit, reprendre de la jambe gauche.

TABLEAU 2.3 CARACTÉRISTIQUES DE CHACUN DES STADES D'ACQUISITION DES COMPORTEMENTS MOTEURS

Stade initial	Stade intermédiaire	Stade final
☐ L'action se limite aux mouvements des membres qui contribuent à l'effet final souhaité. ☐ Les autres parties du corps suivent tant bien que mal. ☐ L'enchaînement des mouvements du début à la fin est approximatif et incomplet. ☐ L'amplitude des déplacements est extrêmement limitée.	☐ La coordination des séquences de l'action s'améliore. ☐ Le contrôle moteur est en net progrès. ☐ Les synergies musculaires s'affirment davantage. ☐ Les déplacements gagnent en amplitude. ☐ Les mouvements sont étriqués et maladroits. ☐ L'enchaînement manque de fluidité.	☐ Les mouvements s'enchaînent de manière coordonnée et fluide. ☐ Les synergies musculaires agissent efficacement. ☐ L'action se fait en continuité et avec une bonne amplitude. ☐ Le modèle des mouvements constitutifs du comportement moteur est solidement établi.

Le stade initial de la plupart des comportements moteurs fondamentaux se situe entre deux et trois ans, le stade intermédiaire entre quatre et cinq ans alors que le stade final se situe entre six et sept ans.

Chaque enfant qui ne présente aucun déficit congénital ou acquis possède le potentiel nécessaire pour acquérir les comportements moteurs fondamentaux selon les séquences observées. Il existe des moments dans la vie de l'enfant qui sont particulièrement favorables à l'apprentissage de ces comportements. Les jeux moteurs spontanés et les activités organisées favorisent l'émergence et l'affinement des comportements fondamentaux.

2.2.3 Expériences clés de la dimension motrice dans les activités extérieures

Les habiletés motrices sont découpées en habiletés à développer selon l'âge des enfants. Voici un exemple d'application de certains types d'apprentissage pouvant se faire grâce aux jeux extérieurs de l'enfant. (VOIR TABLEAU 2.4)

Le personnel éducateur assure l'éducation posturale ainsi que le développement de la motricité globale, manuelle et graphique de l'enfant en proposant des façons différentes de sauter, de faire des ponts, de construire des parcours sur gazon, de se déplacer comme un insecte qui vole ou rampe, de transporter du sable ou de l'eau, de participer à des jeux de mouvements coopératifs. Il rejoint alors les enfants qui ne s'engagent pas naturellement dans les activités motrices.

2.3 DIMENSION SOCIO-AFFECTIVE

L'enfant, en explorant et en connaissant les espaces extérieurs, développe la conscience de soi. Afin qu'il acquière une image positive de lui, il a besoin d'identifier clairement ses réalisations, de vivre l'expérience de la réussite et d'être convaincu de sa capacité de continuer à grandir. Le regard des autres est le témoin de ce qu'il accomplit : courir vite, sauter loin, se sentir courageux. Dès sa première année de vie, le bébé montre des comportements dits « semi-sociaux », comme par exemple sourire, offrir un jouet. Dans sa deuxième année de vie, il montre un certain intérêt pour les pairs du même âge. Une organisation sociale s'amorce. L'interaction continue avec son environnement fait en sorte que les réactions des autres à ses comportements et à ses attitudes lui donnent l'occasion de développer ses habiletés sociales.

Le développement social de l'enfant est marqué par son désir d'aider l'adulte. En imitant ses gestes, l'enfant fait l'apprentissage des rôles. Mais au fur et à mesure qu'il atteint divers niveaux de maturité, la distance physique entre lui et l'adulte s'accentue. Les relations entre pairs se multiplient et deviennent plus complexes avec l'affinement du potentiel moteur, cognitif et linguistique. La fréquence des interactions sociales positives et négatives continue d'augmenter, facilitant l'acquisition de comportements sociaux. La coopération et les jeux sociaux augmentent alors qu'il y a diminution progressive des jeux parallèles.

TABLEAU 2.4 APPLICATION DES EXPÉRIENCES CLÉS DE LA DIMENSION MOTRICE DANS LES ACTIVITÉS EXTÉRIEURES [7]

Expériences clés	Activités extérieures
☐ Bouger sans se déplacer	• S'accroupir dans le carré de sable, se tourner pour saisir un objet, lancer un ballon ou une balle
☐ Bouger en se déplaçant	• Courir dans un vaste espace, se rouler dans une pente gazonnée, sauter dans le sable, grimper dans l'échelle de la glissoire
☐ Bouger avec des objets	• Se déplacer sur un tricycle, une voiture à pédales ou mue par les pieds, botter un ballon, frapper une balle ou un volant avec une raquette, lancer un ballon dans un panier suspendu ou par terre
☐ Suivre des séquences de mouvements en respectant un rythme commun	• Se déplacer à la vitesse d'un oiseau, d'un insecte ou d'un écureuil, se balancer au bruit du vent
☐ Ressentir et reproduire un rythme régulier	• Faire des mouvements en écoutant le bruit d'un camion qui recule

7. HOHMANN, M., et autres. *Partager le plaisir d'apprendre, guide d'intervention éducative au préscolaire*, Montréal, Gaétan Morin Éditeur, 1993.

Par son contact quotidien avec l'extérieur, l'enfant vit au rythme plus lent de la nature. En jouant un rôle, en démolissant une construction, en se nichant dans un coin douillet ou en se promenant dans la nature, l'enfant utilise des moyens de diminuer les tensions. Le seul fait d'avoir un espace vital est relaxant et abaisse de façon significative le taux d'agressivité. Selon Anne Gillain Mauffette, le manque de contact régulier avec la nature pourrait être une des raisons majeures du degré élevé de stress tant chez les adultes que chez les enfants en milieu urbain.

L'espace de jeu extérieur est aussi lieu de rencontre et de communication. Il est occasion de développement et d'application des habiletés sociales. Les enfants y vivent l'acceptation ou le rejet, la naissance et la fin des premières amitiés ainsi que l'apprentissage de la coopération. C'est dehors que les réputations et l'estime de soi se construisent. Les relations entre les pairs sont marquées par des variations imprévisibles et brusques. L'enfant joue avec les autres, mais il aime aussi le jeu parallèle. Il observe les autres. Il peut attendre son tour.

2.3.1 Expériences clés de la dimension socio-affective dans les activités extérieures

Les aspects du développement socio-affectif sont découpés en habiletés à développer selon l'âge des enfants. Certaines expériences clés ont des applications concrètes et peuvent se faire grâce aux jeux extérieurs de l'enfant. (VOIR TABLEAU 2.5)

En pensant judicieusement au matériel, en proposant des activités de niveaux de difficulté variés et en prévoyant des procédures d'accès, de sortie et de retour dans les jeux, le personnel éducateur encourage les interactions positives entre les enfants. Ainsi, l'enfant peut s'arrêter et réintégrer l'activité sans un sentiment d'échec.

Tableau 2.5 APPLICATION DES EXPÉRIENCES CLÉS DE LA DIMENSION SOCIO-AFFECTIVE DANS LES ACTIVITÉS EXTÉRIEURES [8]

Expériences clés	Activités extérieures
☐ **Faire des choix et les exprimer, élaborer des projets et prendre des décisions**	• L'enfant choisit sa réalisation à partir de l'eau et du sable. Il : 1) élabore son projet : fabriquer des gâteaux, construire des maisons ou des routes, creuser des lacs, faire flotter des bateaux ou d'autres objets ; 2) choisit la façon de le réaliser : mélanger, brasser, amonceler, verser, creuser, remplir, tapoter, sasser, modeler, éclabousser ; 3) dit avec qui il compte le réaliser : seul, à côté des autres enfants, avec un ami ou en groupe.
☐ **Résoudre les problèmes qui surgissent durant la période de jeu**	• Il explique son point de vue à un ami s'il est en désaccord à propos de la construction d'un chemin ; il partage des petites voitures et l'espace pour circuler.
☐ **Développer son autonomie en répondant à ses besoins personnels**	• L'enfant choisit un coin de la cour pour s'isoler car il ressent le besoin d'être seul un certain temps.
☐ **Exprimer ses sentiments à l'aide des mots**	• Il exprime ses sentiments lorsqu'un autre enfant ne respecte pas le tour des autres dans la glissoire, ou lors de bousculades ou de disputes pour obtenir la voiturette.
☐ **Participer aux activités de groupe**	• Il participe à des activités auxquelles tous les enfants du groupe ou plusieurs enfants de groupes variés participent, par exemple lorsqu'on joue au parachute à l'extérieur.
☐ **Être sensible aux sentiments, aux intérêts et aux besoins des autres**	• Il invite un ami à jouer avec lui dans le carré de sable, lui offre un camion pour l'aider à réaliser le chemin qu'il est en train de construire.
☐ **Créer des liens avec les enfants et les adultes**	• Les enfants plus jeunes sont invités à jouer à proximité des enfants d'autres groupes plus âgés. • Les enfants plus âgés fournissent de l'aide pour s'asseoir sur une table ou pour remonter une glissoire.

8. HOHMANN, M., et autres, *op. cit.*

2.4 DIMENSION INTELLECTUELLE

Explorer le monde, pour l'enfant, c'est comprendre et s'approprier la réalité. Au cours du processus de formation de la pensée, l'enfant construit des relations entre des objets semblables et traite de façon identique des situations et du matériel présentant les mêmes caractéristiques. Dans les activités extérieures, l'enfant exerce ses habiletés cognitives fondamentales telles que : observer, comprendre, choisir, associer, apparier, mesurer et collectionner.

2.4.1 Période sensorimotrice

Au cours de la période sensorimotrice, durant les deux premières années de la vie, le monde extérieur comble l'intérêt intellectuel du poupon et du trottineur. Parce qu'il est curieux, le moindre stimulus attire son attention. Il observe, écoute les bruits et explore. Il utilise plusieurs formes de déplacements afin de savoir jusqu'où il peut se rendre. Il n'est pas rare que la balade d'exploration débute à quatre pattes, se poursuive pour un court instant sur deux pieds et se termine sur les fesses en utilisant les pieds et les bras pour avancer. Il essaie d'atteindre un objet qu'il voit. Il se laisse caresser par le vent, chatouiller par la pluie. La découverte d'une surface gazonnée est en soi une expérience scientifique hautement organisée. Le bébé est couché ou assis dans l'herbe. Il observe, écoute les bruits des insectes et la brise, il touche les brins d'herbe et les porte à sa bouche. Grâce à ce protocole, il associe la texture, l'odeur et le goût de l'objet « herbe ». L'interaction entre les impressions sensorielles et les activités motrices sont les moteurs de son apprentissage.

Le monde du dehors procure plusieurs variations de stimuli grâce, entre autres, aux surfaces de terrain différentes, aux pentes et aux dénivellations, aux textures lisses de la pierre, granuleuses des trottoirs, soyeuses du gazon et froides de la neige.

Dans son espace extérieur, il bouge librement. Il roule, pousse, tire et déplace des roches, du sable, des bouts de bois. Il compare et associe les stimuli sensoriels enregistrés lors de l'exploration et classe alors l'objet examiné selon ses caractéristiques.

2.4.2 Période préopératoire

Dans sa période préopératoire, qui s'étend de deux à sept ans, l'enfant a un besoin immense d'apprendre, combiné à une inconscience totale du danger. Particulièrement entre quatre et cinq ans, l'enfant est prêt à créer et à comprendre des règles. Déjà, il fait la différence entre les règles d'une activité et les règles de conduite relatives à la dimension morale du développement et il est capable d'incorporer les deux types de règles dans un jeu coopératif de mouvement.

L'espace extérieur permet l'exercice d'une habileté cognitive fondamentale : la capacité de faire des choix. En choisissant son activité et la façon de l'accomplir, il entrevoit une variété de moyens pour un but : par exemple, se suspendre, éviter ou attraper un objet. L'environnement extérieur est rempli de défis, sinon à réussir, du moins à relever. L'enfant grimpe sur le plus haut banc de neige, attrape la couleuvre, court derrière le papillon, regarde le monde à l'envers les pieds suspendus à la branche ou à une barre d'équipement de jeux moteurs dans un parc.

2.4.3 Expériences clés de la dimension intellectuelle dans les activités extérieures

Les collections de pierres, les coquillages aux couleurs variées, les fleurs aux caractéristiques bien particulières, les jeux dans un espace rempli de sable contribuent à développer les habiletés à classer les objets, à faire des séries, à compter et à s'approprier les notions d'espace et de temps. L'enfant prend conscience de l'espace en expérimentant les notions de dessus / dessous, avant / arrière. Par les montagnes et les vallées, il s'initie à la géographie et aux concepts de la géométrie (ouvert / fermé, près / loin). (VOIR TABLEAU 2.6)

Le personnel éducateur propose aux enfants de faire des constructions, d'observer et de différencier, par exemple, certaines caractéristiques des fleurs, d'organiser leurs propres circuits et de déplacer le matériel. Ils font ainsi l'apprentissage de la direction, de la distance et de la profondeur, et ils évaluent leurs propres habiletés.

2.5 DROITS QU'ONT LES ENFANTS PRÉSENTANT DES LIMITATIONS FONCTIONNELLES DE JOUER À L'EXTÉRIEUR

Les enfants présentant des limitations fonctionnelles ont les mêmes besoins de jeux que les enfants au développement typique. Ces enfants ont besoin d'expériences similaires en utilisant des moyens adaptés à leurs conditions. Le personnel éducateur, dans sa volonté d'intégration de tous les enfants, reconnaît les besoins et les forces particulières de chacun, de manière à aménager un environnement propice à l'apprentissage, et il tente de créer des liens sociaux basés sur l'acceptation réciproque et l'entraide.

Pour ce qui est de la dimension motrice, le principal défi réside dans l'acquisition de la maîtrise du corps et des mouvements moteurs fondamentaux. Le personnel éducateur apprend à l'enfant à monter un escalier en utilisant les structures de jeux de l'environnement extérieur. Il adapte et modifie le matériel en utilisant, par exemple, des balles sonores ou des tricycles adaptés.

Pour ce qui est de la dimension sociale, les enfants présentant des limitations fonctionnelles ont tendance à moins se mêler aux autres enfants à l'extérieur qu'à l'intérieur. Ils participent aussi à moins d'activités et ne sont en relation avec les enfants au développement typique que lorsque le personnel éducateur est présent. Il semble que les interventions du personnel éducateur à l'extérieur influencent le niveau d'intégration des enfants. Les enfants ayant des difficultés plus grandes ont besoin de l'aide du personnel éducateur pour profiter pleinement de l'environnement extérieur. En organisant des activités orientées ou dirigées, le personnel éducateur augmente les échanges entre les enfants. De plus, il propose des jouets et de l'équipement mobile tels que hamac, balançoire à deux. Ainsi, des enfants de niveaux d'habiletés différents peuvent jouer côte à côte et établir des liens d'amitié.

2.6 BESOINS ET INTÉRÊTS DES ENFANTS D'ÂGE PRÉSCOLAIRE

Les enfants pensent différemment des adultes, ils répondent à leur manière aux stimuli sensoriels de leur environnement. Ils réagissent à ce qui les entoure en fonction de leur compréhension du monde, de leur personnalité, de leurs goûts et des besoins qu'ils ont à satisfaire.

TABLEAU 2.6 APPLICATION DES EXPÉRIENCES CLÉS DE LA DIMENSION INTELLECTUELLE DANS LES ACTIVITÉS EXTÉRIEURES [9]

Expériences clés	Activités extérieures
☐ **Reconnaître et décrire les formes**	• L'enfant observe des fleurs, il peut y voir des formes rondes ou ovales dans les pétales, des formes plus allongées (tiges). Il peut, entre autres, reconnaître les caractéristiques propres à la fleur du pissenlit.
☐ **Utiliser les concepts de *quelques* et de *tous***	• Avec des cailloux, on peut faire un dessin en utilisant quelques cailloux ou tous les cailloux que l'on a devant soi. On peut dire qu'il y a quelques cailloux qui sont ronds alors que tous sont gris par exemple.
☐ **Ordonner plusieurs objets selon une série**	• L'enfant ramasse des brindilles ou de petites branches et en compare la longueur.
☐ **Comparer le nombre d'objets**	• Il cueille des fleurs, rassemble la cueillette avec d'autres enfants.
☐ **Compter des objets**	• Il observe et compte les oiseaux dans un arbre.
☐ **Expérimenter et décrire des intervalles de temps**	• Verser du sable à l'aide d'un entonnoir et sans entonnoir permet de voir si le temps nécessaire pour ces deux opérations

9. HOHMANN, M. et autres, *op. cit.*

Le besoin de mouvement

Les enfants ont besoin de bouger, de faire du bruit, de sauter, de courir, de galoper, de sautiller, de crier. La vie à l'intérieur leur impose certaines limites et exige d'eux qu'ils réfrènent constamment leurs pulsions de mouvement. Les activités extérieures leur permettent, au contraire, de se laisser aller à un peu de fantaisie, de se libérer et de satisfaire ces besoins.

Le besoin d'interaction sociale

Les enfants recherchent le contact des autres enfants et des adultes, ils veulent parler, rire, jouer. Il est nécessaire de fournir à l'enfant en bas âge le plus d'occasions possibles d'être en contact avec d'autres enfants. Les activités extérieures permettent de répondre à ce besoin puisque plusieurs groupes peuvent s'y retrouver en même temps, ce qui favorise les relations sociales avec des enfants d'âges variés. Les compagnons de jeux peuvent également changer car les enfants ne sont plus limités à leur groupe.

Le besoin de solitude

Parfois, les enfants sentent le besoin d'être seuls ou avec un ami dans un lieu plus intime. Ils ont besoin de se retirer pour réfléchir, se calmer, observer ce qui se passe, en retrait. Le personnel éducateur a tendance à vouloir favoriser les échanges et le jeu en grand groupe, mais on oublie parfois le besoin d'intimité qui peut se manifester en tout temps au cours de la journée. Les enfants aiment les recoins, les cachettes, les petites cabanes, les grandes herbes, les arbres. De tels lieux les incitent au « faire semblant », à jouer aux « bons » et aux « méchants ». Peut-être que ces lieux procurent un sentiment de sécurité et une certaine forme de liberté. Toutefois, on devra s'assurer que la surveillance demeure adéquate.

Le besoin d'expression

Les enfants éprouvent le besoin de s'exprimer. Ils veulent agir, transformer, faire, défaire. Ils ont besoin d'avoir un certain pouvoir sur leur environnement. En aménageant ou en modifiant l'environnement, les enfants en font ainsi un lieu d'appartenance auquel ils s'identifient en y laissant leurs traces. Ce besoin d'expression se traduit également par le besoin d'imiter les adultes, de se sentir grands, de réaliser des choses.

Le besoin de se sentir compétent

En aménageant leur environnement, les enfants ont la possibilité d'exercer un certain pouvoir sur les choses. Ils se sentent alors valorisés et compétents. Les défis font également partie de leur vie : ils ont besoin de sentir qu'ils progressent, qu'ils évoluent, mais en ayant constamment le sentiment d'être en sécurité et bien guidés par l'adulte responsable.

Les enfants sentent également le besoin de faire des choix à leur mesure. Il faut leur en fournir l'occasion, car elle développe la confiance en soi et la capacité de répondre soi-même à ses besoins.

Le besoin de contact quotidien avec la nature

Les enfants doivent avoir la possibilité de jouer et de travailler avec les éléments de la nature : semer des graines dans un potager et arroser celui-ci, jardiner, reconnaître les plantes et les fruits, jouer avec de l'eau et du sable. Les végétaux et les animaux doivent faire partie de leur vie.

Le besoin de collectionner

Les jeunes enfants sont de petits collectionneurs nés. Leurs poches sont pleines de trésors lorsqu'ils entrent, car tout est prétexte à collection : roches, plumes, petits bâtons, etc.

Le besoin de sécurité

Les enfants ont besoin de la présence et du contact d'un adulte qui veille sur eux dans une aire de jeu plus vaste (cour ou autre lieu). Les éléments de l'environnement adaptés à leurs capacités et à leurs besoins ainsi que le contact avec d'autres enfants, qui s'établit dans les règles d'une microsociété (respect des autres), contribuent à fournir le sentiment de sécurité essentiel à l'apprentissage. Les lieux extérieurs devraient également être accueillants et confortables. Des couleurs vives, des formes arrondies, des plantes et des fleurs peuvent contribuer à les rendre agréables.

Le besoin de beauté et de stimulation sensorielle

Les enfants sont fascinés par une fleur, un oiseau coloré, une coccinelle, un papillon, avec lesquels ils apprécient être en contact. Ainsi, les enfants sont invités à observer, à sentir, à goûter, à toucher et à entendre (faune, flore). Leurs sens sont stimulés par cette vie qui fourmille autour d'eux.

CHAPITRE

1

2

3

4

Le rôle professionnel du personnel éducateur

La réalisation du mandat éducatif des centres de la petite enfance et des garderies élargit et enrichit les fonctions du personnel éducateur. Du programme éducatif du ministère de la Famille et de l'Enfance émerge un profil professionnel répondant aux réalités familiales et sociales des années 2000.

La qualité du personnel éducateur est déterminante dans la mise en œuvre d'un programme efficace auprès des enfants. Ce personnel est l'un des pivots essentiels de la qualité des services de garde des centres de la petite enfance et des garderies. C'est pourquoi un chapitre est entièrement consacré à l'exercice du rôle professionnel de ces travailleuses et travailleurs de première ligne.

Être éducatrice et éducateur, c'est faire face à des situations complexes dans l'exploitation de l'environnement extérieur avec son groupe d'enfants. C'est gérer simultanément la structuration des lieux et des activités tout en appliquant un mode d'intervention démocratique adapté aux besoins individuels de chacun des enfants. Comment répondre à la fois aux besoins de développement global des enfants, tenir compte des caractéristiques de ceux-ci et utiliser différents lieux extérieurs souvent non apprivoisés et peu aménagés? L'organisation de l'ensemble de ces éléments est un défi auquel tout personnel éducateur fait face quotidiennement.

3.1 DÉVELOPPEMENT DE LA PENSÉE EXPERTE

Sol dans les monologues, Céline Dion en chanson ou Alain Dubuc en journalisme : on peut dire que chacune de ces personnalités est un expert dans son domaine d'activité. Mais comment pense un expert ? Peut-on dégager une constante de l'expertise ?

La psychologie cognitive a comparé les processus de pensée des experts et des novices dans des champs d'activités professionnelles variés. Il en ressort que l'expertise se caractérise principalement par l'organisation des connaissances dans le traitement de l'information. (VOIR TABLEAU 3.1)

3.2 TRAVAIL DU PERSONNEL ÉDUCATEUR : PROCESSUS DE RÉSOLUTION DE PROBLÈMES

L'action quotidienne du personnel éducateur est le résultat d'une multitude d'informations qui prennent leur source dans l'environnement extérieur. Il a des décisions à prendre à l'égard de l'évolution des dimensions du développement physique et moteur, langagier, socio-affectif et intellectuel des enfants de son groupe. Lorsqu'il emmène les enfants à l'extérieur, il a en mémoire les principes du programme éducatif du ministère de la Famille et de l'Enfance ainsi que les objectifs d'apprentissage du développement global de chaque enfant de son groupe. Il a déjà probablement orienté sa programmation à partir de cette connaissance. Il utilise la séquence logique du déroulement de l'activité, les stratégies adaptées aux diverses étapes de l'activité et les modalités d'encadrement du groupe. Avec tous ces éléments en mémoire, il reçoit simultanément des enfants plusieurs informations : des indices verbaux et non verbaux sur la qualité de leur participation, sur leurs intérêts, sur le déroulement de leur processus d'apprentissage, sur la différence du rythme d'apprentissage de chacun.

En plus de cela , il doit activement gérer tout ce qui se passe sur le terrain. Il donne une signification à certaines de ces informations ou certains de ces indices, alors qu'il en ignore d'autres. La mémoire du personnel éducateur exerce un rôle primordial dans son action quotidienne.

TABLEAU 3.1 COMPARAISON DANS LE TRAITEMENT DE L'INFORMATION ENTRE LES EXPERTS ET LES NOVICES

Experts	Novices
☐ Organisation des connaissances en schémas [1]	☐ Nombre restreint de connaissances
☐ Rappel aisé et rapide des configurations les plus fréquentes	☐ Connaissances non reliées entre elles
☐ Référence à ses schémas devant une situation donnée	☐ Construction du rappel pièce par pièce dans une situation donnée

1. Le schéma est une architecture de connaissances, un réseau où les connaissances sont reliées entre elles selon un mode hiérarchique appartenant à un même domaine de connaissances (Tardif, 1992).

Les experts parviennent à sélectionner les informations significatives et à coordonner des éléments que les novices relient difficilement entre eux. Le concept de rôle professionnel dont il est question ici est en fait une organisation du « savoir éducateur », qui a pour effet de rendre celui-ci facilement récupérable et accessible. C'est ce qui caractérise, entre autres, l'expertise.

3.3 CONCEPT DU RÔLE PROFESSIONNEL DU PERSONNEL ÉDUCATEUR

Le rôle professionnel du personnel éducateur repose sur un processus de prise de décision au sujet des enfants, de l'organisation de l'environnement et du jeu, y compris le matériel et les activités. Ce processus s'articule selon un système dynamique lui-même formé de quatre processus interreliés : le diagnostic, la conception, la planification et l'intervention. Chacun des processus remplit une fonction spécifique et complète les autres. (VOIR FIGURE 3.1)

3.3.1 Diagnostic

Le personnel éducateur tient compte des forces et des besoins de l'enfant afin de faire vivre à celui-ci des expériences d'apprentissage positives et adaptées à son développement global. Le diagnostic porte plus spécifiquement sur la collecte d'information et sur les habiletés à développer chez l'enfant.

Le diagnostic comprend les actions suivantes :

1. Évaluation du programme éducatif et des ressources physiques, humaines et matérielles
2. Observation et consignation des comportements des enfants
3. Information concernant l'écologie de chacun des enfants
4. Évaluation du stade de développement global des enfants
5. Évaluation du degré d'acquisition des apprentissages antérieurs
6. Formulation d'hypothèses d'intervention en collaboration avec les partenaires

3.3.2 Conception

Le personnel éducateur élabore un programme basé sur les capacités de l'enfant et utilise les théories et les pratiques de l'éducation à l'enfance. Il conçoit le programme d'activités, sélectionne le matériel et l'équipement et harmonise le matériel et les méthodes destinés aux enfants.

La conception comprend les actions suivantes :

1. Inventaire des ressources humaines, physiques et matérielles
2. Sélection et recommandation du matériel et de l'équipement
3. Harmonisation des objectifs visés, des stratégies et des expériences d'apprentissage
4. Conception des expériences d'apprentissage appropriées au développement global de l'enfant en tenant compte des besoins et des intérêts de celui-ci
5. Élaboration des objectifs à court, à moyen et à long terme
6. Répartition équilibrée des moments de la journée (moments calmes et moments actifs)
7. Élaboration de la démarche d'apprentissage à utiliser par l'enfant

FIGURE 3.1 SCHÉMA DE L'ORGANISATION DYNAMIQUE DES PROCESSUS COGNITIFS DU RÔLE PROFESSIONNEL

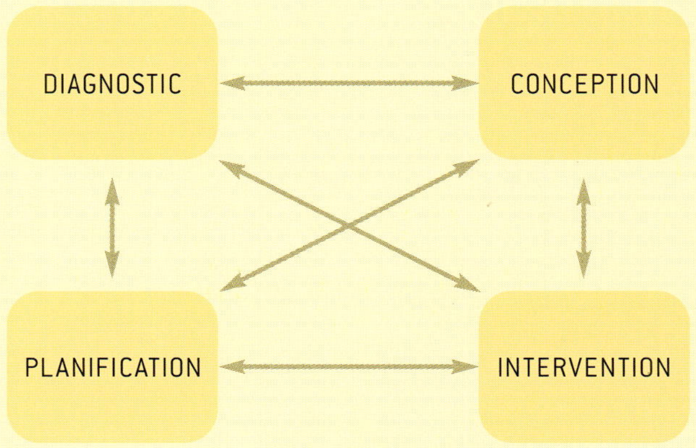

3.3.3 Planification

Le personnel éducateur planifie à court et à long terme dans la poursuite des buts éducatifs. Il s'informe des ressources appropriées et disponibles et les utilise au mieux. Il crée un environnement et des expériences adaptés et intéressants pour l'enfant. Il structure l'environnement et les activités, fournit les outils éducatifs, conçoit du matériel, établit les règles et les consignes de fonctionnement.

La planification porte sur les actions suivantes :

1. Intégration de l'information de façon significative
2. Aménagement de l'environnement
3. Collaboration avec d'autres adultes
4. Préparation d'expériences d'apprentissage variées
5. Conception du matériel éducatif
6. Établissement des procédures, des règles et des consignes
7. Diversification du matériel éducatif
8. Vérification du fonctionnement de l'équipement

3.3.4 Intervention

Le personnel éducateur guide et soutient les enfants, utilise le jeu comme outil d'apprentissage et répond aux besoins individuels de chacun des enfants.

L'intervention comprend les points suivants :

1. Actions en fonction des règles de régie interne
2. Réponse aux besoins d'hygiène et de sécurité
3. Adaptation de l'environnement
4. Maintien de relations significatives avec chacun des enfants
5. Utilisation des pratiques pédagogiques appropriées
6. Soutien des enfants dans leur processus de résolution de problèmes
7. Valorisation des projets et des jeux des enfants
8. Disponibilité constante auprès des enfants

3.4 APPLICATION DU RÔLE PROFESSIONNEL

Karyne est éducatrice auprès d'un groupe multi-âge dans un centre de la petite enfance de Rivière-du-Loup. L'exemple suivant présente l'application de chacun des processus du rôle professionnel utilisé par celle-ci dans la situation suivante : jeux à l'extérieur.

L'observation se déroule au printemps dans la cour non aménagée. Le groupe se compose de huit garçons et filles de deux à cinq ans : Louis, Charles, Arthur, Laurie, Xavier, Alexandre, Constance, Mélissa. Tout au long de la période, on remarque que de petits groupes se forment et se dispersent spontanément. Voici une description détaillée de certains moments.

3.4.1 Diagnostic

Karyne considère que la période de jeux à l'extérieur en matinée et en fin d'après-midi est primordiale pour les enfants. Elle se dit que la cour offre une occasion de contact social différent. En effet, les enfants ayant des affinités vont se retrouver. De plus, Louis et Charles, les deux frères du groupe, aiment bien jouer ensemble. Elle sait aussi que l'environnement naturel de la cour, avec sa pente gazonnée, représente un matériel de jeu propice à plusieurs types d'apprentissage. Les enfants de son groupe sont à des niveaux d'autonomie différents. D'abord, en ce qui a trait à l'habillage, quelques enfants ne sont pas intéressés à essayer et attendent alors que les plus vieux s'habillent seuls. Lorsque chaque enfant a terminé, ils se rendent près de la porte. Tous les enfants du groupe sortent en même temps.

3.4.2 Conception

Karyne compte bien profiter du moment de l'habillage pour faire en sorte que les enfants exercent leur motricité fine et développent l'estime de soi par une réussite. En songeant au matériel qu'elle veut sortir, Karyne pense aux intérêts des enfants de son groupe. Elle pense à des engins que les enfants pourront utiliser dans la pente. Elle prévoit la voiturette à pédales et le tricycle, car elle a aussi en mémoire la dimension motrice du développement global de l'enfant.

3.4.3 Planification

Karyne sait que la structure de la journée « fournit un plan complet et compréhensible des événements de la journée auquel ils (les enfants) peuvent se référer[2] ». Elle a donc installé un tableau de l'horaire type de la journée imagé et accessible que les enfants peuvent consulter. Karyne sait que les enfants seront contents en reconnaissant l'activité extérieure. Elle prévoit donc donner le signal visuel rapidement pour aller au vestiaire car elle veut éviter de les faire attendre. Karyne sait que Xavier, Mélissa et Laurie sont capables de prendre seuls leur manteau et leurs bottes. Elle sait qu'elle ira vers Louis et Charles et attendra que ceux-ci signalent qu'ils ont besoin d'aide.

Karyne a déjà rassemblé son matériel la journée précédente lors de la visite des lieux. Elle a aussi reçu toutes les bottes de pluie demandées aux parents la semaine dernière. Elle a débarrassé la cour des débris, des sacs de pastique et des papiers transportés par le vent et pouvant nuire aux enfants. Elle s'est assurée que chaque équipement est en état de marche et convient à l'endroit. Elle prévoit le matériel suivant : le tricycle, trois ballons, deux balles, des seaux, de petites et de grandes pelles, une voiture mue par les pieds, une pompe à essence, une longue corde à sauter et trois bâtons de hockey.

3.4.4 Intervention

Karyne annonce aux enfants la fin de la période du jeu libre. Elle entonne la chanson du rangement et commence à placer des livres sur le présentoir. Elle propose aux enfants de vérifier sur les pictogrammes de l'horaire type la prochaine activité.

Un peu plus tard au vestiaire, Constance ne bouge pas. Karyne la laisse réfléchir et aide Alexandre qui lui tend son manteau. Laurie s'approche de Constance et lui apporte ses bottes. Constance commence à enlever ses souliers. Karyne demande aux enfants qui ont fini de s'habiller de se rendre vers la porte. Karyne fredonne la comptine qui rappelle les consignes de déplacement en ouvrant la porte et tout le monde se dirige vers la cour.

Arrivés à l'extérieur, les enfants suivent Karyne vers la remise, elle distribue le matériel aux enfants regroupés devant l'entrée. Elle apporte aussi la pompe à essence pour compléter le jeu de rôle. Pour elle, la longue corde à sauter représente une occasion de collaboration, elle touchera ainsi la dimension socio-affective du développement.

Alexandre dribble. Karyne note cet intérêt car c'est la première fois que ce comportement apparaît chez lui. Elle consigne le tout. Elle garde en mémoire qu'elle devra organiser une activité d'apprentissage permettant à tous les enfants d'exercer cette habileté car elle sait que le dribble fait partie des comportements moteurs fondamentaux aux stades initial et intermédiaire. Louis et Charles s'approchent de la remise et prennent chacun un bâton de hockey. Sans se parler, ils se renvoient la balle avec la lame du bâton, ils courent tous les deux en direction de celle-ci. Le jeu se déplace sur tout le terrain. Karyne remarque d'abord que les deux petits frères sont heureux d'être ensemble. De plus, les garçons utilisent des stratégies de jeu et de coopération peu habituelles à cet âge. Louis attend la passe de Charles. Charles vise vraiment la lame du bâton de Louis. Aussitôt la balle lancée, plutôt que de s'en rapprocher, il se déplace loin de Louis afin de recevoir la passe et de faire avancer la balle vers un but fictif et changeant. Karyne se rend une fois de plus compte que l'écologie de l'enfant joue un rôle important dans le développement d'habiletés. Elle sait qu'à la maison les cousins plus vieux de Louis et Charles organisent des parties de hockey dans la rue.

Karyne remarque que Constance enfourche le tricycle et circule. Mélissa et Alexandre attrapent la longue corde et tirent chacun à son bout. Simultanément, Laurie monte dans la voiturette et suit le tricycle. Xavier et Arthur poussent la voiturette qui entre en collision avec l'arrière du tricycle. Louis se joint au groupe en apportant avec lui la pompe à essence. Il s'empresse de faire le plein du tricycle, puis de la voiturette. Les véhicules repartent et le groupe se disperse.

2. HOHMANN. M., WEIKART, P., et autres. *Partager le plaisir d'apprendre : Guide d'intervention éducative au préscolaire*, 2000.

Alexandre, Laurie et Charles jouent avec leur ballon respectif. Ils bottent et courent derrière le ballon partout sur le terrain. Laurie, dans la pente gazonnée, frappe le ballon avec le pied en le dirigeant vers le haut ; elle attend que le ballon redescende et elle recommence. L'activité s'arrête après un court instant. Karyne s'approche et fait rouler de petites balles vers le haut de la pente en invitant ceux qui sont près d'elle à essayer. Laurie prend une balle et imite Karyne. La balle ne redescend pas, elle passe sous la clôture et s'immobilise. Laurie appelle les amis. Karyne se dit qu'elle va profiter de cet événement pour soutenir les enfants dans le processus de résolution de problème. Elle demande aux enfants : « Que pouvons-nous faire ? » Alexandre se couche par terre, allonge le bras sous la clôture et essaie de saisir la balle. Karyne le laisse essayer. Alexandre se relève et dit : « On n'est pas capables. » Arthur regarde la scène de loin. Il va chercher un bâton de hockey. Il se couche par terre et, à l'aide du bâton, il atteint la balle et l'attire vers la pente. La balle redescend. Les enfants crient de joie et courent derrière la balle. Alexandre trébuche et se retrouve sur le bas de la pente en roulant. Karyne s'approche de lui et examine son visage, ses genoux et ses mains. Elle lui dit qu'elle va l'épousseter car il a plein d'herbe et de brindilles sur lui. Il sourit, se laisse faire et repart. Karyne retourne auprès d'Arthur et demande : « Quelle belle idée! Pourquoi as-tu pris un bâton ? » Arthur est content et lui dit que « c'est pour rallonger les bras ». Karyne utilise ici le processus d'intervention.

Arthur ramasse une balle abandonnée. Il a déjà une pelle à sable dans sa main. Il lance la balle dans les airs et la frappe avec le bout large de la pelle. Il court derrière la balle, la ramasse et recommence à plusieurs reprises. Karyne n'intervient pas mais note ce fait dans le petit carnet qu'elle emporte avec elle dans sa poche. Elle utilise son processus de diagnostic.

Alexandre et Louis s'étendent sur la petite glissoire et regardent jouer les autres enfants. Charles, Laurie, Xavier et Constance creusent la terre et remplissent ensemble un seul seau. La voiturette arrive, conduite par Mélissa, et s'arrête devant le groupe. Laurie prend une pelletée de terre et la vide dans la voiturette, ensuite elle retourne remplir le seau. Karyne s'approche et regarde les enfants. Elle s'informe du travail accompli, les enfants la rassurent et lui expliquent que les gâteaux seront bientôt prêts. Karyne leur dit qu'elle est très fière de l'efficacité des cuisiniers.

Karyne accepte l'invitation de Constance qui lui tend le bout de la corde à sauter. Constance tourne la corde à un bout et Karyne est à l'autre bout. Karyne se place de façon à voir l'ensemble de la cour. Elle chante la comptine permettant d'harmoniser le rythme de la corde avec le mouvement de Mélissa, qui accroche la corde à chacun des essais. Karyne sait que Mélissa ne réussit pas parce que ses talons ne quittent pas le sol. Karyne laisse la corde. Elle se place devant Mélissa et saute sur place lentement en expliquant à Mélissa que, dans un saut, les talons quittent le sol. Mélissa et Karyne sautent ensemble sans la corde. Karyne ajuste son saut à la même vitesse que celui de Mélissa. Constance se joint à elles. Mélissa sourit car c'est agréable de faire le même geste en même temps que les deux autres. Après un instant, Mélissa veut tourner la corde avec Constance. Karyne se place au centre et saute d'un côté à l'autre de la corde. Pendant qu'elle saute, Karyne se donne comme objectif de regarder les sauts de tous les enfants. Elle se demande si un parcours moteur construit avec les enfants, à partir d'éléments choisis dans l'environnement naturel et comportant du dribble et des sauts, ne serait pas indiqué. Karyne en parlera avec Nathalie, l'éducatrice de l'autre groupe lors de la période de programmation.

Afin d'avoir un portrait global des actions de Karyne dans l'exercice de son rôle professionnel dans la période de jeux extérieurs, voir les fiches diagnostic, conception, planification et intervention. Dans chacune d'elles, on trouve, à gauche, les actions reliées à chacun des processus du rôle professionnel et, à droite, celles réalisées par Karyne dans ce moment de vie à l'extérieur.

Fiche 3.1 DIAGNOSTIC

1 **Évaluation du programme éducatif et des ressources physiques, humaines et matérielles**	• Elle considère que la période de jeux à l'extérieur en matinée et en fin d'après-midi est primordiale pour les enfants. • Elle se dit que la cour représente une occasion de contact social différent.
2 **Observation et consignation des comportements des enfants**	• Elle note l'intérêt d'Alexandre pour le dribble. • Elle remarque que Constance enfourche le tricycle et circule.
3 **Information concernant l'écologie de chacun des enfants**	• Elle sait que les deux frères du groupe aiment bien jouer ensemble et que les cousins plus vieux de Louis et Charles organisent des parties de hockey dans la rue. Formulation d'hypothèses d'intervention en collaboration avec les partenaires.
4 **Évaluation du stade de développement global des enfants**	• Elle remarque qu'au moment de s'habiller, quelques enfants ne sont pas intéressés à essayer de le faire eux-mêmes et attendent, tandis que les plus vieux s'habillent seuls. • Elle veut regarder la façon de sauter de tous les enfants.
5 **Évaluation du degré d'acquisition des apprentissages antérieurs**	• Elle remarque le stade initial du dribble d'Alexandre. • Elle sait que Xavier, Mélissa et Laurie sont capables de prendre seuls leur manteau et leurs bottes. • Elle sait que Mélissa ne réussit pas à sauter car ses talons ne quittent pas le sol.
6 **Formulation d'hypothèses d'intervention en collaboration avec les partenaires**	• Elle parlera de son idée (la sortie avec construction de parcours psychomoteur) avec Nathalie lors de la période de programmation.

FICHE 3.2 CONCEPTION

1 **Inventaire des ressources humaines, physiques et matérielles**	• Elle sait que l'environnement naturel de la cour avec sa pente gazonnée représente un matériel de jeu propice à plusieurs types d'apprentissage. • Elle pense à des engins que les enfants pourront utiliser dans la pente. • Elle s'est assurée que chaque matériel est en état de marche et convient à l'endroit.
2 **Sélection et recommandation du matériel et de l'équipement**	• Elle prévoit les éléments suivants : le tricycle, trois ballons, deux balles, des seaux, de petites et de grandes pelles, une voiture mue par les pieds, une pompe à essence, une longue corde à sauter et trois petits bâtons de hockey en plastique.
3 **Harmonisation des objectifs visés, des stratégies et des expériences d'apprentissage**	• Elle profite du moment de l'habillage pour favoriser le développement de la motricité fine et de l'estime de soi par une réussite. • Elle sait qu'elle ira vers Louis et Charles et attendra que ceux-ci signalent qu'ils ont besoin d'aide. • Elle pense à un parcours moteur monté par les enfants avec des éléments choisis dans l'environnement naturel et comportant du dribble et des sauts.
4 **Conception des expériences d'apprentissage appropriées au développement global de l'enfant en tenant compte des besoins et des intérêts de celui-ci**	• Elle pense aux intérêts des enfants de son groupe pour les déplacements en voiturette. • Elle se sert de la longue corde à sauter pour susciter une occasion de collaboration et de développement de la dimension socio-affective. • Elle sait que les enfants sont contents en reconnaissant l'activité extérieure.
5 **Élaboration des objectifs à court, à moyen et à long terme**	• Elle apporte aussi la pompe à essence afin de compléter le jeu de rôle.
6 **Répartition équilibrée des moments de la journée (moments calmes et actifs, modes d'encadrement)**	• Elle sait que la structure de la journée fournit un plan complet des événements de la journée auquel les enfants peuvent se référer.
7 **Élaboration de la démarche d'apprentissage à utiliser par l'enfant**	• Elle sait que Mélissa ne réussit pas à sauter parce que ses talons ne quittent pas le sol. Elle se place devant Mélissa et saute sur place lentement en lui expliquant que dans un saut les talons quittent le sol. Par la suite, elle saute lentement et adapte la vitesse de ses sauts à celle de l'enfant.

FICHE 3.3 PLANIFICATION

1 Intégration de l'information de façon significative	• Elle intègre les dimensions motrice, socio-affective et intellectuelle du développement global de l'enfant.
2 Aménagement de l'environnement	• Elle met à la disposition des enfants le tableau des activités de la journée. • Elle se préoccupe des différents jeux dans l'aire extérieure.
3 Collaboration avec d'autres adultes	• Elle demande aux parents les bottes de pluie.
4 Préparation d'expériences d'apprentissage variées	• Elle apporte et prévoit du matériel dont les caractéristiques et les utilisations sont différentes : les seaux, les bâtons, la corde, le sable.
5 Conception de matériel éducatif	• Elle fabrique un tableau imagé et accessible de l'horaire type de la journée. • Elle visite les lieux et vérifie le matériel la veille.
6 Établissement des procédures, des règles et des consignes	• Elle donne le signal visuel pour aller au vestiaire. • Elle entonne la comptine des règles à suivre à l'extérieur.
7 Diversification du matériel éducatif	• Elle propose du matériel varié permettant différents types d'apprentissage et de projets.
8 Vérification du fonctionnement de l'équipement	• Elle débarrasse la cour des débris, des sacs de pastique et des papiers transportés par le vent qui pourraient nuire aux enfants. • Elle s'assure que le tricycle est en état de marche.

FICHE 3.4 INTERVENTION

1 Actions en fonction des règles de régie interne	• Elle utilise les moments prévus pour l'activité extérieure et essaie même de les prolonger.
2 Réponse aux besoins d'hygiène et de sécurité	• Elle s'approche de l'enfant qui a fait une chute et examine son visage, ses genoux et ses mains. • Elle se place de façon à voir l'ensemble de la cour. • Elle se déplace vers les enfants.
3 Adaptation de l'environnement	• Elle se sert de la pente gazonnée pour un jeu de balle.
4 Maintien de relations significatives avec chacun des enfants	• Elle dit à l'enfant qu'elle va le débarrasser de l'herbe et des brindilles qu'il a sur lui. • Elle s'approche et regarde les enfants et commente le travail accompli. • Elle accepte l'invitation de Constance qui lui tend le bout de la corde à sauter. • Elle saute à la même vitesse que Mélissa.
5 Utilisation des pratiques pédagogiques appropriées	• Elle annonce aux enfants la fin de la période du jeu libre. • Elle entonne la chanson du rangement et commence à placer des livres sur le présentoir. • Elle fredonne la comptine qui rappelle les consignes de déplacement en ouvrant la porte et tout le monde se dirige vers la cour. • Elle chante la comptine permettant d'harmoniser le rythme de la corde avec le mouvement de Mélissa. • Elle se place devant Mélissa et saute sur place lentement en expliquant comment sauter.
6 Soutien des enfants dans leur processus de résolution de problèmes	• Elle propose aux enfants de vérifier sur le tableau de l'horaire type quelle est la prochaine activité. • Elle fait rouler de petites balles vers le haut de la pente en invitant ceux qui sont près de la pente à se joindre à elle. • Elle profite d'un événement pour soutenir les enfants dans le processus de résolution de problèmes.
7 Valorisation des projets et des jeux des enfants	• Elle retourne auprès d'Arthur et valorise son action. • Elle commente l'efficacité des cuisiniers.
8 Disponibilité constante auprès des enfants	• Elle laisse certains enfants faire des essais et elle aide ceux qui lui en font la demande. • Elle est constamment dans le champ de vision des enfants.

CONCLUSION

Le personnel éducateur des centres de la petite enfance et des garderies a la responsabilité de pourvoir aux besoins de développement des enfants qui lui sont confiés. Parmi ces besoins essentiels, celui de se retrouver régulièrement dans un environnement extérieur pour actualiser son potentiel moteur, intellectuel, langagier et socio-affectif est prioritaire.

Même si de nombreuses contraintes viennent entraver la bonne volonté des éducateurs et éducatrices de privilégier des situations d'apprentissage dans des lieux extérieurs, les aspects positifs et les bienfaits pour la santé des enfants d'exercer leurs habiletés en plein air et en pleine lumière compensent largement l'investissement de temps et d'efforts.

La connaissance des dimensions du développement, des besoins, des intérêts et des caractéristiques propres aux enfants est le préalable essentiel à l'organisation d'activités extérieures adaptées à la réalité d'un groupe donné. Les fiches d'activités qui accompagnent ce guide s'inspirent de la synthèse qu'il présente.

En toute saison, que ce soit lors d'une visite à la ferme, d'une excursion, d'une baignade à la plage ou de sorties quotidiennes dans la cour attenante, l'engagement professionnel du personnel éducateur demeure un élément clé. Assurer aux enfants la sécurité et un apprentissage significatif est le défi constant que doivent relever les travailleuses et travailleurs professionnels de la petite enfance.

En proposant une organisation systémique du savoir éducateur, ce guide renforce l'importance des décisions prises par le personnel éducateur et en confirme la complexité. La maîtrise des quatre processus du rôle professionnel du personnel éducateur, soit le diagnostic, la conception, la planification et l'intervention, est la pierre angulaire du développement de la pensée experte.

BIBLIOGRAPHIE

ALEXANDRE, M. *Étude des représentations du rôle professionnel d'éducatrice, d'étudiantes en techniques d'éducation en services de garde en éducation psychomotrice*, Mémoire de maîtrise, Université de Sherbrooke, 1996.

ESENBEIS, M., et autres. *48 Fiches jeux*, Paris, Éditions Revue EPS, 1990, 48 p.

GUÉNETTE, R. *Des enfants gardés en sécurité*, Québec, Les Publications du Québec, 1992.

HENDRICK, J., et autres. *L'enfant, une approche globale pour son développement*, Sainte-Foy, Presses de l'Université du Québec, 1993, 704 p.

HOHMANN, M., et autres. *Partager le plaisir d'apprendre, guide d'intervention éducative au préscolaire*, Montréal, Gaétan Morin Éditeur, 2000.

KINO-QUÉBEC. *Les jeunes et l'activité physique : Situation préoccupante ou alarmante ?*, Québec, ministère des Affaires municipales, 1998, 32 p.

KINO-QUÉBEC. *Quantité d'activité physique requise pour en retirer des bénéfices pour la santé : Avis du comité scientifique de Kino-Québec*, ministère de l'Éducation, 1999, 27 p.

MAUFFETTE, G. *Revisiter les environnements extérieurs pour enfants : un regard sur l'aménagement, le jeu et la sécurité.* Hull, Presses de l'imprimerie Gauvin, 1999.

MARTIN, J., et autres. *Le bébé en garderie*, Sainte-Foy, Presses de l'Université du Québec, 1992, 419 p.

MICHELET, A. *Le jeu de l'enfant, progrès et problèmes*, Québec, OMEP, ministère de l'Éducation, 1999, 166 p.

MINISTÈRE DE LA FAMILLE ET DE L'ENFANCE. *Programme éducatif des centres de la petite enfance*, Québec, Les Publications du Québec, 1997.

OBERHUEMER, P. « Conceptualizing the Professional Role in Early Childhood Centers : Emerging Profiles in Four European Countries », *Early Childhood Research & Practice*, vol. 2, no. 2, Fall 2000.

PAOLETTI, R. *Éducation et motricité de l'enfant de 2 à 8 ans*, Gaétan Morin Éditeur, Montréal, 1999, 215 p.

PELLETIER, D. *L'activité-projet, le développement global en action*, Montréal, Globulo Éditeur, 1998, 232 p.

ROUSSEL, Chantal. *Analyse d'interventions verbales d'éducatrices impliquées dans un programme de développement d'habiletés prosociales auprès d'enfants de 3-4 ans*, Mémoire de maîtrise, Université du Québec à Rimouski, 1997.

ROY, M. *Je danse mon enfance, Guide d'activités d'expression corporelle et de jeux en mouvement*, Éditions de la Chenelière / McGraw-Hill, 1998, 130 p.

SYLVAIN, H. *Soins infirmiers, Apprendre à mieux diagnostiquer*, Laval, Éditions Études Vivantes, 1994.

TARDIF, J. *Pour un enseignement stratégique : L'apport de la psychologie cognitive*, Montréal, Les éditions Logiques inc., 1992.

THOMAS, M., et autres. *Théories du développement de l'enfant, études comparatives*, Belgique, Éditions de Boeck Université, 1994, 572 p.

WALLON, D., et autres. *Votre enfant de 0 à 6 ans*, Paris, Éditions universitaires Jean-Pierre Delarge, 1978, 287 p.

RESSOURCES EN LIGNE

BELFRY, J. *Le niveau d'activité physique et la condition physique des enfants canadiens laissent à désirer*, 1996. http://www.cfc-efc.ca/docs/cccf/00010_fr.htm

BINDER, M. *Les différentes étapes du développement sportif et psychomoteur de l'enfant ou quel sport choisir en fonction de l'âge*. http://www.imageriedusport.com/avis_specialiste/index_as_enfant-sport2.htm

HUDSON et autres. *SAFE Playgrounds : Recognizing Risk Factors.* http://www.earlychildhood.com/Articles/index.cfm?FuseAction=Article&A=128

INSTITUT CANADIEN DE LA RECHERCHE SUR LA CONDITION PHYSIQUE ET LE MODE DE VIE. *Sondage indicateur de l'activité physique en 1998*. http://www.cflri.ca/icrcp/ap/sondages/sondage_98/sondage_98.html

JOHANSEN, K. *Explore the Great Outdoors*. http://preschoolerstoday.com/resources/articles/greatoutdoors.htm

Les fiches santé avec Léa Léo. http://www.lealeo.com/securite/se005.asp

PORTMAN, P. *Activity Fosters Physical Wellness.* http://www.earlychildhood.com/Articles/index.cfm?FuseAction=Article&A=58

RASMINSKY, J. S. et autres. *Comment planifier et réussir votre excursion ?* http://www.cfc-efc.ca/docs/cccf/00000165.htm

SALETTE, H. Ordre des infirmières et infirmiers du Québec, 2000. http://207.96.248.67/place/archives/2000/juillet/archive_1.htm

SANDERS, Gary E. *Fitness Begins in Early Childhood*. http://www.earlychildhood.com/Articles/index.cfm?FuseAction=Article&A=190

THOMPSON, D. *Matching Children and Play Equipment : A Developmental Approach.* http://www.earlychildhood.com/Articles/index.cfm?FuseAction=Article&A=250

TOMLIN, C.R. *Indoor and Outdoor Safety Checklist.* http://www.earlychildhood.com/Articles/index.cfm?FuseAction=Article&A=274

WARDLE, F. *Oudoor Play : Designing, Building, and Remodeling Playgrounds for Young Children*. http://www.earlychildhood.com/Articles/index.cfm?FuseAction=Article&A=65

WOYKE, P. New Canaan Nature Center . http://www.newcanaannature.org/creating_memories.htm

Site SANTÉ CANADA. *Sports d'hiver en toute sécurité.* http://www.servicevie.com/02sante/Sante_enfants/Enfants061299/enfants061299.html

Site SAUVEGARDE EN FORÊT. http://www.safeguard.ca/francais/publications/woods-fr.html#enfants

Site PETITMONDE, *Allergies alimentaires : conseils pour aller au camp en sécurité.* www.petitmonde.com/idoc/article.osp?id=18458 http://membres.lycos.fr/mverdon/ptoxiques.html

CHAPITRE

1

2

3

4 **Fiches**

INTRODUCTION

Les 65 fiches d'activités qui suivent sont autant de raisons d'amener les enfants dehors dans un cadre structuré qui, en même temps, permet aux enfants de s'exprimer pleinement.

Ainsi, alors que ces activités vont amener les enfants à s'épanouir simultanément dans plusieurs dimensions, les éducatrices et les éducateurs, de leur côté, vont privilégier la poursuite d'un ou deux objectifs de développement (ceux-ci sont indiqués en caractères gras dans les fiches).

De plus, un peu comme un livre de recettes, chacune de ces activités peut faire l'objet de variantes (parfois proposées) et d'adaptations particulières. Les éducatrices et les éducateurs sont donc invités à s'approprier les fiches d'activités pour les moduler aux conditions et aux dynamiques propres de leurs groupes d'enfants.

Les auteures remercient tout spécialement Karyne Fortin et Nathalie Landry ainsi que tous les enfants du Centre de la petite enfance de Rivière-du-Loup pour leur collaboration à la conception des activités.

01 LA FOUILLE DES BÉBÉS

POUPONS

PRINTEMPS
ÉTÉ
AUTOMNE

GRAND GROUPE
PETIT GROUPE
INDIVIDUEL

Mise en situation

Disposer quelques paniers remplis d'objets différents, laisser les bébés aller les explorer.

Déroulement

Les enfants sont invités à se déplacer vers les paniers pour découvrir ce qui se cache à l'intérieur.

Matériel

- Cuillères de bois à très gros manche (surveiller), chaudrons, contenants, objets nouveaux (toutous, doudous, instruments de musique, sacs d'odeurs)
- On peut placer les objets à odeurs dans un premier panier, les objets qui font des bruits dans un deuxième, et ainsi de suite afin de stimuler les sens.

Objectifs >

Favoriser le développement
- **de la motricité globale**
- de la motricité fine
- du schéma corporel
- de l'organisation spatiale
- **de l'organisation perceptive**
- du langage

Favoriser
- les relations entre pairs
- la conscience de l'autre
- l'autonomie
- la confiance en soi

Comptine >

Petit nez fouineur
Petit œil taquin
Viens explorer
Ce qu'il y a dans mon panier
Viens regarder
Sentir et toucher!

Développement global

Dimensions

> langagière
- Babiller, parler (expliquer au bébé ce qu'il est en train de découvrir)

> intellectuelle
- Explorer de nouveaux objets

> sociale et affective
- Jouer à proximité d'autres enfants
- Toucher aux autres enfants
- Partager du matériel

> motrice
- Toucher, manipuler
- Se déplacer, se hisser, marcher
- Explorer de nouvelles sensations

Retour

L'éducatrice incite les enfants à replacer les objets dans les paniers et leur dit que c'est bientôt l'heure de rentrer.

02 LES BÉBÉS EMBOÎTENT

Mise en situation

L'éducatrice dispose des boîtes ça et là sur le gazon, formant ainsi des tunnels, des endroits où entrer et se cacher, des endroits où s'asseoir et jouer. Elle met dans chaque boîte un objet sonore, hochet, maracas, clochette.

Déroulement

Les enfants vont être attirés par les boîtes de carton formant des tunnels et des endroits où s'asseoir, ainsi que par d'autres boîtes beaucoup plus petites et colorées où ils peuvent introduire une seule partie du corps. Les objets placés dans les boîtes vont stimuler leur curiosité. Les bébés vont entendre les bruits produits par les autres au cours de l'activité.

Matériel

- Boîtes de carton (nombre minimal : autant qu'il y a de bébés) de différentes tailles, gros coussins fermes, petites couvertures. On peut ajouter d'autres objets si les enfants n'en ont pas assez pour jouer ou perdent intérêt au jeu.
- Toutes les boîtes de carton utilisées doivent être inspectées minutieusement afin d'enlever tout objet susceptible de blesser les enfants.
- Objets sonores ou qui stimulent d'autres sens.

Objectifs >

Favoriser le développement

- **de la motricité globale**
- du schéma corporel
- **de l'organisation spatiale**
- **de l'organisation perceptive**
- du langage

Favoriser

- la conscience de l'autre
- l'autonomie
- l'utilisation de l'espace disponible
- le déplacement et la découverte des divers obstacles
- la prise de conscience de son corps

Développement global

Dimensions

> **langagière**	Babiller, parler (l'éducatrice nomme les sensations et les actions des enfants au cours du jeu)
> **intellectuelle**	Utiliser des matériaux variés Mesurer à l'aide de son corps, de sa bouche
> **sociale et affective**	Prendre conscience des autres (créer des contacts fortuits et intentionnels avec les autres, les regarder, les observer, les toucher)
> **motrice**	Prendre les petites boîtes, les toucher, les porter à sa bouche Circuler d'une boîte à l'autre, manipuler Se déplacer et entrer dedans, passer par-dessus, autour

Comptine >

Bébé fouineur
Bébé curieux
Va entrer
Va te cacher
Dans la boîte
La boîte à bébé

Retour

L'éducatrice prend une grande boîte et se cache à l'intérieur mais elle sort une partie du corps afin que les enfants la voient (jeu de coucou).
L'éducatrice fait des trous dans la boîte pour observer les réactions des bébés.

LES BÉBÉS OLYMPIENS

POUPONS

ÉTÉ
AUTOMNE

GRAND GROUPE
PETIT GROUPE
INDIVIDUEL

Mise en situation

L'éducatrice distribue une variété de matériel sur le gazon, à la portée des enfants.

Déroulement

Disperser les objets sur le terrain gazonné et laisser les bébés explorer, les inciter à passer par dessus, faire le tour, entrer dedans. Soutenir les tentatives des enfants et commenter leurs actions en expliquant ce qu'ils sont en train de faire.

Matériel

- Gros coussins, traversins, boîtes, couvertures avec des objets dessous, grosses bouteilles (2 litres) de boisson gazeuse contenant de l'eau colorée et fermées hermétiquement, grosses boîtes de plastique dans lesquelles les bébés peuvent entrer

Objectifs >

Favoriser le développement

- **de la motricité globale**
- de la motricité fine
- du schéma corporel
- **de l'organisation spatiale**
- **de l'organisation perceptive**
- du langage

Favoriser

- les relations entre pairs
- l'autonomie
- la confiance en soi

Développement global

Dimensions

> langagière	• Babiller, faire des efforts de parole (parler au bébé, mettre des mots sur ce qu'il est en train d'expérimenter afin de favoriser le développement du langage)
> intellectuelle	• Expérimenter à l'aide de ses sens les différents éléments qui se trouvent sur son chemin
> sociale et affective	• Jouer près des autres enfants afin d'amorcer le contact social • Acquérir le même sentiment de sécurité à l'extérieur qu'à l'intérieur (rester près du bébé pour qu'il ait le sentiment d'être en sécurité) • Vivre des réussites
> motrice	• Manipuler les objets, les prendre, les porter à sa bouche • Ramper vers les objets, se déplacer • Découvrir les sensations que procure l'environnement extérieur (sentir, toucher)

Comptine >

Bouge, bouge,
Bébé, bouge
Rampe, rampe
Pour trouver
Des choses nouvelles
À explorer!

Retour

Voir chaque bébé. Lui parler de ce qu'il a réalisé dans des mots simples.

POUPONS

ÉTÉ

GRAND GROUPE
PETIT GROUPE
INDIVIDUEL

Mise en situation

Placer sur le terrain, à la portée des bébés, plusieurs contenants remplis d'eau (petits plats, bouteilles)

Déroulement

Les enfants sont invités à jouer avec des contenants d'eau qui sont à leur portée.

Matériel

- Contenants de plastique de différentes dimensions mais assez petits pour éviter les risques de noyade: petites bouteilles de plastique, eau, débarbouillettes mouillées

Objectifs >

Favoriser le développement
- de la motricité globale
- de la motricité fine
- du schéma corporel
- de l'organisation spatiale
- **de l'organisation perceptive**
- du langage

Favoriser
- les relations entre pairs
- la conscience de l'autre
- l'autonomie
- la confiance en soi

Développement global >

Dimensions

> langagière	• Babiller, parler (parler au bébé, mettre des mots sur ce qu'il est en train de découvrir)
> intellectuelle	• Expérimenter les différents éléments qui se retrouvent sur son chemin.
> sociale et affective	• Jouer près des autres enfants afin d'amorcer le contact social • Acquérir un sentiment de sécurité dans un espace de jeu différent (rester près du bébé pour qu'il ait le sentiment d'être en sécurité) • Partager le matériel avec d'autres • Vivre des réussites.
> motrice	• Manipuler les objets contenant de l'eau, les prendre, les porter à sa bouche • Ramper vers les objets, se déplacer, se hisser, marcher ou courir

Comptine >

Eau claire
Eau brouillée
Eau de source
Eau colorée
Tu es à moi
Je veux te toucher
Te goûter et te regarder

Retour

Utiliser de l'eau colorée ou du jus dilué dans certaines bouteilles afin de susciter l'intérêt et la curiosité des enfants par la couleur.

LA PÊCHE À LA PASSOIRE

POUPONS
2 À 5 ANS

ÉTÉ

GRAND GROUPE
PETIT GROUPE
INDIVIDUEL

Mise en situation

Remplir la petite piscine ou la pataugeoire, puis y placer des objets. Raconter aux enfants l'histoire de Didier le pêcheur (histoire à inventer par l'éducatrice).

Déroulement

- Les enfants sont invités à capturer les poissons qui sont dans la piscine. On peut y aller par objets de couleur: on essaie d'attraper tous les poissons rouges en premier, ensuite les bleus et ainsi de suite. Imaginer d'autres façons d'attraper les poissons.
Exemple: pour les plus vieux, essayer avec deux petites baguettes de bois.
- L'éducatrice doit exercer une surveillance constante.

Matériel

- Maillots de bain, serviettes, éponges de différentes sortes, formes et couleurs, anneaux de plastique qui flottent, tout autre objet coloré et pouvant être utilisé dans l'eau, passoires ou petits filets à papillons, grosses cuillères ou louches de plastique et petites chaudières pour y placer ses poissons (plus les enfants sont âgés, plus les objets sont petits et les moyens de les pêcher élaborés)

Objectifs >

Favoriser le développement
- **de la motricité globale**
- **de la motricité fine**
- de la latéralisation
- **de l'organisation perceptive**
- du langage

Favoriser
- les relations entre pairs
- l'autonomie
- l'expression de la créativité

Comptine >

Bougent, bougent
Petits poissons rouges
Nagent, nagent
Petits poissons sages
Sautent, sautent
Petits poissons

Je vous accroche à mon hameçon
Je vous apporte à la maison
Je vais vous manger
Pour mon souper
Ce s'ra si bon
D'emplir mon bedon!

Développement global >

Dimensions

> langagière	• Utiliser les notions relatives à la pêche, aux couleurs
> intellectuelle	• Expérimenter de nouvelles manières d'attraper des poissons • Comparer les formes et les couleurs • Compter
> sociale et affective	• Partager un espace avec les autres enfants • Pêcher à deux • Partager du matériel • Expérimenter leurs idées
> motrice	• Attraper des poissons à l'aide d'objets, vider, remplir, saisir

Retour

Les objets sont tous retirés de la piscine et les enfants sont à leur tour des poissons. Ils barbotent et nagent dans le lac.

Variante

Utiliser des figurines de plastique illustrant insectes, grenouilles, nénuphars de papier colorés et tout autre objet que l'on peut associer à une mare ou à un étang. Laisser les enfants créer des jeux à partir de ces objets.

2 À 5 ANS

PRINTEMPS
ÉTÉ
AUTOMNE
HIVER

GRAND GROUPE
PETIT GROUPE
INDIVIDUEL

Mise en situation

Apporter des livres illustrant des oiseaux et des insectes volants. Observer et nommer les parties d'un oiseau ou d'un insecte. Voir les éléments qui sont semblables et différents chez ces deux groupes. Exemples: semblables, les ailes; différents, les plumes et le duvet pour les oiseaux, les poils pour les insectes. Faire remarquer les grosseurs, les formes, les couleurs. Demander aux enfants d'imiter les mouvements des oiseaux et des insectes.

Déroulement

Trouver avec les enfants des oiseaux et des insectes à imiter à l'extérieur. Reproduire les mouvements que l'on observe. Faire les mouvements selon différents rythmes: rapide, modéré, lent. Imiter les sons qu'émettent les animaux ou les insectes (bourdonnements).

Matériel

- Livres sur les oiseaux ou les insectes (exemple: guide Peterson)
- Couvertures ou serviettes pour s'étendre sur le gazon

Objectifs >

Favoriser le développement

- **de la motricité globale**
- de l'organisation spatiale
- **de l'organisation temporelle**
- de l'organisation perceptive
- du langage
- **des habiletés logiques**

Favoriser

- l'autonomie
- la créativité
- **l'acquisition de connaissance**

Comptine >

(Inspirée de la chanson «Maman les p'tits bateaux»)

Maman les p'tits
oiseaux (insectes)

Qui volent là-haut!
Ont-ils des ailes?

Mais oui,
mon bon ami

S'ils n'en
avaient pas

Ils ne voleraient pas

Développement global

Dimensions

> langagière

- Nommer les parties des oiseaux et des insectes
- Associer des sons et des mots

> intellectuelle

- Faire de la recherche et se documenter
- Décrire les similitudes, les différences, les caractéristiques
- Jouer divers rôles
- Expérimenter différentes façons de faire

> sociale et affective

- Expérimenter leurs idées

> motrice

- Battre des bras lentement et rapidement, marcher, courir
- Reproduire une séquence de mouvements
- Se déplacer dans l'espace
- Comparer et associer des sensations diverses

Retour

S'étendre sur le gazon, fermer les yeux et écouter les bruits des animaux, respirer au rythme de ces bruits et du vent. Ouvrir les yeux et regarder les déplacements des nuages, décrire leurs formes et en imaginer d'autres (lapin).

Variante

Utiliser d'autres insectes rampants et marchants pour adapter cette activité. Soulever des pierres.

Références

PETERSON, Roger Tory. *Les oiseaux de l'Est de l'Amérique du Nord*. Éditions Marcel Broquet inc., Bibliothèque nationale du Québec, 1989, 384 p.

2 À 5 ANS

PRINTEMPS
ÉTÉ
AUTOMNE
HIVER

GRAND GROUPE

Mise en situation

Les enfants choisissent deux ou trois objets dans la salle de jeu. L'éducatrice leur demande de produire des sons à l'aide de ces objets. Elle fait jouer de la musique et demande aux enfants de reproduire le rythme avec les objets. L'éducatrice explique qu'ils vont à l'extérieur pour faire de la musique avec les objets qu'ils vont y trouver. Ils vont ensuite constituer un orchestre dont ces objets seront les instruments.

Déroulement

Les enfants ramassent différents objets à l'extérieur (deux par enfant). Ils créent un son à partir de ces objets et organisent ensuite un orchestre. L'éducatrice peut proposer des rythmes aux enfants, qu'ils répètent ensuite. Elle peut proposer de chanter tout en jouant de leurs instruments de musique improvisés. Enregistrer les sons produits par les enfants.

Matériel

- Objets dans le service de garde, magnétophone, disque ou cassette, objets pris à l'extérieur

Objectifs >

Favoriser le développement
- de la motricité fine
- de l'organisation temporelle
- **du sens du rythme**

Favoriser
- **les relations entre pairs**
- **l'expression de la créativité**

Développement global

Dimensions

> langagière
- Chanter en jouant de la musique
- Utiliser le langage approprié
- Exprimer ses idées (sentiments en relation avec l'activité)

> intellectuelle
- Trouver différentes façons de produire des sons avec des objets
- Combiner des objets pour produire un son
- Expérimenter de nouvelles façons de faire

> sociale et affective
- Produire un son devant les autres amis
- Exprimer ses idées (sentiments en relation avec l'activité)

> motrice
- Produire un son en frottant des objets ou en les frappant

Retour

Défiler dans la cour du service de garde puis rentrer et circuler dans les groupes au son des instruments de l'orchestre. Chanter ensemble la comptine.

Comptine >

Cric, crac
Fait la feuille séchée
Shiss, shiss,
Fait le frottement

Chaque objet
fait un bruit
Avec l'aide
de tes amis
Découvre
les sons cachés
Des choses
à ta portée!

Ding, ding
Fait la cloche
Bing, bing
Cognent les roches

08 LES RAYONS DANSANTS

2 À 5 ANS

PRINTEMPS
ÉTÉ
AUTOMNE
HIVER

GRAND GROUPE

Mise en situation
Sortir le magnétophone à cassettes dans la cour ou sur un grand terrain (balle ou soccer). Distribuer les bandes colorées aux enfants. Les enfants font une grande ronde en tenant une bande colorée entre chacun d'eux. Demander aux enfants de tourner doucement, puis plus rapidement, de soutenir et de baisser la bande.

Déroulement
Les enfants sont invités à expérimenter des mouvements avec les bandes de tissu au rythme de la musique. On peut également, si on le désire, utiliser des consignes comme: lancez le foulard dans les airs, rattrapez-le, changez de main. On peut également utiliser des notions spatiales, en haut, en bas, en avant, en arrière.

Matériel
- Longues bandes de tissus de différentes couleurs ou foulards, magnétophone et cassette de musique
- Plusieurs extraits musicaux de différents styles et rythmes, enregistrés dans l'ordre voulu (si on dispose du lecteur, un disque compact peut aussi convenir)

Objectifs >

Favoriser le développement
- **de la motricité globale**
- de l'organisation temporelle
- **du sens du rythme**

Favoriser
- les relations entre pairs
- l'expression de la créativité

Développement global

Dimensions

> langagière	Au retour, chanter une chanson se rapportant à l'activité
> intellectuelle	Expérimenter de nouvelles façons de faire Utiliser des objets de nouvelles façons
> sociale et affective	Danser en compagnie des autres enfants Exprimer des sentiments par la danse et le mouvement
> motrice	Tenir un foulard et le faire bouger Bouger sur la musique, suivre un rythme, courir, sauter, galoper

Comptine >

(Sur l'air de « Gens du pays » de Gilles Vigneault)

Quan-and je bouge
Quan-and je danse
Mon corps s'agite dans le vent
Quan-and je chante
Quan-and je joue
Mon corps s'exprime comme un fou

Retour
Chanter la chanson sur l'air de « Gens du Pays » ou toute autre chanson accompagnée de paroles raccrochées au thème de l'activité. On peut également faire un exercice de relaxation au sol (l'éducatrice chante une chanson douce ou fait jouer de la musique favorisant le retour au calme).

Variante
L'éducatrice demande aux enfants d'exprimer des sentiments à l'aide de la bande de tissu (fâché, triste, heureux, inquiet).

09 LE DÉ « MARRANT »

2 À 5 ANS

PRINTEMPS
ÉTÉ
AUTOMNE
HIVER

GRAND GROUPE
PETIT GROUPE
INDIVIDUEL

Mise en situation

L'éducatrice colle sur trois dés géants des illustrations d'actions que les enfants peuvent faire dehors; celles-ci représentent de petites épreuves auxquelles les enfants devront se mesurer (au choix et à l'imagination de l'éducatrice).
Exemple: À l'aide d'une petite tasse, prendre de l'eau dans un premier contenant et, suivant un trajet déterminé, aller la vider dans un second contenant.
L'éducatrice conçoit les illustrations à partir des idées des enfants (exemple : je grimpe dans la glissoire et descends).

Déroulement

L'éducatrice invite les enfants à installer tout le matériel nécessaire aux épreuves. Elle demande aux enfants de se choisir des tâches. Elle lance un premier dé et explique aux enfants en quoi ça consiste.
À son signal, les enfants partent à tour de rôle ou tous ensemble. Établir les règles de fonctionnement avec les enfants avant le début de l'activité.

Matériel

- Dés géants et dessins illustrant les actions de l'enfant
- Matériel nécessaire à la réalisation des épreuves

Objectifs >

Favoriser le développement
- **de la motricité globale**
- de la motricité fine
- de la latéralisation
- de l'organisation perceptive
- de la latéralité
- du langage
- du rythme

Favoriser
- l'autonomie
- **l'expression de la créativité**

Comptine >

Tourne, tourne
petit dé
Car tu as une
bonne idée
C'est de me
faire jouer
Toute la journée!

Tourne, tourne
petit dé
Tu vas me
demander
De courir ou
de grimper
Avec mon ami Dédé!

Développement global

Dimensions

> langagière
- Discuter des consignes et des règles à suivre
- Utiliser le vocabulaire approprié
- Donner son opinion
- S'adresser au groupe

> intellectuelle
- Imaginer des situations de jeu (épreuves)
- Expérimenter différentes façons de faire

> sociale et affective
- Affirmer ses idées
- Donner son point de vue
- Participer en équipe

> motrice
- Courir, sauter, lancer, ramper (toutes les habiletés peuvent être intégrées à l'activité)

Retour

L'éducatrice laisse les enfants utiliser les dés à leur manière ou jouer selon les règles qu'ils établissent de façon spontanée.

LES TRACES DE VIE

2 À 5 ANS

PRINTEMPS
ÉTÉ
AUTOMNE
HIVER

GRAND GROUPE

Mise en situation

L'éducatrice fait le tour de la cour avec les enfants. Ils observent les feuilles d'arbres, les petits chemins tracés sur le sol, les trous dans les arbres ou dans la terre, les toiles d'araignées, les nids de guêpes, les fourmilières, les nids d'oiseaux. Elle fait voir aux enfants qu'il y a des indices qui nous permettent de reconnaître la présence d'êtres vivants.

Déroulement

Les enfants sont invités à faire une sortie dans le boisé ou ailleurs et à y repérer les traces de vie. L'éducatrice donne des indices et pose des questions pour aider l'enfant dans sa découverte. Par exemple, elle soulève une pierre et questionne les enfants sur ce qui peut se trouver dessous. Elle incite également les enfants à se questionner sur ces découvertes et répond à leurs questions.

Matériel

- Tout matériel utile pour une randonnée, loupe, jumelles, objets pour creuser, eau, petits pots de plastique transparent
- Petits sacs de papier pour déposer les objets ramassés à l'extérieur

Objectifs >

Favoriser le développement

- de la motricité globale
- de la motricité fine
- de l'organisation spatiale
- de l'organisation perceptive
- du langage

Favoriser

- les relations entre pairs
- l'autonomie
- **une meilleure compréhension du monde**

Développement global

Dimensions

> langagière
- Utiliser de nouveaux noms d'insectes, d'animaux ou d'habitats
- Donner son opinion

> intellectuelle
- Découvrir les différents indices permettant de croire quíl y a de la vie
- Se questionner
- Émettre certaines hypothèses

> sociale et affective
- Respecter les êtres qui nous entourent (tolérance rattachée aux êtres vivants)
- Collaborer avec les autres enfants dans leurs découvertes

> motrice
- Soulever, creuser, prendre, saisir
- Marcher, transporter, franchir des obstacles naturels, comparer ou associer des sensations diverses

Comptine >

Dans le sentier
Je vais trouver
Mille trésors
Mieux que de l'or

Je veux connaître
Et découvrir
La vie est là
Tout près de moi

Retour

L'éducatrice invite les enfants à sortir les objets qu'ils ont ramenés et à les montrer aux autres enfants. Ainsi, ils pourront parler de l'endroit où ils les ont trouvés, dire s'il y avait un insecte ou un animal à proximité. On peut même faire une mini-exposition en plaçant les trouvailles des enfants sur une table.

11 POIDS LOURDS, POIDS PLUME

2 À 5 ANS

PRINTEMPS
ÉTÉ
AUTOMNE
HIVER

GRAND GROUPE

Mise en situation

L'éducatrice donne aux enfants plusieurs objets, des objets lourds et d'autres plus légers. Elle leur demande de dire quelle est la différence entre ces objets.
Les enfants donnent des caractéristiques et l'éducatrice oriente la discussion.

Déroulement

L'éducatrice demande aux enfants de ramasser des objets dans la cour et dans le voisinage : pissenlits en fleur, roches, feuilles, pétales de fleurs. Un enfant laisse tomber l'objet par terre puis l'éducatrice lui demande d'imiter la chute de cet objet. Les autres enfants font de même. Tour à tour, chacun laisse tomber son objet puis imite sa chute. L'éducatrice trouve un mot qui rime avec les noms d'objets pour enrichir le jeu. Elle incite les enfants à faire de même.

Matériel

- Divers objets, lourds et légers, un parachute

Objectifs >

Favoriser le développement
- **de la motricité globale**
- de la motricité fine
- de l'organisation temporelle
- de l'organisation spatiale
- de l'organisation perceptive
- du langage
- du sens du rythme

Favoriser
- les relations entre pairs
- l'expression de la créativité
- **une meilleure compréhension du monde**

Comptine >

Tourbillonne
dans le vent
Voltige dans les airs
Petite plume si légère
Tu vas lentement

Plonge vite la pierre
Qui s'écrase sur
la terre
Tu descends à
toute allure
T'échouer dans
la verdure

Vole, vole petite
fleur
Toi qui fais mon
bonheur
Vole et prends
tout ton temps
En profitant
du présent

Développement global

Dimensions

> langagière
- Nommer des objets
- Trouver des rimes

> intellectuelle
- Distinguer les caractéristiques d'objets
- Utiliser des objets et imiter leur chute

> sociale et affective
- Imiter la chute d'un objet devant les autres
- Donner son point de vue
- Expérimenter leurs idées

> motrice
- Tomber, courir, marcher, se rouler

Retour

L'éducatrice prend l'immense parachute, les enfants y placent leurs objets sur le dessus et chantent la comptine en l'agitant.

PARCOURONS LES COULEURS

2 À 5 ANS

PRINTEMPS
ÉTÉ
AUTOMNE
HIVER

GRAND GROUPE
PETIT GROUPE
INDIVIDUEL

Mise en situation

À l'aide d'une affiche couleurs, montrer aux enfants que la nature est remplie de multiples couleurs. Demander aux enfants de décrire ou de montrer ce qu'ils voient et de commenter (donner les formes, les couleurs).

Déroulement

L'éducatrice remet à chaque enfant une carte comportant quatre carrés de couleurs différentes.
Les enfants sont invités à circuler à l'extérieur et à trouver, à l'aide de leur carte, des éléments de la nature associés aux couleurs recherchées. Si un enfant éprouve des difficultés, il peut obtenir l'aide des autres.

Matériel

- Petite carte sur laquelle sont imprimées quatre couleurs (chaque enfant peut avoir une carte différente)
- Sac de papier ou de plastique pour y placer les objets trouvés (on peut placer les enfants en équipe pour faire leur recherche)

Objectifs >

Favoriser le développement
- de la motricité globale
- **de la motricité fine**
- de l'organisation spatiale
- de l'organisation perceptive
- du langage
- **des habiletés logiques**

Favoriser
- les relations entre pairs
- l'autonomie
- la confiance en soi

Développement global

Dimensions

> langagière
- Discuter de ce que l'on retrouve dans la nature
- Donner son opinion

> intellectuelle
- Associer des objets à des couleurs imprimées sur une carte
- Identifier les couleurs présentes dans la nature à l'aide de l'affiche

> sociale et affective
- Partager ses découvertes
- Aider un autre enfant à trouver les objets recherchés
- Respecter la nature

> motrice
- Recueillir des objets de la nature
- Se déplacer pour se rendre à l'endroit désiré

Retour

Échanger les découvertes et dire ce que chacun a trouvé dans la nature

Comptine >

Dans la nature
La nature
Nous procure
Mille couleurs
Mille odeurs

Une grande fleur
Un saule pleureur
Un colibri avec son rouge collier
Un érable, un peuplier
Un chardonneret jaune
Et toutes sortes d'aulnes

Dame nature
La plus pure
Montre ses beaux atours
Qu'il faut protéger toujours

13 LE TRACÉ DU PETIT POUCET

2 À 5 ANS

PRINTEMPS
ÉTÉ
AUTOMNE
HIVER

GRAND GROUPE
PETIT GROUPE

Mise en situation

L'éducatrice raconte l'histoire du petit Poucet. Elle fait parler les enfants sur l'histoire et la manière de retracer son chemin quand on est dans les bois. Elle suggère aux enfants de peindre des roches de toutes les couleurs pour ensuite les utiliser comme repères pour les enfants lors d'une sortie dans un boisé.

Déroulement

Les enfants sont invités à faire une promenade dans un boisé ou un autre endroit et y laisser des traces à l'aide des pierres peintes (préalablement préparées).
Au retour de la promenade, les enfants ramassent les pierres laissées en route.

Matériel

- Histoire du petit Poucet, pinceaux, peinture, petites pierres

Objectifs >

Favoriser le développement

- **de la motricité globale**
- du schéma corporel
- **de l'organisation spatiale**
- de l'organisation perceptive
- du langage
- des habiletés logiques

Favoriser

- les relations entre pairs
- la conscience de l'autre

Développement global

Dimensions

> langagière	• Discuter ensemble des stratégies appropriées après la lecture du conte « Le petit Poucet » • Expliquer son point de vue
> intellectuelle	• Retracer un chemin en utilisant les pierres • Compter les pierres
> sociale et affective	• Développer un sentiment de sécurité et de confiance à l'aide de trucs et de stratégies pour se retrouver si on se perd
> motrice	• Peindre • Marcher et semer des pierres sur son passage • Emprunter des trajets moins connus • Ramasser les pierres au retour

Comptine >

Petit Poucet,
petit Poucet
Sur ton chemin
Tu as laissé
Des miettes de pain
Vite mangées
Par les oiseaux
Du p'tit boisé

Petit Poucet,
petit Poucet
Sur ton chemin
Si tu avais
Laissé des pierres
Tu aurais pu
Te retrouver
Sans te tromper!

Retour

Au retour, on compte les pierres qui ont été utilisées pour faire la sortie. Demander aux enfants s'ils ont trouvé facile ou difficile de retrouver leur chemin.

Référence

Contes inoubliables, Éditions Chantecler, 1999

SONS DÉCODÉS

2 À 5 ANS

PRINTEMPS
ÉTÉ
AUTOMNE
HIVER

GRAND GROUPE
PETIT GROUPE
INDIVIDUEL

Mise en situation

L'éducatrice produit des sons à l'aide de divers objets. Elle demande aux enfants d'identifier les sons entendus.

Déroulement

Lors d'une promenade ou d'une sortie à l'extérieur, enregistrer les différents sons entendus. Découvrir avec les enfants les sons enregistrés.

Matériel

- Objets qui font du bruit, magnétophone, cassette vierge

Objectifs >

Favoriser le développement
- de la motricité globale
- de l'organisation spatiale
- **de l'organisation perceptive**
- du langage
- des habiletés logiques

Favoriser
- les relations entre pairs
- une meilleure compréhension du monde

Développement global

Dimensions

> **langagière**
- Utiliser le vocabulaire adapté aux sons entendus
- Exprimer son opinion

> **intellectuelle**
- Discriminer les sons entendus dans la nature ou dans la ville : chants et cris d'oiseaux, vent dans les feuilles des arbres, sifflement du train, bruit des voitures, des camions, des objets, voix des enfants
- Se concentrer, écouter

> **sociale et affective**
- Écouter la vie qui nous entoure
- Partager ses idées

> **motrice**
- Se déplacer à l'extérieur

Comptine >

Chut ! Écoute !
(faire les gestes selon les phrases)
Chut ! Regarde !
Chut ! Respire !
Chut ! Prends ton temps !
Et dis-moi
Ce que tu entends
Ce que tu vois

Retour

On peut écouter la cassette enregistrée des bruits que l'on a recueillis à l'extérieur. Discuter avec les enfants de ce qu'ils ont entendus et aimés. On peut également enregistrer les voix des enfants avec le magnétophone et chacun s'écoute par la suite.

15 MALINS, LES COURANTS MARINS

2 À 5 ANS

PRINTEMPS
ÉTÉ
AUTOMNE
HIVER

GRAND GROUPE
PETIT GROUPE

Mise en situation

L'éducatrice parle aux enfants du passage ou des façons de traverser d'une rive à l'autre. Quels sont les dangers qui guettent les bateaux? Parmi ceux-ci, les tempêtes, les courants marins. Les enfants sont invités à délimiter avec des cônes ou avec des cordes deux bandes de terre ferme séparées par un grand espace d'eau.

Déroulement

Les enfants sont invités à se rendre en courant d'une rive à l'autre sans se faire emporter par les courants (personnifiés par l'éducatrice). Tous les enfants se placent sur la même rive. L'éducatrice (le courant marin) se place au centre entre les deux rives. Au signal, les enfants courent vers l'autre rive sans se faire toucher par le courant. Si un enfant est touché, il donne la main à l'éducatrice et devient, à son tour, un courant marin. Le jeu se termine lorsque tous les enfants ont été attrapés et sont devenus des courants marins.

Matériel

- Quatre à huit cônes, six à huit cordes à sauter

Objectifs >

Favoriser le développement
- **de la motricité globale**
- de la motricité fine
- **de l'organisation spatiale**
- du langage

Favoriser
- les relations entre pairs
- l'autonomie
- la créativité
- une meilleure compréhension du monde

Comptine >

(Sur l'air de «Court, il court le furet»)

Il court, il court,
le courant
Vilain, le courant
marin
Il court, il court,
le courant
Pour attraper
les bateaux
Il est passé par ici
Mais je me suis enfui
Le voici encore ici
Je reste bien à
l'abri

Développement global

Dimensions

> langagière	Réciter la comptine S'adresser au groupe
> intellectuelle	Expérimenter différentes façons de faire Illustrer des idées
> sociale et affective	Travailler en équipe Donner son opinion
> motrice	Se déplacer à différentes vitesses Prendre et manipuler des objets variés Se déplacer de côté

Retour

Lorsque tous les enfants sont devenus des courants marins, on fait une immense chaîne qui s'enroule et zigzague en chantant la comptine. Par la suite, les enfants sont invités à reprendre les cônes et les cordes et à les ranger.

2 À 5 ANS

PRINTEMPS
ÉTÉ
AUTOMNE
HIVER

GRAND GROUPE
PETIT GROUPE
INDIVIDUEL

Mise en situation

La promenade dans un sentier boisé est l'occasion pour l'éducatrice d'attirer l'attention des enfants sur l'environnement et sur les actions que doivent accomplir les animaux qui vivent en forêt : escalader, grimper, contourner. L'éducatrice propose aux enfants de se créer une série d'obstacles à partir des éléments naturels.

Déroulement

Les enfants sont invités à se transformer en animaux et relever les défis suivants : sauter par-dessus un tronc d'arbre, marcher en équilibre d'un bout à l'autre du tronc, traverser un ruisseau, tourner deux fois autour d'un arbre, contourner des pierres (ou toute autre action suggérée par les enfants).

Environnement

- Un environnement boisé

Objectifs >

Favoriser le développement
- **de la motricité globale**
- **de l'organisation spatiale**
- du langage

Favoriser
- l'autonomie
- **une meilleure compréhension du monde**

Développement global

Dimensions

> langagière	• Réciter la comptine
> intellectuelle	• Utiliser certains objets de diverses façons • Illustrer des idées • Expérimenter différentes façons de faire
> sociale et affective	• Donner son opinion
> motrice	• Déplacer des objets de dimensions variées • Prendre et manipuler certains objets

Comptine >

Promenons-nous
dans la forêt
Admirons
tous ses attraits
Un tronc d'arbre
Une grosse pierre
Un ruisseau
Tout cela
me lance un défi
Pour moi qui grandis

Retour

L'éducatrice s'assoit avec les enfants, les invite à fermer les yeux et à écouter les bruits de la forêt. Les enfants essaient d'identifier ce qu'ils entendent.

2 À 5 ANS

PRINTEMPS
ÉTÉ
AUTOMNE
HIVER

GRAND GROUPE
PETIT GROUPE

Mise en situation

L'éducatrice confectionne une carte avec un carton rigide, sur laquelle elle colle des images d'objets familiers. Exemples: un ballon, un dé, un crayon, un toutou.
Les enfants vont, à l'aide de cette carte, partir à la recherche de ces objets dans leur local. Chaque enfant rapporte les objets trouvés à l'éducatrice et décrit l'environnement dans lequel il les a trouvés.
Par la suite, l'éducatrice fournit des images de différents objets que l'on trouve à l'extérieur: roches, feuilles, cocottes, fleurs. Les enfants choisissent des images et les collent sur leur carte. Chaque enfant fabrique sa propre carte en fonction de ses intérêts particuliers.
S'assurer que ces éléments peuvent se trouver assez facilement dans le parcours que les enfants vont faire.

Déroulement

Les enfants utilisent leurs cartes respectives pour une randonnée.
Ils sont invités à y trouver les objets de la nature illustrés sur cette carte.
Un sentier pédestre dans un boisé, un chemin dans un pré ou une plage sablonneuse (selon les images) peuvent s'avérer intéressants pour cette activité. Si un enfant a de la difficulté, l'éducatrice peut faire appel à un autre enfant qui a terminé ou encore à tous pour l'aider à compléter sa carte.

Matériel

- Revues contenant des éléments de la nature, cartons, colle
- Tout le matériel nécessaire à la randonnée. Pour chaque enfant, un sac banane ou tout autre sac pour collectionner les objets.

Objectifs >

Favoriser le développement
- **de la motricité globale**
- de la motricité fine
- **des habiletés logiques**

Favoriser
- les relations entre pairs
- l'acquisition de connaissances

Développement global

Dimensions

> **langagière**
- Décrire leurs actions
- Nommer les objets

> **intellectuelle**
- Comparer des objets
- Regrouper, classer

> **sociale et affective**
- Expérimenter leurs idées
- Planifier des étapes du projet

> **motrice**
- Coller, découper, cueillir, ramasser, manipuler
- Marcher pour se rendre à l'endroit désiré

Comptine >

En avant
les p'tits copains
Allons voir
et rechercher
Les objets
qui sont cachés
Dans les arbres
ou dans l'gazon

Allons-y
en toute saison
Découvrons
la nature
Elle est si belle
Je vous l'assure

Retour

Au retour, les enfants sortent leurs objets pour en faire une exposition avec leurs cartes respectives.
À l'arrivée des parents, les enfants sont invités à montrer leurs découvertes.

Variante

On peut se servir des objets recueillis pour une activité artistique.

18 LA SORTIE DES POUPÉES

2 À 5 ANS

PRINTEMPS
ÉTÉ
AUTOMNE
HIVER

GRAND GROUPE
PETIT GROUPE
INDIVIDUEL

Mise en situation

Apporter des images de mères et de pères prenant soin d'un bébé ou d'un enfant en bas âge. Faire verbaliser les enfants sur les soins que les parents donnent à l'enfant. Expliquer les images. L'adulte donne le bain à son bébé, lui lave le visage, lui parle, joue. On peut également utiliser un livre d'histoires comme *L'habit de neige* ou *Le bébé* et faire parler les enfants au cours de la lecture.

Déroulement

Les enfants sont invités à une balade à l'extérieur avec leurs poupées en utilisant différentes façons de faire. Se promener avec sa poupée dans ses bras, utiliser les poussettes, les landaus ou tout autre matériel. Chaque enfant donne les soins appropriés à sa poupée.

Matériel

- Poupées (une par enfant), doudous, toutous, vêtements adéquats selon les saisons, crème solaire, poussette, landau, petit traîneau

Objectifs >

Favoriser le développement
- **de la motricité globale**
- **de la motricité fine**
- **du schéma corporel**
- des habiletés logiques

Favoriser
- l'acquisition de connaissances
- la conscience des autres
- l'empathie
- le sens des responsabilités
- l'intériorisation de règles et de valeurs

Développement global

Dimensions

> langagière	Jouer un rôle ou faire semblant Nommer les objets Donner son opinion
> intellectuelle	Regrouper, classer, trier, ordonner Établir des priorités
> sociale et affective	Choisir ses tâches Partager certaines tâches Écouter attentivement ce que disent les autres Raconter des expériences vécues Partager du matériel Justifier leurs gestes ou leurs choix
> motrice	Enfiler, boutonner, attacher, enrouler le bébé dans la doudou Transporter la poupée à l'extérieur, la tenir dans ses bras Habiller et déshabiller la poupée

Comptine >

(modifier les paroles en fonction de la saison)

J'habille ma poupée

J'la place
en sécurité

Je lui mets
d'la crème solaire

On s'en va dehors
prendre l'air

Beau temps,
mauvais temps

Viens avec moi,
ma belle

Apportons ta p'tite
ombrelle

C'est avec toi
que j'ai l'goût

D'aller me
promener partout

Par temps froid
comme par temps
doux!

Retour

Au retour, déshabiller les poupées, aller les coucher dans les landaus à l'extérieur car elles sont fatiguées. Discuter ensemble de ce que les enfants ont fait et leur faire raconter des anecdotes vécues par leur bébé à l'extérieur.

Référence

Robert MUNSCH et Michael MARTCHENKO, *Le bébé*, Les éditions La courte échelle inc., 1983
Robert MUNSCH et Michael MARTCHENKO, *L'habit de neige*, Les éditions La courte échelle inc., 1987

LA CAPTURE D'ODEURS

2 À 5 ANS

PRINTEMPS
ÉTÉ
AUTOMNE
HIVER

GRAND GROUPE
PETIT GROUPE
INDIVIDUEL

Mise en situation

Utiliser des bouteilles contenant différentes aliments, épices et herbes séchées: cannelle, thym, basilic, romarin, cacao, café, noix de coco. Faire sentir ces arômes aux enfants, leur demander leurs impressions, d'identifier l'aliment ou l'épice. Expliquer ensuite à l'aide d'images ou de photos d'où proviennent ces aliments.

Déroulement

Les enfants sont invités à faire une promenade dans un sentier ou un boisé afin de trouver des objets, des plantes ou des fleurs qui ont une odeur particulière. Selon les saisons, les éléments trouvés sont différents et ont des odeurs particulières.

Matériel

- Petits flacons contenant des aliments, épices et herbes séchées
- Petits sacs pour les enfants, étiquettes pour y inscrire le nom des plantes, crayon. (On peut également adapter pour des poupons, car cette activité stimule les sens, en particulier l'odorat)

Objectifs >

Favoriser le développement

- de la motricité globale
- **de l'organisation perceptive**
- **de la motricité fine**
- du langage

Favoriser

- les relations entre pairs
- l'expression de la créativité

Comptine >

Ça sent bon,
ça sent bon

De la fraise
ou du citron

Du cantaloup
ou du melon

J'aime toutes
les odeurs

Il y en a de
toutes les couleurs

Je respire
à pleins poumons

Car ça sent
si bon!

Développement global

Dimensions

> langagière
- Utiliser des noms de plantes et de fleurs
- Discuter avec un ami
- Donner de l'information
- Décrire ce qu'on trouve

> intellectuelle
- Retrouver des odeurs à l'extérieur
- Associer odeurs et noms des aliments ou des plantes

> sociale et affective
- Parler à tour de rôle
- Faire sentir ses choses aux autres

> motrice
- Ramasser des objets à l'extérieur
- Marcher pour se déplacer, courir

Retour

À tour de rôle, les enfants expliquent ce qu'ils ont trouvé à l'extérieur, et l'endroit où ils l'ont ramassé. Observer les couleurs des éléments recueillis et inviter les enfants à sentir les choses que les autres ont trouvées à l'extérieur.

Variante

À partir des plantes trouvées, on peut fabriquer des parfums en y ajoutant de l'eau et remplir de petits flacons.

2 À 5 ANS

PRINTEMPS
ÉTÉ
AUTOMNE
HIVER

GRAND GROUPE
PETIT GROUPE

Mise en situation

L'éducatrice regarde le ciel avec les enfants. Elle explique que loin de la terre, il existe des planètes et que l'une d'entre elles s'appelle Vénus. L'éducatrice montre alors une photo de la planète Vénus. Les enfants sont invités à regarder sa forme. Ils se demandent à quoi ressembleraient ses habitants. L'éducatrice invite les enfants à devenir des Vénusiens. D'abord, il faut préparer son corps pour ce grand voyage dans l'espace. L'éducatrice propose quelques mouvements d'échauffement aux enfants: demi-rotation avant de la tête, roulement des épaules, allongement du corps vers le haut, flexion des genoux, course sur place.
Il est nécessaire au début de l'activité d'expliquer le sens des mots de l'histoire aux enfants. (galaxie, planète, étoile, vitesse de la lumière).
Afin de se transformer en Vénusiens, les enfants sont invités à se fabriquer des antennes avec des cure-pipes, des balles en styromousse et un serre-tête. Par la suite, les enfants embarquent dans la soucoupe volante (un cerceau par enfant) et l'histoire gestuelle de ce grand voyage débute.

Déroulement

L'éducatrice raconte l'histoire et les enfants vénusiens la jouent.

Matériel

- Matériel nécessaire pour chaque enfant: deux cure-pipes, un serre-tête, deux balles de styromousse, un cerceau
- Quatre à six cônes pour délimiter le cratère

Objectifs >

Favoriser le développement
- **de la motricité globale**
- de la motricité fine
- du schéma corporel
- **de l'organisation spatiale**
- de l'organisation perceptive
- du langage

Favoriser
- les relations entre pairs
- l'autonomie
- la confiance en soi

Développement global

Dimensions

> langagière
- Réciter la comptine
- Donner leur opinion
- Décrire ce qu'ils voient
- Utiliser de nouveaux mots: cratère, vénusien

> intellectuelle
- Utiliser certains objets de façon différente
- Se déguiser et jouer divers rôles
- Imaginer mentalement diverses situations
- Expérimenter différentes façons de faire
- Suggérer des variantes pour différentes situations
- Formuler des questions

> sociale et affective
- Choisir entre différentes propositions
- Donner leur opinion
- Mimer différents sentiments

> motrice
- Se déplacer avec des objets de dimensions variées
- Se déplacer de diverses façons et à différentes vitesses
- Participer à l'aménagement
- Prendre et manipuler un objet
- Exprimer des sensations avec leur corps
- Créer des séquences d'événements, se déplacer en avant, à reculons, à côté et à l'intérieur d'un objet
- Reproduire des formes

Comptine >

Déguisés
en Vénusiens

Dans l'espace,
nous voyageons,

Malgré les
perturbations

Et voici,
nous débarquons

Variante

En hiver, les enfants peuvent creuser les cratères des planètes dans la neige. Ils peuvent aussi se faire un tracé dans la neige.

Référence

Cette activité est adaptée de ROY, M., (1998), *Je danse mon enfance*

Texte de l'histoire	Actions des enfants
☐ Les Vénusiens embarquent dans leur soucoupe volante. C'est l'opération décollage vers l'exploration de la galaxie et de ses planètes.	> Inviter les enfants à tenir le cerceau de chaque côté avec les deux mains, tout en restant assis au sol, à l'intérieur du cerceau.
☐ Ils démarrent leur engin, qui se soulève lentement dans l'espace.	> Proposer aux enfants de se lever lentement en tenant toujours le cerceau avec les mains.
☐ Ils avancent doucement à bord de leur soucoupe.	> Inviter les enfants à se déplacer en faisant le tour des modules de jeux de la cour.
☐ Puis, la soucoupe accélère et prend de la vitesse.	> Proposer aux enfants de se déplacer de plus en plus vite en marchant, puis en faisant des pas plus rapides et, finalement, en courant.
☐ Les Vénusiens arrivent près de Vénus, ils ralentissent et observent.	> Inviter les enfants à réduire leur vitesse de déplacement jusqu'à la marche lente et à bien observer tout ce qui se passe autour d'eux. Demander à chaque enfant vénusien de décrire ce qu'il voit.
☐ Après un moment, ils repartent à vive allure.	> Inviter de nouveau les enfants à courir.
☐ Oups ! Que se passe-t-il ? Leur soucoupe tournoie dans l'espace.	> Inviter chacun à tourner sur soi.
☐ Des perturbations font vibrer, bouger leur soucoupe dans tous les sens.	> Inviter chaque enfant à bouger son corps et le cerceau de manière à exprimer l'action : de haut en bas, vers l'avant, vers l'arrière, en tournant, en sautant.
☐ Les Vénusiens perdent le contrôle de la soucoupe et se voient obligés d'atterrir de force sur la Lune.	> Demander aux enfants d'arrêter l'action en adoptant la position assise dans le cerceau.
☐ Les Vénusiens sortent de leur soucoupe pour se reposer un peu et visiter les alentours.	> Inviter chacun à déposer son cerceau sur le sol et à en sortir afin de marcher partout dans l'espace en regardant autour de soi.
☐ Tout est calme et paisible. Les Vénusiens marchent lentement sur la Lune.	> Inviter les enfants à marcher lentement à grands pas en levant les genoux bien hauts.
☐ Les bras aussi flottent dans les airs.	> Inviter chacun à ouvrir largement les bras de chaque côté du corps en les bougeant légèrement.
☐ Les Vénusiens sont vraiment détendus.	> Demander à chacun de poursuivre encore un peu ces mêmes gestes avec les bras et les jambes, tout en reculant, en avançant, en tournant, et ce, toujours avec lenteur et amplitude.
☐ Les Vénusiens s'installent avec leur soucoupe volante dans un cratère. Ils se réunissent en cercle pour discuter ensemble de ce qu'ils ont vu durant leur visite.	> Inviter les enfants à se rassembler en cercle pour amorcer la causerie : Qu'est ce qui était le plus excitant ? Que pourrions-nous aller visiter maintenant ?
☐ Les Vénusiens repartent à bord de leur soucoupe vers leur point de départ.	> Inviter les enfants à marcher en tenant le cerceau avec les mains.

FEU ROUGE, FEU VERT

2 À 5 ANS

PRINTEMPS
ÉTÉ
AUTOMNE
HIVER

GRAND GROUPE
PETIT GROUPE

Mise en situation

Les enfants se fabriquent une voiture à partir d'une boîte de carton et la décorent. L'éducatrice présente les feux de circulation rouge, vert, jaune et discute avec les enfants de la signification de ceux-ci.

Déroulement

L'éducatrice devient un agent de signalisation. Les enfants sont invités à enfiler leur voiture et à circuler librement. Lorsque l'éducatrice montre le carton rouge, toutes les voitures s'accroupissent. Lorsque l'éducatrice montre le carton vert, les voitures courent partout sur le terrain. L'éducatrice varie ses consignes de circulation.

Matériel

- Une boîte de carton ouverte aux deux bouts que l'enfant peut enfiler, corde pour attacher la voiture aux épaules (comme deux bretelles) crayons, pinceaux, gouache

Objectifs >

Favoriser le développement
- de la motricité globale
- **de la motricité fine**
- **de l'organisation spatiale**
- du langage

Favoriser
- l'autonomie
- **la créativité**
- une meilleure compréhension du monde

Développement global

Dimensions

> langagière
- Réciter la comptine
- S'adresser au groupe

> intellectuelle
- Utiliser certains objets de diverses façons
- Illustrer des idées
- Expérimenter différentes façons de faire

> sociale et affective
- Donner son opinion

> motrice
- Déplacer des objets de dimensions variées
- Prendre et manipuler certains objets

Comptine >

Feu rouge
J'arrête, STOP
Feu vert
Je cours, VITE
Feu jaune
Je ralentis, LENTEMENT

Retour

Les enfants sont invités à utiliser les objets mis à leur disposition pour délimiter la route où circuleront les voitures. Ils placent des cordes et des cônes sur le terrain avec l'aide de l'éducatrice. Ils décident ensemble de conduire sur cette route en utilisant les feux de circulation à différentes intersections.

22 LES POSTILLONS

2 À 5 ANS

PRINTEMPS
ÉTÉ
AUTOMNE

INDIVIDUEL

Mise en situation

L'éducatrice ouvre une lettre, c'est du courrier qu'elle a reçu pour les enfants. La lettre se lit comme suit : Monsieur le postillon Daniel est malade. Monsieur Daniel nous demande de distribuer son courrier (objets) à sa place. Elle demande ensuite aux enfants s'ils sont d'accord pour aider monsieur Daniel.

Déroulement

Les enfants se déguisent en postillons. Chaque enfant a en sa possession une casquette portant son nom, un sac en bandoulière ainsi que des objets de la nature (roches, fleurs, bouts de branches).
Sur leurs tricycles, ils sillonnent la cour, le trajet peut être déterminé par des cônes ou des cordes par terre. Ils doivent placer l'objet dans la boîte appropriée (portant un pictogramme). Ainsi, plusieurs boîtes sont disposées dans la cour et les enfants jouent au postillon. Demander aux enfants de trouver d'autres façons de distribuer le courrier.

Matériel

- Tricycle pour chaque enfant, sac pour y placer son courrier, objets, boîtes pour contenir les objets, casquettes

Objectifs >

Favoriser le développement

- **de la motricité globale**
- de la motricité fine
- du schéma corporel
- de l'organisation spatiale
- **de l'organisation perceptive**
- du langage
- **des habiletés logiques**

Favoriser

- les relations entre pairs
- la conscience des autres
- le sens des responsabilités
- l'expression des besoins et des sentiments
- la conception du bien et du mal

Développement global

Dimensions

> langagière	• Échanger avec l'éducatrice • Décrire les objets trouvés
> intellectuelle	• Associer l'objet au pictogramme • Trouver un endroit approprié à l'objet
> sociale et affective	• Respecter les autres enfants qui circulent au cours de cette activité • Apprendre à respecter les autres et à attendre son tour • Expliquer comment Daniel se sent parce qu'on l'a aidé et comment eux se sentent en aidant une autre personne
> motrice	• Placer les objets dans les endroits appropriés • Maîtriser le tricycle sur un parcours donné, pédaler, monter sur le tricycle et en descendre • Suivre un tracé

Comptine >

Roulent, roulent, roulent
les petits tricycles
Vite, vite, vite
Allons distribuer
Le courrier
Pour mon ami postier

Retour

Au retour, les enfants rapportent les tricycles pour les garer.

Variante

Au lieu d'utiliser des boîtes, l'enfant peut choisir de placer son objet à l'endroit qui lui convient le mieux dans la cour, en justifiant son choix.

23 POUPÉE TREMPÉE, C'EST LA « CORDÉE »

2 À 5 ANS

PRINTEMPS
ÉTÉ
AUTOMNE

PETIT GROUPE

Mise en situation

L'éducatrice va avec les enfants chercher les poupées et leurs vêtements qui sont dans le bac à poupées. Elle leur propose un prétexte pour laver ces vêtements: les poupées sont allées jouer dehors et elles ont sali leurs vêtements. Elle demande aux enfants de nommer le matériel dont ils auront besoin pour faire ce travail.

Déroulement

L'éducatrice invite les enfants à faire la lessive des poupées, à utiliser le savon doux et faire toutes les opérations nécessaires pour faire sécher les vêtements en plein air (les enfants peuvent être placés par groupe de deux).

Matériel

- Vêtements des poupées ou de petits bébés (on peut mélanger les vêtements et les distribuer aux enfants ainsi ou leur demander de déshabiller les poupées pour faire le grand lavage)
- Savon à lessive doux et non toxique, bacs remplis d'eau, petits poteaux, corde à linge, épingles à linge, tables basses pour installer les bacs, tabliers de plastique pour les enfants

Objectifs >

Favoriser le développement
- de la motricité globale
- **de la motricité fine**
- de l'organisation spatiale
- de l'organisation perceptive
- de la latéralisation
- du langage
- des habiletés logiques

Favoriser
- les relations entre pairs
- **l'autonomie**

Développement global

Dimensions

> langagière
- Utiliser le vocabulaire approprié: lessive, savon en poudre, frotter, savonner, rincer, tordre, étendre, noms des vêtements
- Exprimer ses idées

> intellectuelle
- Déterminer le matériel nécessaire à l'activité
- Déterminer les vêtements qui vont ensemble, grandeurs, couleurs
- Classer les vêtements sur la corde
- Ranger les vêtements

> sociale et affective
- Avoir des échanges avec ses amis
- Partager un espace et du matériel
- Demander de l'aide lorsqu'on en a besoin

> motrice
- Déshabiller et habiller les poupées, frotter, tordre, verser, suspendre, manipuler les épingles à linge
- Associer les vêtements aux parties du corps
- Se déplacer d'un endroit à l'autre dans la cour
- Transporter les poupées et les vêtements

Comptine >

Sur l'air de «Laver, laver» de Martine Sinclair)

Laver, laver
Savez-vous savonner
Laver, laver
Camisoles et gilets

Laver, laver
Faire partir les saletés
Laver, laver
Suspendre pour sécher

Retour

Après le séchage des vêtements, demander de retrouver ceux qui sont identiques et de les plier ou de rhabiller les poupées auxquelles ces vêtements vont.

L'AVENTURE D'UN MESSAGE

2 À 5 ANS

PRINTEMPS
ÉTÉ
AUTOMNE

PETIT GROUPE

Mise en situation

L'éducatrice raconte l'histoire d'un marin échoué sur une île déserte qui a envoyé un message en lançant une bouteille à la mer. Elle utilise une bouteille avec un message à l'intérieur pour déclencher l'activité. Elle explique ensuite aux enfants qu'elle est allée marcher sur la plage et a trouvé cette bouteille sur le rivage. Elle mentionne aux enfants que c'est le fruit du hasard qui lui a permis de trouver ce message très spécial. Elle fait le lien avec la poste et demande aux enfants s'ils ont déjà reçu des lettres par la poste, de qui elles provenaient. Elle peut raconter une histoire inachevée et faire inventer la suite aux enfants.

Déroulement

Les enfants sont invités à faire un dessin ou un coloriage (message) et à faire parvenir ce message par la voie maritime ou aérienne (bouteille ou ballon gonflé).

Matériel

- Histoire, feuilles de papier, bouteilles, ballons à gonfler, hélium, crayons ou peinture pour dessiner

Objectifs >

Favoriser le développement
- **de la motricité fine**
- de l'organisation spatiale
- de l'organisation perceptive
- **du langage**

Favoriser
- les relations entre pairs
- l'autonomie
- la conscience des autres
- l'empathie

Développement global

Dimensions

> langagière
- Discuter ensemble de ce que pourra contenir le message
- Donner son point de vue

> intellectuelle
- Représenter une image qui sera utilisée comme message
- Raconter des expériences passées (lettre reçue)
- Utiliser de nouvelles façons de faire

> sociale et affective
- Utiliser un nouveau moyen de communication
- Partager du matériel

> motrice
- Dessiner ou peindre, enrouler son dessin et l'introduire dans la bouteille
- Lancer sa bouteille à la mer ou aller porter son ballon pour qu'il s'envole dans les airs

Comptine >

J'ai un message
Pour toi qui es sage
Je le mets dans une bouteille
Pour qu'il aille à Marseille
À Paris ou en Hongrie
Par mer ou dans les airs
Je ne sais bien pas
Quel chanceux découvrira
Les secrets
De mon envoi ?

Retour

L'éducatrice fait écouter le son des vagues aux enfants, ils sont étendus sur le sol et profitent de ce moment pour imaginer leur message en route.

CRÉATIONS ENSABLÉES

2 À 5 ANS

PRINTEMPS
ÉTÉ
AUTOMNE

GRAND GROUPE
PETIT GROUPE
INDIVIDUEL

Mise en situation

Faire une promenade sur le bord de la plage et aller ramasser de petits sacs de sable et de petits coquillages qui seront utilisés pour l'activité. On peut également aller près du carré de sable, en tamiser et en mettre dans de petits contenants pour l'activité.

Déroulement

Sur une table à l'extérieur, les enfants sont invités à faire une création avec du sable et de la colle. On place de la colle sur le carton, ensuite on saupoudre de sable, on secoue la feuille jusqu'à ce qu'on obtienne le résultat désiré. On peut également ajouter de petits coquillages.

Matériel

- Sable, petits sacs de plastique refermables, petites pelles, colle, cartons de différentes couleurs

Objectifs >

Favoriser le développement
- **de la motricité fine**
- de l'organisation spatiale
- de l'organisation perceptive
- du langage

Favoriser
- les relations entre pairs
- l'autonomie
- la confiance en soi
- **l'expression de la créativité**

Développement global

Dimensions

> langagière
- Utiliser le vocabulaire approprié
- Exprimer ses idées

> intellectuelle
- Créer un dessin avec des éléments naturels (sable, coquillages)
- Utiliser de nouvelles façons de faire
- Commenter ses actions
- Utiliser des matériaux variés

> sociale et affective
- Réussir sa création
- Partager du matériel

> motrice
- Ramasser du sable, le tamiser et le placer dans un petit sac de plastique, mettre de la colle, saupoudrer, coller de petits coquillages
- Se déplacer pour ramasser du sable

Comptine >

Je suis un artiste
Et je prends mon temps
J'utilise toutes sortes d'ingrédients
Qui me permettront
De réaliser
Quelque chose de beau
Et de tout nouveau

Retour

Avec les enfants, accrocher les dessins dans un coin du service de garde et confectionner un coin plage, où seront distribués différents éléments trouvés à l'extérieur (à la plage).

THÉATRE EN PLEIN AIR

2 À 5 ANS

PRINTEMPS
ÉTÉ
AUTOMNE

GRAND GROUPE
PETIT GROUPE

Mise en situation

Placer une corde à linge à l'extérieur, y installer des draps de chaque côté afin de faire un théâtre. Avec les enfants, installer des chaises pour les spectateurs. Mettre des bacs de déguisements à la portée des enfants.

Déroulement

Les enfants sont invités à se déguiser et à jouer des saynètes devant les autres enfants.

Matériel

- Déguisements, accessoires variés, cannes, sacs à main, souliers, colliers, draps, corde à linge (ou décor de bois ou de carton)

Objectifs >

Favoriser le développement
- **de la motricité globale**
- de la motricité fine
- du schéma corporel
- de l'organisation spatiale
- de l'organisation perceptive
- de l'organisation temporelle
- **du langage**

Favoriser
- **les relations entre pairs**
- la conscience de l'autre
- la confiance en soi
- le sens des responsabilités
- **l'expression des besoins et des sentiments**
- **l'expression de la créativité**

Développement global

Dimensions

> langagière
- Parler en étant un personnage
- Utiliser le vocabulaire adéquat
- S'exprimer devant d'autres personnes

> intellectuelle
- Utiliser les jeux de rôles
- Mémoriser une situation de jeux de rôles
- Utiliser un matériel varié
- Combiner, agencer des données
- Expérimenter différentes façons de faire

> sociale et affective
- Jouer des rôles inspirés de ce que font les adultes ou des personnes connues
- Jouer devant les autres
- Exprimer des sentiments
- Accomplir une tâche précise au sein d'un petit groupe
- Partager du matériel
- Jouer à tour de rôle
- Applaudir les réussites des autres

> motrice
- Boutonner, mettre des chaussettes, des gants
- Enfiler des vêtements, se déplacer, utiliser les gestes adaptés à une situation
- Se déplacer sur scène, faire des mouvements avec les bras, les mains, le visage

Comptine >

Je veux jouer
Me déguiser
Je veux chanter
Rire et danser
Je veux parler
Sans me lasser

Je veux mimer
Des personnages
Faire semblant
C'est amusant
Je veux saisir
Tous ces plaisirs
Et m'amuser
C'est décidé!

Retour

Demander aux enfants de parader en costumes sur la scène. Faire dire une phrase aux enfants sur un ton gai, triste.

2 À 5 ANS

PRINTEMPS
ÉTÉ
AUTOMNE

GRAND GROUPE
PETIT GROUPE

Mise en situation

Cacher deux figurines d'animaux à l'intérieur et demander aux enfants de les retrouver. Avec les plus jeunes, faire toute la démarche de recherche avec eux.

S'imaginer que l'on est un explorateur dans une forêt ou une jungle. Déambuler dans la cour et coller des images sur les différents éléments de la cour. Exemples: la glissoire se transforme en chute d'eau, le bloc moteur devient une grotte.

Se déguiser en explorateur avec des loupes, des chapeaux, des filets à papillons et tout autre matériel pouvant être nécessaire.

Déroulement

Les enfants sont invités à jouer les explorateurs et à rechercher les animaux camouflés dans la cour (forêt ou jungle). L'éducatrice explique ce que chacun des éléments signifie et appose une image sur chacun afin que les enfants puissent le repérer. Elle peut donner des indices aux enfants en cours de route. Exemple: aller voir sous la chute d'eau (glissoire) pour les aider dans leurs recherches.

Matériel

- Figurines d'animaux (une vingtaine en tout): loup, panda, rhinocéros, éléphant, tigre (tout dépend si les animaux font partie de la forêt ou de la jungle)
- Déguisements pour les explorateurs: loupes, filets à papillons, jumelles ou lunettes d'approche, sacs, images qui représentent les éléments de la jungle ou de la forêt, cordes pour attacher les animaux

Objectifs >

Favoriser le développement
- de la motricité globale
- du schéma corporel
- **de l'organisation spatiale**
- de l'organisation perceptive
- du langage
- d'habiletés logiques

Favoriser
- les relations entre pairs
- l'autonomie
- la confiance en soi

Développement global

Dimensions

> **langagière**
- Utiliser différents noms d'animaux
- Discuter avec les autres des animaux retrouvés
- Donner son point de vue

> **intellectuelle**
- Rechercher des animaux camouflés
- Observer attentivement
- Suivre les indices donnés par l'éducatrice

> **sociale et affective**
- Collaborer deux à deux pour aller explorer
- Expliquer ce qu'ils ont découvert.
- Partager un espace
- Partager du matériel
- Respecter les autres

> **motrice**
- Manipuler les différents objets mis à leur disposition
- Se déplacer dans la cour, passer sous, par-dessus, dans les éléments pour chercher les figurines

Comptine >

Monsieur le Tigre
Où te caches-tu?
Monsieur le Lion,
Sur mon balcon,
Madame Panthère
Dans le parterre
Monsieur Panda
Dans le sous-bois
Monsieur Éléphant
En d'ssous du banc?

Retour

Fabriquer un enclos pour garder les animaux que nous avons retrouvés, à l'aide de boîtes de carton et de matériel de récupération.

Variante

Suggestion de Nathalie et Karine: Acheter de petits insectes de plastique (fourmis, araignées). Les cacher dans le carré de sable afin que les enfants les retrouvent (activité de la chasse aux fourmis ou aux insectes).

2 À 5 ANS

PRINTEMPS
ÉTÉ
AUTOMNE

GRAND GROUPE
PETIT GROUPE
INDIVIDUEL

Mise en situation

Avec les enfants, remplir plusieurs contenants de plastique transparent, les placer à l'extérieur sur deux tables basses de façon que les enfants puissent demeurer debout autour. Laisser les enfants transvider les récipients. Apporter de la gouache ou du colorant. Leur demander quel sera l'effet lorsque les deux ingrédients (eau et gouache ou colorant) seront mélangés.

Déroulement

Inviter les enfants à colorer l'eau contenue dans les bocaux dont ils disposent et par la suite à faire des mélanges de couleurs en combinant deux eaux colorées. Questionner les enfants sur ce qu'ils voient, sur leurs découvertes.

Matériel

- Contenants de plastique transparent (prévoir plusieurs contenants par enfant afin que tous puissent expérimenter), gouache ou colorant alimentaire (principalement le rouge, le jaune et le bleu), cuillères pour mélanger, eau

Objectifs >

Favoriser le développement

- **de la motricité fine**
- de l'organisation spatiale
- **de l'organisation perceptive**
- du langage
- des habiletés logiques

Favoriser

- les relations entre pairs
- la conscience de l'autre
- la confiance en soi
- l'expression de la créativité

Développement global

Dimensions

> langagière

- Nommer les couleurs
- Utiliser les termes appropriés pour l'activité
- Donner son opinion
- Expliquer ce qu'il fait

> intellectuelle

- Observer les mélanges de couleurs (relation de cause à effet)
- Produire des couleurs à partir de deux couleurs de départ
- Explorer du matériel
- Combiner des couleurs
- Ranger du matériel

> sociale et affective

- Partager du matériel
- Réussir les mélanges

> motrice

- Mélanger des eaux, brasser, verser
- Transporter de l'eau
- Décrire les sensations ressenties

Comptine >

Eaux bleues
Comme le ciel
Eaux vertes
Comme le feuillage
Eaux rouges
Comme le feu
Eaux jaunes
Comme le soleil

Retour

Tous les enfants vont transvider leurs eaux colorées dans un grand récipient transparent. On observe l'effet produit.

2 À 5 ANS

PRINTEMPS
ÉTÉ
AUTOMNE

GRAND GROUPE
PETIT GROUPE
INDIVIDUEL

Mise en situation

Fabriquer sa boîte à trésors à l'aide d'une boîte de carton (petite boîte compartimentée, décorée au goût des enfants). On peut utiliser des boîtes de bois avec un couvercle à penture et une attache de métal, ou bien utiliser des boîtes de carton assez rigide.

Déroulement

L'éducatrice discute avec les enfants des choses vivantes et des choses inanimées. Par la suite, elle invite les enfants à aller découvrir la nature et recueillir divers objets pour les mettre dans leur boîte à trésors (pierres, fleurs, morceaux de bois, cocottes, nids).

Matériel

- Colle, matériel de récupération, étiquettes, ruban adhésif, boîtes de carton ou de bois, loupes, pinces de plastique, gants, sacs, petits bocaux de plastique ou boîte de bois ou de carton, petites cordes pour mesurer

Objectifs >

Favoriser le développement

- de la motricité globale
- de la motricité fine
- de l'organisation spatiale
- de l'organisation perceptive
- du langage
- **des habiletés logiques**

Favoriser

- les relations entre pairs
- la conscience de l'autre
- la confiance en soi
- une meilleure compréhension de l'autre
- l'expression de la créativité
- **une meilleure compréhension du monde**

Développement global

Dimensions

> langagière

- Nommer les notions rattachées aux éléments de la nature
- Nommer les éléments trouvés
- Donner son point de vue

> intellectuelle

- S'approprier de nouvelles notions relatives aux éléments de la nature
- Utiliser du matériel varié
- Rechercher de l'information dans les livres
- Associer les images aux objets naturels

> sociale et affective

- Choisir différents éléments trouvés dans la nature
- Développer ses centres d'intérêts
- Décorer sa boîte à trésors
- Respecter la nature
- Partager ses découvertes avec les autres
- Respecter l'environnement

> motrice

- Fabriquer sa boîte à trésors
- Cueillir des éléments naturels
- Se déplacer pour se rendre à l'endroit voulu

Comptine >

Dans la nature
Il y a des trésors
Plus beaux que l'or
Plus grands
et plus purs
De la verdure

Dans la nature
Il y a des choses
Si précieuses
Je veux les
préserver
C'est décidé

Retour

Au retour, les enfants montrent leurs trouvailles. En groupe, on identifie les éléments trouvés par les enfants à l'aide d'un livre illustré.

Variante

Au lieu de ramasser des objets ici et là, on peut demander aux enfants de cueillir des éléments qui ont des odeurs particulières (pétales de rose, trèfle, écorce de cèdre) pour ensuite composer des parfums en mélangeant de l'eau à chacun des éléments de la nature trouvés.

LA RUE DES ARTISTES

2 À 5 ANS

PRINTEMPS
ÉTÉ
AUTOMNE

GRAND GROUPE
PETIT GROUPE
INDIVIDUEL

Mise en situation

L'éducatrice aborde des créations faites par des artistes célèbres, peintres, dessinateurs. À l'aide de livres, de calendriers ou de revues. Elle demande aux enfants ce qu'ils voient sur les tableaux et invite à la réflexion. Elle demande aux enfants de pointer les objets qu'elle nomme.

Déroulement

L'éducatrice invite les enfants à dessiner des graffitis sur une surface prévue pour l'occasion.

Matériel

- Craies de toutes les couleurs, surface asphaltée, trottoirs ou mur de béton.
- On peut également utiliser un grand panneau de contreplaqué fixé solidement à un mur ou placé par terre (s'assurer qu'il est exempt d'éclats de bois)

Objectifs >

Favoriser le développement
- **de la motricité fine**
- de l'organisation spatiale
- du langage

Favoriser
- les relations entre pairs
- l'autonomie
- la conception du bien et du mal
- **l'expression de la créativité**
- une meilleure compréhension du monde
- l'acquisition de connaissances

Comptine >

Petits Picasso
À vos tableaux
Vous allez faire
Des créations
Des peintures
Dans la nature

La rue des Artistes
n'est pas un lieu triste
On y apprend
À faire les grands
À prendre le temps
D'être des enfants

Développement global

Dimensions

> langagière
- Utiliser les termes appropriés au dessin: ligne, forme, cercle, losange
- Discuter ensemble de ce qu'ils voient

> intellectuelle
- Créer des dessins
- Expérimenter de nouvelles façons de faire
- Imaginer

> sociale et affective
- Amorcer une discussion sur le respect des biens des autres
- Participer à une activité avec d'autres enfants
- Partager l'espace
- Échanger leurs opinions

> motrice
- Dessiner, colorier, tracer, photographier
- Respecter les limites d'espace imposées
- Reproduire des formes

Retour

Donner un appareil photo aux enfants et les aider à prendre une photographie de leurs créations qu'ils pourront ensuite exposer dans la salle de jeux.

Référence

Mango jeunesse, *L'art en puzzles: Les saisons, une première approche de l'art par le jeu*, Éditions Mango, 1998

LES MAINS FOSSILISÉES

2 À 5 ANS

PRINTEMPS
ÉTÉ

GRAND GROUPE
PETIT GROUPE
INDIVIDUEL

Mise en situation

Apporter des fossiles ou des images de fossiles. Expliquer aux enfants de quoi il s'agit. Dire aux enfants que l'on va imprimer nos mains dans de la glaise pour les garder en souvenir.

Déroulement

Dans la cour extérieure, sortir les blocs de terre glaise et les distribuer aux enfants. Fabriquer une plaque de terre glaise d'environ deux cm d'épaisseur et y enfoncer l'empreinte de sa main (au moins un cm de profondeur).
On peut faire la même chose avec le pied. On compare ensuite les empreintes des différents enfants. On observe les dimensions de la main, les lignes de la main, la longueur des doigts. Cuire la terre glaise ou la laisser sécher selon le cas.
Indiquer les noms des enfants. Chaque enfant peut ensuite peindre son fossile afin de l'identifier. Cette activité peut être faite en début d'année avec les enfants, puis on compare après quelques mois les changements qui surviennent (en ce qui touche la croissance des mains et des pieds des enfants).

Matériel

- Terre glaise, eau (cette activité peut également se réaliser avec de la pâte de sel), pinceaux, peinture, papiers

Objectifs >

Favoriser le développement
- de la motricité globale
- de la motricité fine
- **du schéma corporel**
- de l'organisation spatiale
- **de l'organisation perceptive**
- du langage

Favoriser
- les relations entre pairs
- l'autonomie
- la confiance en soi

Développement global

Dimensions

> langagière	• Échanger sur les caractéristiques des mains et des pieds • Donner son opinion
> intellectuelle	• Observer les dimensions des mains et des pieds • Comparer les caractéristiques des mains et des pieds • Poser des questions • Trouver des réponses • Reconnaître que le corps grandit et que certaines de ses caractéristiques changent
> sociale et affective	• Comparer sa main ou son pied à celle ou à celui d'un autre enfant de son groupe • Se reconnaître comme une personne unique avec ses traits distincts • Partager du matériel
> motrice	• Façonner la terre glaise • Imprimer son pied ou sa main dans la glaise (prendre conscience de son corps : main et pied) • Reconnaître les sensations ressenties en manipulant la glaise

Comptine >

Dans ma main
Il y a tout plein
De lignes
et de traces
Qui ont leur place

Sous mon pied
Je vois danser
De petits sillons
Pas trop trop longs

Dans mon visage
Il y a des traits
C'est une image
Que personne d'autre
n'aura jamais
Il s'agit là de mon portrait.

Retour

Prendre de la peinture et imprimer les traces de ses mains sur une grande feuille (tous ensemble). Regarder l'effet produit, les sensations ressenties.

LES RIGOLES RIGOLENT

2 À 5 ANS

PRINTEMPS
HIVER

GRAND GROUPE
PETIT GROUPE
INDIVIDUEL

Mise en situation

Cette activité peut se dérouler à la fin de l'hiver, à la fonte des neiges. L'éducatrice pose des questions sur les chemins formés naturellement par l'eau lors de la fonte des neiges et parle des barrages.

Déroulement

L'éducatrice creuse un canal d'irrigation et invite les enfants à faire de même afin de créer plusieurs effets différents.
Par exemple, créer une grande flaque d'eau faisant couler plusieurs rigoles au même endroit, ou bien, chasser l'eau en orientant les canaux vers l'extérieur.

Matériel

- Vêtements chauds et imperméables, petites pelles pour creuser et faire des tracés dans la neige afin que l'eau puisse s'écouler
- Contenants de plastique, morceaux de bois pour faire des barrages et tout autre matériel pouvant être incorporé à l'activité
- À ne pas oublier: les bottes de caoutchouc

Objectifs >

Favoriser le développement

- de la motricité globale
- de la motricité fine
- **de l'organisation spatiale**
- de l'organisation perceptive
- du langage

Favoriser

- **les relations entre pairs**
- la conscience de l'autre
- l'autonomie
- la confiance en soi

Développement global

Dimensions

> langagière
- Utiliser les termes appropriés à l'activité et selon l'âge des enfants: rigoles, s'écouler, drainer, irriguer, flaque, canal
- Décrire ce qu'ils voient et font

> intellectuelle
- Observer des relations de cause à effet, ***ex.***: si je creuse ici, cela va former une flaque, et si je fais un canal dans cet endroit, l'eau va s'écouler à tel autre endroit

> sociale et affective
- Participer avec les autres à l'aménagement du réseau pluvial
- Partager du matériel

> motrice
- Creuser, planter, gratter
- S'accroupir, enjamber
- Franchir les petites rivières et les mares
- Sauter par-dessus un obstacle

Comptine >

C'est le printemps
La neige fond
Et c'est le temps
Pour les enfants
De faire des flaques
De petits étangs
Pour que s'écoule
Toute cette eau

Retour

Au retour, montrer des livres dans lesquels sont illustrés des lacs, des rivières, des barrages et des mers (vue aérienne) et comparer avec ce que les enfants ont fait à l'extérieur pour que l'eau s'écoule.

2 À 5 ANS

ÉTÉ
AUTOMNE
HIVER

GRAND GROUPE
PETIT GROUPE

Mise en situation

L'éducatrice place du matériel de camping à la portée des enfants. Des casseroles, ustensiles, sacs de couchage. Que fait-on lorsqu'on est en camping ? Que doit-on apporter ? Quelques jours avant, l'éducatrice détermine avec les enfants le menu du pique-nique. Préparer avec les enfants le pique-nique qui sera mangé à l'extérieur (si c'est l'été, on peut manger dehors, si c'est l'hiver, on s'installe dans la tente avec les enfants).

Déroulement

Les enfants sont invités à monter les tentes avec les éducatrices et à y placer le matériel nécessaire pour le pique-nique. Chaque enfant peut avoir une responsabilité, apporter le repas dans un panier, apporter les sacs de couchage. Par la suite, les enfants sont invités à venir prendre le repas à l'intérieur ou à l'extérieur de la tente (selon le temps qu'il fait).

Matériel

- Tentes, sacs de couchage, lampes de poche, ustensiles pouvant être utilisés en camping

Objectifs >

Favoriser le développement
- de la motricité globale
- **de l'organisation spatiale**
- **de l'organisation perceptive**
- du langage

Favoriser
- **la conscience de l'autre**
- **l'autonomie**
- la confiance en soi
- une meilleure compréhension du monde
- la relation avec l'adulte
- l'intériorisation des règles et des valeurs

Développement global

Dimensions

> langagière
- Utiliser le vocabulaire adapté au camping
- Donner son opinion
- S'adresser au groupe

> intellectuelle
- Discuter de l'utilité du matériel qu'il faut pour faire du camping
- Utiliser des matériaux et des outils variés

> sociale et affective
- Partager un pique-nique avec ses amis
- Donner de l'aide aux éducatrices pour monter les tentes et aménager l'espace
- Partager des tâches
- Assumer une ou plusieurs responsabilités
- Raconter différentes activités vécues en camping avec ses parents

> motrice
- Préparer le repas (mélanger, étendre)
- Monter les tentes, transporter du matériel

Comptine >

En camping,
c'est plaisant !
On s'amuse
tout le temps
On fait la baignade
On fait des ballades
On monte la tente
On a faim, on mange
On se couche
très tôt
À l'heure des
oiseaux
On s'lève le matin
On est plein
d'entrain
Pour recommencer
Une aut' belle
journée !

Retour

Ramasser le matériel de camping, donner des tâches à chacun des enfants. Ranger adéquatement le matériel et l'équipement utilisé.

FLAQUE D'EAU ET PARAPLUIE

2 À 5 ANS

ÉTÉ

GRAND GROUPE
PETIT GROUPE
INDIVIDUEL

Mise en situation

L'éducatrice discute avec les enfants du temps qu'il fait, et en particulier de la pluie. Elle demande aux enfants de nommer les éléments nécessaires pour aller dehors sous la pluie. Elle questionne également les enfants sur ce qu'ils peuvent faire lorsqu'il pleut.

Déroulement

Les enfants sont invités à jouer à l'extérieur avec différents objets pendant qu'il pleut. Remplir des contenants, utiliser des arrosoirs, recueillir de l'eau de pluie. L'éducatrice attire l'attention des enfants sur les différentes sensations perçues à l'extérieur, odeurs, sons.

Matériel

- Imperméables, bottes de caoutchouc, parapluies, contenants de plastique, gouttière de chlorure de polyvinyle (pvc), bassin ou petite piscine pour ramasser l'eau, tissus, tout autre matériel pouvant être utilisé

Objectifs >

Favoriser le développement
- **de la motricité fine**
- de l'organisation spatiale
- **de l'organisation perceptive**
- du langage
- des habiletés logiques

Favoriser
- les relations entre pairs
- l'autonomie
- l'expression de la créativité

Développement global

Dimensions

> langagière
- Utiliser le vocabulaire approprié à la sortie
- Décrire ce qu'ils peuvent faire dehors
- Décrire leurs actions

> intellectuelle
- Utiliser des moyens de recueillir l'eau de pluie
- Utiliser de nouvelles façons de faire
- Décrire les relations de cause à effet

> sociale et affective
- Partager un espace commun
- Exprimer son point de vue
- Exprimer ses sentiments

> motrice
- Verser, vider, transvider, utiliser la gouttière
- Marcher sous la pluie, courir dans l'eau
- S'habiller pour aller dehors, enfiler ses bottes
- Expliquer les sensations ressenties à l'extérieur (odeurs)

Comptine >

Toute la pluie
tombe sur moi

Et moi, je fais
des flics, des flacs,
des flocs

Dans l'eau

Toute la pluie
tombe sur moi

Et moi, je danse,
je saute, je cours

Dans l'eau

Retour

Entrer et se sécher, prendre un bon verre de chocolat chaud. Expliquer les sensations vécues en jouant sous la pluie.

LE BATEAU À MOTEUR

2 À 5 ANS

ÉTÉ

GRAND GROUPE
PETIT GROUPE
INDIVIDUEL

Mise en situation

L'éducatrice montre différents types de bateaux (voilier, catamaran, pirogue, canot) avec leurs caractéristiques (voiles, mâts, cordages, amarres). Apporter aux enfants divers objets faits de matériaux différents (des objets qui flottent et d'autres qui ne flottent pas) pour qu'ils puissent faire leurs propres expériences dans un bocal rempli d'eau.

Déroulement

Les enfants fabriquent un bateau à l'aide du matériel mis à leur disposition et le font flotter dans la barboteuse. L'éducatrice invite les enfants à donner un nom à leur bateau.

Matériel

- Tout matériau pouvant servir à la confection d'un bateau : matériel de récupération, assiettes de polystyrène, morceaux de bois, tissu, colle, cure-pipes, plats de plastique (fusil à colle chaude pour assembler certaines parties plus difficiles à coller, à être utilisé par l'éducatrice)

Objectifs >

Favoriser le développement

- de la motricité globale
- **de la motricité fine**
- du schéma corporel
- de l'organisation spatiale
- du sens du rythme
- du langage
- des habiletés logiques

Favoriser

- les relations entre pairs
- la conscience de l'autre
- **l'expression de la créativité**

Développement global

Dimensions

> langagière

- Utiliser les mots : *flotte, ne flotte pas*
- Nommer les parties des bateaux
- Donner un nom à son bateau
- Décrire ce qu'il fait

> intellectuelle

- Utiliser du matériel varié
- Expérimenter de nouvelles façons de faire (créativité et imagination)
- Combiner des idées
- Ranger du matériel

> sociale et affective

- Partager la barboteuse pour faire flotter leurs bateaux
- Partager du matériel
- Donner son point de vue
- Réussir à faire flotter son bateau

> motrice

- Assembler, coller, découper, dessiner
- Se déplacer, faire flotter son bateau

Comptine >

Mon petit bateau
Est fait de bois
Il est tout bleu
Et si précieux

Mon petit bateau
Est de papier
Il est tout blanc
Je l'aime tant

Retour

Chanter la chanson « Maman les p'tits bateaux » (lors du rangement)

Référence

Pour confectionner un autre type de bateau et amuser les enfants : livre de Sélection du Reader's Digest, *1000 jeux*

Adaptation pour les plus petits

Placer à la portée des tout-petits différents objets qui flottent et ne flottent pas, des éponges et tout autre matériel pouvant intéresser les enfants et les inciter à jouer dans une petite piscine basse à l'extérieur, sous la surveillance étroite d'un adulte.

36 LES PAPIERS FONT TREMPETTE

2 À 5 ANS

ÉTÉ

GRAND GROUPE
PETIT GROUPE
INDIVIDUEL

Mise en situation
Remplir une pataugeoire d'eau

Déroulement
Les enfants sont invités à immerger des papiers dans l'eau et à observer les effets ainsi que les superpositions de couleurs (cellophane).

Matériel
- Morceaux de papier de différentes couleurs (cellophane, papier de soie, crêpé, de construction), piscine à fond blanc ou grands bacs peu profonds et blancs afin que les enfants voient les effets des couleurs superposées dans le plat.
- Corde et épingles à linge pour suspendre les papiers

Objectifs >

Favoriser le développement
- **de la motricité fine**
- de l'organisation spatiale
- **de l'organisation perceptive**
- du langage
- **des habiletés logiques**

Favoriser
- les relations entre pairs
- la confiance en soi
- la conscience de l'autre

Développement global

Dimensions

> **langagière**	• Décrire les phénomènes observés
> **intellectuelle**	• Observer l'effet que produit l'eau sur les papiers • Identifier les différents types de papier • Comparer l'effet de l'eau sur les différents types de papiers
> **sociale et affective**	• Participer à une activité avec d'autres enfants • Partager du matériel • Partager l'espace
> **motrice**	• Immerger les papiers, manipuler • Se déplacer, s'accroupir • Manipuler les épingles à linge • Suspendre les morceaux de papier pour sécher

Comptine >

Buvard ou pas
Petit papier
Va s'en aller
Se faire tremper

Bavard ou pas
Tu vas commenter
L'effet de l'eau
Sur les papiers

Retour
Suspendre les papiers pour les faire sécher, voir l'effet que cela produit. Discuter du phénomène avec les enfants. Placer un échantillon de papier qui n'a pas été mouillé sur une autre corde à linge. Comparer les deux.

MÉLI-MÉLO DE BOUE

2 À 5 ANS

ÉTÉ

GRAND GROUPE
PETIT GROUPE

Mise en situation

Les enfants sont dehors en maillot de bain. On remplit la pataugeoire au moyen du tuyau d'arrosage. Un sac de terre et un gros bloc de glaise sont déposés non loin de la pataugeoire. L'éducatrice montre des photos de grandes murales.

Déroulement

Les enfants sont invités à produire une murale tous ensemble à l'aide de boue et d'autres matériaux naturels.

Matériel

- Maillot de bain, eau, terre, glaise, objets de la nature, grand carton placé à proximité de la pataugeoire ou tout autre matériau pouvant servir à faire la murale (*ex:* grande surface de plastique tendue par terre
- Colle et matériau naturel: feuilles, herbes, fleurs

Objectifs >

Favoriser le développement
- **de la motricité fine**
- de l'organisation spatiale
- de l'organisation perceptive
- de la latéralisation
- du langage

Favoriser
- **les relations entre pairs**
- la conscience de l'autre
- **l'expression de la créativité**

Développement global

Dimensions

> **langagière**
- Nommer les objets utilisés
- Fournir de l' information à un ami

> **intellectuelle**
- Utiliser des matériaux variés
- Illustrer ses idées
- Combiner divers matériaux

> **sociale et affective**
- Partager du matériel.
- Accomplir une tâche avec un ami
- Travailler en équipe

> **motrice**
- Dessiner, coller
- Mélanger des éléments, appliquer de la boue sur la murale
- Respecter la dimension du papier ou de la toile à peindre
- Se déplacer, se hisser, marcher
- Expérimenter avec les deux mains

Comptine >

Flic, flac, floc,
je barbote
Dans l'eau, je joue,
Dans la terre,
Je fais des grottes,
Je mélange le tout
J'obtiens d'la boue!

Retour

Une fois l'activité terminée, c'est le temps de procéder au grand nettoyage. Idéalement, avoir une autre barboteuse afin que les enfants puissent s'y laver ou utiliser le tuyau d'arrosage (régler le pistolet d'arrosage pour produire une bruine).

38 DÉCORATIONS MIROITANTES

2 À 5 ANS

HIVER

GRAND GROUPE
PETIT GROUPE
INDIVIDUEL

Mise en situation

L'éducatrice prend des glaçons et en donne aux enfants. Elle leur demande ce qui arrive lorsqu'on laisse les glaçons à la température de la pièce. Les enfants prennent de l'eau et en versent dans de petits contenants à glace et les placent au congélateur. L'éducatrice demande aux enfants : Qu'est-ce qui va se produire ?

Déroulement

Les enfants sont invités à fabriquer des décorations miroitantes (glacées) à l'aide d'objets pris dans la nature. Ils devront attacher une ficelle aux objets, les placer dans un bac à glaçons, remplir d'eau celui-ci et le transporter à l'extérieur. Lorsque gelés, les objets serviront à décorer un arbre à l'extérieur.

Matériel

- Petits contenants pour congeler les décorations, colorant alimentaire, éléments trouvés dans la nature (cocottes, feuilles, petites branches ou morceaux de fruits, tranches d'oranges, de pommes, de kiwis), eau, petites cordes pour attacher les objets

Objectifs >

Favoriser le développement

- **de la motricité fine**
- de l'organisation spatiale
- de l'organisation perceptive
- du langage
- des habiletés logiques

Favoriser

- les relations entre pairs
- l'autonomie
- **une meilleure compréhension du monde**

Développement global

Dimensions

> langagière
- Discuter ensemble des façons de faire pour arriver à concevoir nos décorations gelées
- Donner son point de vue

> intellectuelle
- Expérimenter le phénomène du gel (relation de cause à effet
- Donner ses idées
- Explorer de nouvelles façons de faire
- Décrire ce qu'ils font

> sociale et affective
- Décorer ensemble notre arbre
- Partager du matériel
- Échanger des idées

> motrice
- Fabriquer des décorations gelées, verser, mélanger, attacher des cordes
- Accrocher les décorations gelées dans l'arbre

Comptine >

Il fait froid dehors
C'est le vent
du nord
Qui nous gèle le
bout du nez
Qui nous
rend frileux
C'est le vent
du nord
Qui nous croque,
qui nous mord
Nos belles
petites joues
Avec son froid
de loup !

Retour

Installer les décorations dehors avec l'aide des enfants, puis demander aux parents d'aller voir les productions des enfants, installer des lumières illuminant les décorations.

Variante

On peut aussi, à l'aide de jus, fabriquer des sucettes glacées en allant les faire geler à l'extérieur et servir le tout comme collation.

2 À 5 ANS

HIVER

GRAND GROUPE
PETIT GROUPE
INDIVIDUEL

Mise en situation

Montrer des images de pays où il y a beaucoup de neige; on s'imagine être un explorateur parcourant ce pays.
Donner aux enfants différents éléments à placer un peu partout dans la cour. Convenir avec les enfants du lieu où ils seront placés. (Exemple: on peut fixer une longue corde à un poteau et les enfants se tirent avec leurs bras d'un bout à l'autre de la corde en se traînant sur le ventre tout en se poussant avec les pieds.)

Déroulement

Les enfants placent à leur convenance, avec l'aide de l'éducatrice, différents obstacles à franchir dans la neige.
L'éducatrice convient avec les enfants des mouvements à effectuer pour faire le parcours. On peut prévoir des obstacles qui se franchissent à deux et favoriser la collaboration entre les enfants.
L'éducatrice peut, avec l'aide des enfants, inventer une histoire mettant en scène phoques, ours polaires.

Matériel

- Cerceaux, longue corde, cônes, portiques ou arceaux de plastique ou de bois, blocs de bois, tunnels

Objectifs >

Favoriser le développement
- **de la motricité globale**
- du schéma corporel
- **de l'organisation spatiale**
- de l'organisation perceptive
- du langage
- d'habiletés logiques

Favoriser
- les relations entre pairs
- la conscience de l'autre
- une meilleure compréhension du monde
- l'expression de la créativité

Développement global

Dimensions

> langagière	• Utiliser les termes spécifiques de l'activité, neige, froid, gelé, glacé, ainsi que le nom des obstacles • Donner son opinion aux autres • Décrire ce qu'ils vont faire
> intellectuelle	• Trouver des façons différentes d'utiliser les objets pour le parcours • Combiner des mouvements, des objets ou des actions
> sociale et affective	• Suivre les étapes du parcours à tour de rôle • Collaborer avec un ami pour franchir une ou des étapes • Partager du matériel et de l'équipement • Donner son avis
> motrice	• Se hisser, tirer, ramper, pousser, courir, grimper • Placer le matériel, franchir des obstacles, marcher à reculons, à quatre pattes, rouler sur le côté

Comptine >

Dans l'Himalaya
Y a l'Annapurna,
Le Chomolungma,
Est-ce que tu connais
Tous ces sommets
Qui sont les plus hauts
De ce monde
si beau?

Retour

Simuler un campement où l'on se fait un feu pour se réchauffer et se reposer après l'expédition.

Référence

Le grand livre du monde, Dictionnaire illustré des pays, des villes et des sites, Sélection du Reader's Digest, 1993

40 LA VIE DE QUARTIER

3 À 5 ANS

PRINTEMPS
ÉTÉ
AUTOMNE
HIVER

GRAND GROUPE

Mise en situation

L'éducatrice anime une causerie avec les enfants. Elle leur demande s'ils ont déjà fait une balade dans les rues de la ville. Est-ce qu'il leur arrive de faire des courses avec leurs parents ? Quel est leur magasin préféré ? Avec qui ont-ils l'habitude d'aller se promener ? Pour amorcer l'activité, l'éducatrice invite les enfants à jouer le rôle de marchand et de clients. Utiliser les formules appropriées pour vendre et obtenir la marchandise demandée. Ex. : Le boulanger : « Bonjour, Madame ! » La dame : « Bonjour, Monsieur le boulanger, nous sommes venus acheter du pain pour notre collation. »

Déroulement

L'éducatrice propose aux enfants de faire une sortie pour aller acheter un pain pour la collation de l'après-midi. Elle demande aux enfants ce qu'il est nécessaire d'avoir lorsque l'on veut se procurer des choses comme de la nourriture. Les enfants déambulent dans le quartier en observant les consignes de sécurité données par l'éducatrice. Ils sont appelés à observer les éléments de leur environnement (affiches, couleurs, maisons, arbres. Ils s'arrêtent à la boulangerie pour acheter du pain.

Matériel

- Pour le jeu de rôles : caisse enregistreuse, argent, accessoires pour faire des achats
- Matériel nécessaire pour la sortie (serpent auquel les enfants sont accrochés), argent

Objectifs >

Favoriser le développement
- de la motricité globale
- de l'organisation spatiale
- de l'organisation perceptive
- du langage

Favoriser
- la relation avec l'adulte
- la conscience de l'autre
- **l'intériorisation des règles et des valeurs**
- la confiance en soi
- **l'acquisition de connaissances**
- **une meilleure compréhension du monde**

Développement global

Dimensions

> **langagière**	• Utiliser un langage correct • Utiliser des mots nouveaux • Décrire les choses observées ou senties
> **intellectuelle**	• Visiter un endroit du quartier • Jouer des rôles et faire semblant • Observer ce qui les entoure
> **sociale et affective**	• Faire une demande à quelqu'un (utiliser des formules sociales pour s'adresser à quelqu'un) • Respecter des règles de sécurité
> **motrice**	• Manipuler des pièces de monnaie lors du jeu de rôles, utiliser une caisse enregistreuse • Marcher sur les trottoirs

Comptine >

(sur l'air du « bon roi Dagobert »)

Tous les petits amis
S'en vont explorer aujourd'hui.
Ils marchent dans l'quartier
Allant acheter
Du bon pain tout frais
Chez le boulanger
Eh oui ce s'ra si bon
Un pain chaud pour la collation !

Retour

Au retour, chaque enfant aura son couteau et du beurre pour étendre sur son pain. Il pourra ensuite le déguster avec un bon verre de chocolat chaud !

Les enfants peuvent aussi fabriquer leur beurre en plaçant un peu de crème (35 %) dans un pot de nourriture pour bébé et en le brassant quelques minutes.

Variante

Choisir un correspondant, lui écrire une lettre (envoyer un collage ou un dessin) et aller la lui poster. S'entendre avec le correspondant pour obtenir une réponse par la poste.

LE JEU DE LA CLASSE TROUVAILLE

3 À 5 ANS

PRINTEMPS
ÉTÉ
AUTOMNE
HIVER

GRAND GROUPE

Mise en situation

L'éducatrice attire l'attention des enfants avec des objets «pareils et différents». Elle montre des paires d'objets : tasses, feuilles, sceaux, petites branches, fleurs (deux de chacune des catégories). Les enfants reconnaissent ceux qui sont semblables et disent en quoi ils le sont.

Déroulement

Les enfants sont invités à ramasser sur un terrain quatre sortes d'objets : par exemple cocottes, feuilles, branches, cailloux, coquillages. Ils peuvent également prendre plusieurs pelles à sable, plusieurs balles. Par la suite, l'éducatrice identifie une boîte par catégorie d'objets et les place aux extrémités du terrain. Les enfants se rassemblent au centre du terrain près des trouvailles emmêlées. L'éducatrice et les enfants s'entendent sur le temps qu'il faut pour aller porter tous les objets dans la bonne boîte (la durée de la comptine ou un sablier peuvent servir à mesurer le temps). L'éducatrice donne le signal de départ et chante la comptine tout haut et lentement. Les enfants prennent un objet à la fois et vont le déposer le plus rapidement possible dans l'une des boîtes. Le jeu peut également se terminer lorsqu'il ne reste plus rien au centre.

Matériel

- Plusieurs objets appartenant à une même catégorie : pelles, roches, feuilles, cocottes, coquillages, tasses, verres (quatre catégories)

Objectifs >

Favoriser le développement
- **de la motricité globale**
- de l'organisation temporelle
- du langage
- **des habiletés logiques**
- **du sens du rythme**

Favoriser
- la conscience de l'autre
- l'autonomie
- une meilleure compréhension du monde

Développement global

Dimensions

> langagière
- Utiliser les mots de la chanson
- Nommer les objets, expliquer les propriétés de chacun
- Décrire ce qu'ils voient

> intellectuelle
- Mettre le matériel dans les bons contenants
- Regrouper et classer les objets selon leurs caractéristiques
- Ranger le matériel
- Commenter leurs actions
- Confronter leur point de vue avec celui des autres

> sociale et affective
- Discuter et écouter les propos des autres
- Féliciter les autres pour les trouvailles
- Travailler en équipe
- Collaborer avec le groupe à classer les objets
- Participer à la mise en place du matériel
- Partager du matériel

> motrice
- Se déplacer de diverses façons avec des objets
- Participer à l'aménagement du terrain
- Expérimenter les comportements moteurs fondamentaux suivants : saisir, amasser, lancer ou jeter dans la boîte
- Se déplacer au rythme de la comptine
- Se déplacer à différentes vitesses

Comptine >

Touche, touche, ces belles trouvailles

Essayons d'les démêler

Prends tour à tour les objets

Va les porter sans te tromper

Cours, vite on t'attend

Gagne du temps en revenant

Retour

Vérifier, avec les enfants, le contenu de chacune des boîtes afin de s'assurer que les objets sont de la même catégorie. Parler avec les enfants de la différence de temps nécessaire pour chacun des essais : plus long, moins long en utilisant les mots de la comptine.

3 À 5 ANS

PRINTEMPS
ÉTÉ
AUTOMNE
HIVER

GRAND GROUPE

Mise en situation

Les enfants délimitent les extrémités de l'aire de jeu avec les cônes et séparent le terrain en deux par une ligne médiane. L'éducatrice parle du grand ménage et propose une corvée familiale. Elle divise le groupe en deux familles, soit les Balaie-tout et les Essuie-tout, en tirant les noms au hasard. Chaque famille prend un côté du terrain. L'éducatrice donne à chaque groupe un sac rempli de balles, de chiffons et d'autres objets légers. Les enfants les éparpillent par terre de leur côté du terrain.

Déroulement

L'éducatrice et les enfants déterminent un temps donné pour le grand ménage. Au signal, chaque enfant lance les objets du côté de l'autre famille. Dès qu'un objet arrive, il le renvoie. Lorsque le temps est écoulé, on regarde combien il reste d'objets dans chacune des « maisons ».

Matériel

- Quatre à huit cônes, cordes à sauter. Plusieurs petits objets légers : balles en chiffon, tissus, poches de sable, éponges

Objectifs >

Favoriser le développement

- **de la motricité globale**
- **de la motricité fine**
- de l'organisation spatiale
- du langage
- des habiletés logiques

Favoriser

- les relations entre pairs
- la conscience de l'autre
- l'empathie
- l'autonomie
- l'expression de la créativité
- l'acquisition de connaissances
- une meilleure compréhension du monde

Développement global

Dimensions

> **langagière**

- Réciter la comptine

> **intellectuelle**

- Confronter leur point de vue avec celui des autres
- Formuler des questions
- Utiliser certains objets de nouvelles façons
- Compter (en regroupant)

> **sociale et affective**

- Partager du matériel
- Travailler en équipe
- Participer à la mise en place du matériel et au rangement

> **motrice**

- Déplacer des objets de dimensions variées
- Participer à l'aménagement
- Se déplacer à différentes vitesses
- Prendre, manipuler, lancer des objets de dimensions variées
- Se déplacer à l'intérieur d'un espace défini
- Ranger le matériel

Comptine >

Jette, jette, c'est
le grand ménage

Pour aller
en voyage

Vite, vite,
ça revient

On se rend à
Saint-Martin

Lance, lance
en attendant

D'arriver à Orléans

Retour

À la fin du temps donné, on rassemble et on compte les objets qu'il reste de chaque côté. L'éducatrice propose aux enfants de faire une construction ou une sculpture avec les objets. Par la suite, les enfants sont invités à reprendre les cônes et les cordes en récitant la comptine.

CHATOUILLE LE CHAT

3 À 5 ANS

PRINTEMPS
ÉTÉ
AUTOMNE
HIVER

GRAND GROUPE

Mise en situation

Les enfants sont invités à personnifier des souris et à chatouiller le chat (joué par l'éducatrice) sans se faire attraper par lui. L'éducatrice propose aux enfants de délimiter l'aire de jeu avec des cônes et le refuge des souris avec des cordes ou des tapis. Pour qu'ils soient prêts à chatouiller le chat sans se faire attraper, l'éducatrice propose aux enfants un échauffement; on bouge la tête de gauche à droite, on lève les bras très haut vers le ciel, on fléchit les genoux et on termine par une petite course sur place.

Déroulement

Lorsque le chat dort, les souris sortent de leur refuge, courent dans tout l'espace de jeu. Le chat (joué par l'éducatrice) se réveille et crie «MIAOU». Il essaie d'attraper une ou plusieurs souris avant qu'elles ne se sauvent dans le refuge.
Si le chat touche une souris, la souris ne bouge plus et reste sur place. Le chat se rendort (l'éducatrice reste sur place). Pendant ce temps, les autres souris touchent la souris pétrifiée, elle est délivrée et continue le jeu.

Matériel

- Quatre à huit cônes, deux ou trois cordes à sauter, ou tapis

Objectifs >

Favoriser le développement
- **de la motricité globale**
- de l'organisation spatiale
- du schéma corporel
- du langage
- des habiletés logiques

Favoriser
- les relations entre pairs
- l'autonomie
- la confiance en soi
- l'expression de la créativité
- le sens des responsabilités

Comptine >

La fête de la souris
C'est demain jeudi
La fête de la souris
Qui balaie son tapis
Avec son manteau gris
Trouve une pomme d'api
La coupe et la cuit
Et la donne à ses petits

Développement global

Dimensions

> langagière	• Réciter la comptine
> intellectuelle	• Ranger le matériel • Jouer divers rôles
> sociale et affective	• Aider un ami qui éprouve de la difficulté • Approuver certaines règles et s'engager à les respecter • Choisir entre plusieurs propositions • Participer à la mise en place du matériel et au rangement
> motrice	• Dissocier certaines parties du corps en bougeant • Se déplacer à différentes vitesses • Participer à l'aménagement • Se déplacer à l'intérieur d'un espace défini

Retour

Lorsque le chat est et les souris sont bien essoufflés, tout le monde se rassemble dans le refuge, se couche par terre et écoute battre son cœur. L'éducatrice propose un exercice de respiration. Inspirer lentement par le nez et expirer encore plus lentement par la bouche. Les enfants sont invités à faire des étirements car les muscles sont «tout chauds». Assis les jambes allongées devant, pencher le tronc sur les jambes, essayer d'aller toucher les orteils avec les doigts. Les enfants sont invités à ramasser les cônes en récitant la comptine.

SAUTE-GRENOUILLE

3 À 5 ANS

PRINTEMPS
ÉTÉ
AUTOMNE
HIVER

GRAND GROUPE
PETIT GROUPE

Mise en situation

Pour représenter la mare aux grenouilles, les enfants sont invités à tracer un cercle avec une craie (sur une surface dure) ou avec un bâton (sur le sable), ou ils peuvent creuser dans la terre.

Déroulement

Lorsque l'éducatrice dit: «Dans la mare», les enfants sont invités à sauter à pieds joints dans le cercle. Lorsque l'éducatrice dit: «Sur la rive», les enfants sautent à pieds joints en dehors du cercle.
L'éducatrice propose aux enfants des déplacements selon des rythmes différents autour des mares à grenouilles: marche, course, trot, sautillement.

Matériel

- Quatre à huit cônes pour délimiter l'aire de jeu, «claves» (bâtons de bois que l'on frappe l'un contre l'autre pour accompagner des exercices de rythme et des comptines) ou tambourin

Objectifs >

Favoriser le développement
- **de la motricité globale**
- de la motricité fine
- de l'organisation spatiale
- du langage
- **du sens du rythme**

Favoriser
- l'autonomie
- la créativité
- une meilleure compréhension du monde

Comptine >

Une grenouille
nouille nouille

Qui se croyait
belle belle belle

Montait à l'échelle
chelle chelle

Et redescendait
dait dait

En s'cassant le nez,
nez, nez

C'est à toi de la
chercher!

Développement global

Dimensions

> langagière
- Réciter la comptine
- S'adresser au groupe

> intellectuelle
- Utiliser certains objets de différentes façons
- Illustrer des idées
- Expérimenter diverses façons de faire

> sociale et affective
- Donner son opinion

> motrice
- Déplacer des objets de dimensions variées
- Prendre et manipuler certains objets

Retour

L'éducatrice propose aux enfants de tremper une partie du corps dans la mare.
Exemple: L'éducatrice nomme la tête, les enfants trouvent une façon de ne placer que la tête à l'intérieur du cercle.

LA CHASSE AUX OBJETS

3 À 5 ANS

PRINTEMPS
ÉTÉ
AUTOMNE
HIVER

GRAND GROUPE
PETIT GROUPE
INDIVIDUEL

Mise en situation

Lors de la promenade dans la nature, l'éducatrice attire l'attention des enfants sur la forme des choses dans l'environnement.

Déroulement

L'éducatrice propose à l'enfant de rapporter des objets selon certaines caractéristiques: un objet rond, un objet qui peut flotter sur l'eau, un objet brun, un objet léger, un lourd, un autre qui fait du bruit.

Matériel

- Aucun, sauf celui que rapportent les enfants

Objectifs >

Favoriser le développement
- de la motricité globale
- **de la motricité fine**
- de l'organisation spatiale
- du langage
- **des habiletés logiques**

Favoriser
- l'autonomie
- la créativité
- une meilleure compréhension du monde

Développement global

Dimensions

> langagière
- Réciter la comptine
- S'adresser au groupe

> intellectuelle
- Utiliser certains objets de différentes façons
- Illustrer des idées
- Expérimenter diverses façons de faire
- Retrouver des objets avec les caractéristiques mentionnées par l'éducatrice

> sociale et affective
- Donner son opinion

> motrice
- Déplacer des objets de dimensions variées
- Se déplacer à différentes vitesses
- Prendre et manipuler des objets variés
- Se déplacer dans l'espace

Comptine >

Pique, pique
les objets
Compte bien,
il y en a
Un, deux,
trois, quatre
Cinq, six,
sept, huit
Mademoiselle,
ramasse-les moi

Retour

Chaque enfant est invité à parler de son objet préféré parmi ceux qui ont été trouvés et à dire ce qu'il souhaite en faire.

3 À 5 ANS

PRINTEMPS
ÉTÉ
AUTOMNE

GRAND GROUPE

Mise en situation

L'éducatrice utilise un château de carton et des figurines. Faire un mini-spectacle pour les enfants racontant les aventures d'un chevalier. Inventer l'histoire avec les enfants.

Par la suite, les enfants fabriquent un cheval ou toute autre monture à l'aide du matériel disponible.

Cette activité s'inspire des jeux de notre enfance où nous nous fabriquions des chevaux à l'aide d'un manche à balai.

Déroulement

Les enfants montent leur cheval dans la cour extérieure. Ils vont à la recherche de nourriture pour ce dernier, ils galopent, trottent, courent. Ils trouvent ensuite des trésors à rapporter à leur château. Une fois les trésors amassés, chacun les place dans son propre château.

Jeu de poursuite: on peut faire différents jeux de poursuite. Pendant le jeu, chaque enfant laisse reposer son cheval dans son château.

L'éducatrice donne un cerceau à chaque enfant (ou encore une corde à sauter à laquelle l'enfant peut donner la forme désirée). L'enfant place son cerceau sur le terrain et se tient debout au centre. Au signal donné par l'éducatrice, les enfants vont chercher des objets dans la boîte (un à la fois) et les rapportent dans un cerceau. Pendant qu'ils vont chercher d'autres objets, ils peuvent se faire prendre les objets accumulés dans leur cerceau.

Matériel

- Spaghettis de mousse utilisés en piscine, chaussettes, boutons, gougeons pour faire des poignées en perçant le spaghetti de part en part, laine, tissu, cordes pour faire les brides, tout autre article de récupération

Objectifs >

Favoriser le développement
- **de la motricité globale**
- de la motricité fine
- **de l'organisation spatiale**
- du langage

Favoriser
- les relations entre pairs
- la conscience du corps
- l'acquisition de connaissances
- l'expression de la créativité
- la confiance en soi

Comptine >

Petits chevaliers
Allez trotter
Allez galoper
Allez conquérir
La plaine, la prairie
Allez doucement
Cavaliers vaillants
Et soyez prudents
À tout moment

Développement global

Dimensions

> langagière	• Utiliser les termes appropriés au soin du cheval, à sa nourriture, au château, au cavalier • Commenter ses actions
> intellectuelle	• Concevoir son cheval • Utiliser des matériaux variés • Combiner divers matériaux
> sociale et affective	• Partager certaines tâches • Partager du matériel
> motrice	• Confectionner son cheval, coller, assembler, enfiler • Galoper, trotter, courir, marcher, tenir son cheval

Retour

Au retour de leur jeu, les enfants peuvent s'asseoir en cercle. Ils rassemblent tous les trésors qu'ils rangent dans un coffre (boîte) dans le château (cabanon). On amène les chevaux à l'écurie, où on leur souhaite un bon repos.

LE MARCHÉ PUBLIC

3 À 5 ANS

PRINTEMPS
ÉTÉ
AUTOMNE

GRAND GROUPE

Mise en situation

Visiter une épicerie, un dépanneur ou un marché (s'il y en a à proximité). Questionner les enfants sur ce qu'on y trouve. Décrire le rôle de la personne qui fait le service à la clientèle. Observer la façon dont est disposée la marchandise sur les étagères.

Déroulement

Les enfants sont invités à créer un marché public à l'extérieur. Décider ensemble de ce qui va être vendu. Cette activité peut être faite en collaboration avec les parents qui sont les éventuels clients. Les enfants jouent le rôle de marchands avec l'aide de l'éducatrice.

Matériel

- Fruits et légumes de toutes sortes, caisse enregistreuse, tables, chaises, affiches

Règles d'hygiène

- Se laver obligatoirement les mains pour manipuler les aliments
- Laver un aliment qui tombe par terre

Objectifs >

Favoriser le développement

- de la motricité globale
- de la motricité fine
- de l'organisation spatiale
- de l'organisation perceptive
- du langage

Favoriser

- **les relations entre pairs**
- la conscience de l'autre
- l'autonomie
- la confiance en soi
- **une meilleure compréhension du monde**

Comptine >

Des pommes,
des cerises

Des céleris,
des radis

Des carottes
et des tomates

Tous les fruits
et les légumes

Sont à vendre
à petits prix

V'nez nous voir

On vous invite

À croquer
à belles dents

Ces cadeaux
de dame nature

Car ils sont pour
tous bien sûr!

Développement global

Dimensions

> **langagière**
- Utiliser les formules langagières appropriées

> **intellectuelle**
- Classer les produits sur les tablettes et les présentoirs
- Classer les billets de banque dans le tiroir-caisse
- Associer les affiches aux produits
- Distinguer les fruits des légumes

> **sociale et affective**
- Utiliser les formules de conventions sociales (règles de politesse, bonjour, merci)
- Respecter les personnes qui sont les clients
- Adopter un rôle précis dans l'organisation du marché
- Assumer une tâche avec un ou des amis

> **motrice**
- Manipuler les aliments, transporter, participer à l'aménagement, faire toutes les opérations manuelles reliées à l'argent, classer dans le tiroir-caisse
- Se déplacer pour effectuer les tâches de marchand

Retour

Ramasser les aliments qui restent. Faire le bilan des ventes (ce qu'on a vendu le plus, le moins, les questions posées par les clients, l'argent amassé. Ce qu'on a apprécié le plus dans cette activité.

LA DANSE DES FORMES

3 À 5 ANS

PRINTEMPS
ÉTÉ
AUTOMNE

GRAND GROUPE

Mise en situation

Madame Toute-en-formes (marionnette) est venue montrer des formes à ses amis Elle leur en présente plusieurs : rondes, tordues, carrées, allongées, triangulaires, en zigzag.

Déroulement

Les formes sont disposées par terre par les enfants à une distance respectable l'une de l'autre. Les enfants écoutent de la musique en dansant autour de ces formes. Lorsque la musique s'arrête, chaque enfant doit se placer sur une forme prise au hasard pour ensuite aller chercher dans la cour un objet de forme identique à celle sur laquelle il se trouve; il apporter l'objet près de la forme sur laquelle il se trouvait. L'enfant doit également expliquer son choix et les caractéristiques identiques des deux objets choisis.

Matériel

- Un très grand espace à l'extérieur, des formes géométriques assez grandes pour permettre à l'enfant de se tenir debout dessus (faites de carton épais ou de styromousse mince)
- Nombreux objets disposés à l'extérieur, roches, contenants de plastique de formes variées
- Radio ou lecteur cd, disques

Objectifs >

Favoriser le développement

- de la motricité globale
- de la motricité fine
- **du schéma corporel**
- de l'organisation spatiale
- de l'organisation perceptive
- de l'organisation temporelle
- **du sens du rythme**
- du langage
- **des habiletés logiques**

Favoriser

- les relations entre pairs
- la conscience de l'autre
- l'autonomie
- la confiance en soi

Développement global

Dimensions

> langagière	Décrire les propriétés de l'objet Décrire les actions
> intellectuelle	Reconnaître une forme dans un objet
> sociale et affective	Danser avec des amis Partager un espace
> motrice	Distribuer les formes sur le terrain Danser sur de la musique Suivre un rythme Se déplacer Courir, sauter

Comptine >

Un rond ou un
cercle c'est pareil
Un carré
pour danser
Un losange
pour Marie-Ange
Un ovale pour Laval
Qui va jouer
À trouver
Les formes cachées
Dans les objets
À ma portée

Retour

Mettre la musique et donner la chance aux enfants de s'exprimer en utilisant le matériel à leur façon tout à fait librement.

PLUS VITE QUE SON OMBRE

3 À 5 ANS

PRINTEMPS
ÉTÉ
AUTOMNE

GRAND GROUPE
PETIT GROUPE

Mise en situation

Faire des jeux d'ombres derrière une couverture blanche afin d'en saisir les particularités.
Expliquer que ce phénomène se produit lorsqu'une lumière directe est dirigée sur les objets.

Déroulement

Les enfants sont invités à marcher sur l'ombre d'un autre ami, sur les différentes parties de l'ombre de son corps (faire cette activité en plein soleil).

Matériel

- Drap blanc, lumière

Objectifs >

Favoriser le développement

- de la motricité globale
- **du schéma corporel**
- de l'organisation spatiale
- de l'organisation temporelle
- du langage
- des habiletés logiques

Favoriser

- **les relations entre pairs**
- la conscience de l'autre
- l'expression de la créativité

Développement global

Dimensions

> **langagière**
- Discuter ensemble du phénomène de l'ombre
- Utiliser les termes appropriés
- Expliquer sur quelle partie on met son pied

> **intellectuelle**
- Observer le phénomène de l'ombre
- Utiliser de nouvelles façons de faire
- Exploiter un matériel varié
- Expérimenter une relation de cause à effet

> **sociale et affective**
- Jouer avec un ami (piler sur son ombre)
- Partager du matériel
- Exprimer son point de vue

> **motrice**
- Exécuter des mouvements à l'aide de son corps ou de ses mains pour créer des ombres
- Sauter, piétiner

Comptine >

Ombre sombre
Tu apparais
Ombre sombre
Tu disparais

À la lumière
On voit ta trace
Dans la noirceur
Tu te caches

Ombre sombre
Tu apparais
Ombre sombre
Tu disparais

Retour

Aller se placer à l'ombre pour le retour. Demander aux enfants où est passée leur ombre ? Comment se fait-il qu'elle ait disparu ? Faire réaliser aux enfants comment on se sent lorsqu'on est à l'ombre. Pourquoi y fait-il plus frais ? Inciter les enfants à la réflexion.

Variante

Je trace ton ombre. Tracer l'ombre des objets trouvés à l'extérieur à l'aide de feuilles et de crayons ou tracer l'ombre d'un ami.

FROTTIS FROTTAS

3 À 5 ANS

PRINTEMPS
ÉTÉ
AUTOMNE

GRAND GROUPE
PETIT GROUPE

Mise en situation

Utiliser un frottis déjà fait à l'aide d'une feuille de papier et d'une feuille d'érable par exemple. Demander aux enfants s'ils reconnaissent ce qu'ils voient. Montrer comment a été réalisé le frottis. Placer la feuille d'érable sous une feuille de papier assez mince et colorier avec un crayon de bois [de couleur ou à mine] en exerçant une pression suffisamment forte pour que les contours et les nervures de la feuille apparaissent.

Déroulement

Les enfants sont invités à retrouver des objets à l'extérieur et à en calquer l'empreinte sur du papier. Des éléments naturels ou artificiels peuvent être utilisés afin de réaliser cette activité [écorce d'arbre, feuilles]. Pendant que les enfants circulent dans la cour et font leur frottis, l'éducatrice note les objets sur lesquels les enfants s'exercent.

Matériel

- Feuilles de papier blanc en nombre suffisant, crayons de couleur ou à mine HB, feuille d'érable pour la démonstration

Objectifs >

Favoriser le développement
- de la motricité globale
- **de la motricité fine**
- de l'organisation spatiale
- de l'organisation perceptive
- du langage
- du langage

Favoriser
- les relations entre pairs
- la conscience de l'autre
- l'autonomie
- la confiance en soi
- **l'acquisition de la connaissance**

Comptine >

Frottis, frottas
Frottis, frottis
Je découvre
Les lignes
et les formes
Des objets

Frottas, frottas
Je retrouve
Des indices
et des pistes
Que je connais

Développement global

Dimensions

> **langagière**
- Désigner les objets qui se prêtent au frottis
- Donner son point de vue

> **intellectuelle**
- Trouver les objets qui peuvent être utilisés pour le frottis
- Reconnaître à partir du frottis fait par un autre enfant l'objet dont il s'est servi
- Utiliser du matériel pour faire une activité nouvelle
- Utiliser un matériel varié
- Associer les traces à un objet

> **sociale et affective**
- Discuter ensemble de leurs découvertes
- Partager un espace
- Partager du matériel

> **motrice**
- Faire des frottis, exercer la pression appropriée sur le crayon
- Se déplacer pour trouver des objets

Retour

Rassembler les enfants et leur demander de décrire ce qu'ils ont trouvé et de découvrir l'objet qui a servi au frottis. On peut aussi demander à un enfant de deviner l'objet dont un autre enfant s'est servi.

À LA PLAGE ! UNE COURSE DE COQUILLAGES

3 À 5 ANS

PRINTEMPS
ÉTÉ
AUTOMNE

GRAND GROUPE

Mise en situation

Ramasser des coquillages pour le jeu.

Déroulement

Avec un bâton, faire des tracés parallèles dans le sable (un par enfant). Chaque enfant lance le dé puis, en fonction du nombre de points indiqués sur le dé, pose des coquillages côte à côte sur le tracé à partir de la ligne de départ.
Le jeu se termine lorsqu'un enfant arrive au bout du tracé.

Matériel

- Gros dé, coquillages

Objectifs >

Favoriser le développement

- de la motricité fine
- de l'organisation spatiale
- de l'organisation perceptive
- du langage
- **des habiletés logiques**

Favoriser

- **les relations entre pairs**

Développement global

Dimensions

> langagière
- Parler, discuter avec les autres enfants
- Expliquer ce que l'on fait

> intellectuelle
- Compter avec le dé
- Respecter les règles du jeu
- Comparer les longueurs des lignes une fois le jeu terminé

> sociale et affective
- Attendre son tour pour jouer
- Collaborer à la création d'un dessin collectif (variante)

> motrice
- Lancer le dé, aligner ses coquillages

Comptine >

Un, deux, trois
Trois bélugas
Quatre, cinq, six
Six écrevisses
Sept, huit, neuf
Je repars à neuf !

Retour

Compter, avec les enfants, le nombre total de coquillages de chaque ligne. Comparer la longueur des lignes de chacun des enfants.

Variante

Modifier la règle du jeu avec les enfants. Au lieu de tracer des lignes parallèles, on fait à tour de rôle un dessin dans le sable en plaçant le nombre de coquillages correspondant aux points du dé lancé.

Référence

Revue *Éducation enfantine*, « Activités et jeux mathématiques », n° 10, juin 1999

3 À 5 ANS

PRINTEMPS
ÉTÉ
AUTOMNE

GRAND GROUPE
PETIT GROUPE

Mise en situation

En arrivant sur le terrain, les enfants délimitent l'aire de jeu en plaçant les cônes. Ils indiquent une ligne de départ et une ligne d'arrivée. L'éducatrice pose une énigme aux enfants: «Comment peut-on franchir cette distance sans que les pieds touchent au sol?». Laisser les enfants expérimenter, essayer toutes sortes de façons. On peut aussi imaginer que cette surface est une rivière remplie de crocodiles. Nous devons la franchir sans mettre les pieds dans l'eau.

Déroulement

L'éducatrice remet à chacun des enfants deux cartons. Les enfants se placent derrière la ligne de départ.
Au signal, chaque enfant place un des cartons devant lui et y dépose le pied; il place l'autre carton et y dépose le pied, jusqu'à ce qu'il ait franchi toute la distance. Lorsqu'un enfant dépose le pied à côté des cartons, il recommence à la ligne de départ. Le jeu se termine lorsque chaque enfant a atteint la ligne d'arrivée.

Matériel

- Deux tapis ou cartons ou carpettes par enfant
- Huit à dix cônes

Objectifs >

Favoriser le développement
- **de l'organisation spatiale**
- **de la latéralité**
- du schéma corporel
- du langage

Favoriser
- la créativité
- la conscience de l'autre
- l'empathie

Développement global

Dimensions

> langagière
- Utiliser les mots de la chanson
- Fournir une explication

> intellectuelle
- Chercher diverses possibilités de mouvement
- Expérimenter et comparer différentes façons de faire

> sociale et affective
- Féliciter les autres pour les nouvelles trouvailles
- Travailler en équipe

> motrice
- Se déplacer de diverses façons avec des objets
- Participer à l'aménagement du terrain
- Expérimenter avec chaque côté du corps
- Chanter

Comptine >

Ah! Les crocodiles
Un crocodile s'en allant à la chasse
Disant au revoir à ses petits bébés
Glissant ses pattes, ses pattes sur la terre
Il s'en allait à la chasse aux idées
Ah! les crocrocro
les crocodiles
Sur les bords de la rive
Ils sont partis
N'en parlons plus

Retour

Les enfants sont invités à trouver d'autres usages pour les cartons: se construire une île au milieu de la rivière ou utiliser plus de deux cartons par enfant. Tout le monde chante la chanson en revenant vers la ligne de départ.

LES BIBITTES À L'HÔTEL

3 À 5 ANS

PRINTEMPS
ÉTÉ
AUTOMNE

GRAND GROUPE
PETIT GROUPE
INDIVIDUEL

Mise en situation

L'éducatrice demande aux enfants s'ils ont déjà fait un long voyage et s'ils ont déjà couché à l'hôtel. Elle parle avec les enfants de ce que l'on retrouve à l'hôtel. Elle propose aux enfants d'inviter des vers de terre à coucher dans la salle de jeu. Les enfants sont invités à fabriquer, (avec un contenant transparent) un «hôtel à bibittes» pour les vers.

Déroulement

L'éducatrice et les enfants soulèvent quelques roches, creusent la terre à la recherche de vers de terre. Lorsque chaque enfant a réussi à prendre son ver, l'éducatrice propose d'examiner à la loupe l'habitat du ver. Il faut bien sûr s'assurer qu'il ne manque de rien en fait de confort et d'éléments essentiels à la vie tels que l'air et la nourriture. D'abord, les enfants remplissent leur contenant avec de la terre et des feuilles broyées. Par la suite, les enfants déposent leurs contenants avec leurs invités dans un grand aquarium placé dans la salle de jeu. Les enfants pourront observer les allées et venues de leurs invités.

Matériel

- Un contenant transparent, une loupe et une pelle par enfant

Objectifs >

Favoriser le développement
- de la motricité globale
- **de la motricité fine**
- de l'organisation spatiale
- du langage

Favoriser
- l'autonomie
- la créativité
- **une meilleure compréhension du monde**

Comptine >

À l'hôtel
des bibittes
On retrouve de tout
Des plats
de terre cuite
Des patates au four

À l'hôtel
des bibittes
C'est le grand
confort
Et on vous invite
Vous les doryphores

Développement global

Dimensions

> **langagière**	• Réciter la comptine • S'adresser au groupe
> **intellectuelle**	• Utiliser certains objets de différentes façons • Illustrer des idées • Expérimenter diverses façons de faire
> **sociale et affective**	• Donner son opinion
> **motrice**	• Déplacer des objets de dimensions variées • Prendre et manipuler des objets

Retour

Le lendemain matin, on rend visite aux invités de l'hôtel. Après quelques jours, on leur redonne leur liberté.

LA NATURE EN PEINTURE

3 À 5 ANS

ÉTÉ

GRAND GROUPE

Mise en situation

Montrer aux enfants les divers usages possibles de certains objets. *Exemples:* utiliser des pots de plastique vides pour faire un rangement; utiliser un verre pour arroser une plante; utiliser un arrosoir comme pot à fleurs. Selon l'âge des enfants, trouver d'autres objets et demander aux enfants comment ils pourraient être utilisés autrement, en posant les questions suivantes: À quoi cet objet pourrait-il servir? Que pourrait-on faire de nouveau avec cet objet?

Déroulement

À l'aide des divers éléments que les enfants ont ramassés à l'extérieur, peindre sur la surface choisie.

Matériel

- Tabliers, peinture, godets de plastique, chevalets sur pied avec cartons épais, morceaux de plexiglas fixés au mur ou à la clôture, plastique plus rigide blanc ou transparent, tissu dans un cadre ou tout autre élément pouvant être utilisé pour appliquer la peinture
- Éléments divers trouvés à l'extérieur: plumes d'oiseau (bien nettoyées et désinfectées), petites branches, feuilles d'arbre, écorces, herbes, roches de différentes formes

Objectifs >

Favoriser le développement
- **de la motricité fine**
- de l'organisation spatiale
- du langage

Favoriser
- les relations entre pairs
- l'autonomie
- **l'expression de la créativité**

Développement global

Dimensions

> langagière	• Donner leur opinion • S'adresser au groupe • Décrire ce qu'ils voient • Fournir une explication à un ami
> intellectuelle	• Utiliser certains objets d'une nouvelle façon • Utiliser des matériaux variés • Combiner divers matériaux
> sociale et affective	• Expérimenter leurs idées
> motrice	• Ramasser, cueillir, peindre • Se déplacer de diverses façons (pour ramasser les objets)

Comptine >

Pour peindre ou bricoler
Je trouve d'autres idées
Des objets insolites
Je cherche, je découvre
Dans la nature je trouve!

Retour

Les enfants expliquent comment et avec quels objets ils ont réussi à exécuter le tableau demandé.

LA PISCINE À BULLES

3 À 5 ANS

ÉTÉ

GRAND GROUPE
PETIT GROUPE
INDIVIDUEL

Mise en situation

Utiliser du savon moussant avec les enfants, faire des bulles qui s'envolent dans les airs.

Déroulement

Les enfants sont invités à faire des bulles dans la piscine à l'aide de longues pailles en soufflant dans l'eau. Une fois la piscine remplie de mousse, plonger des objets sous la mousse et mélanger à l'aide d'un bâton. Par la suite, chaque enfant est invité à prendre un objet et à deviner ce que c'est sans le sortir de la mousse (seulement par le toucher).

EXERCER UNE SURVEILLANCE CONSTANTE.

Matériel

- Petites bouteilles avec ce qu'il faut pour faire des bulles (déclencheur)
- Savon liquide, piscine, eau

Objectifs >

Favoriser le développement

- de la motricité globale
- **de la motricité fine**
- du schéma corporel
- de l'organisation spatiale
- **de l'organisation perceptive**
- du langage
- des habiletés logiques

Favoriser

- **les relations entre pairs**
- la conscience de l'autre

Développement global

Dimensions

> langagière
- Décrire un objet
- Exprimer une idée

> intellectuelle
- Reconnaître un objet par le toucher
- Explorer la relation de cause à effet (fabriquer des bulles)
- Utiliser du matériel nouveau et varié

> sociale et affective
- Attendre son tour pour faire la pêche mystérieuse
- Partager un espace et du matériel
- Réussir

> motrice
- Prendre l'objet, le toucher, le palper
- Souffler afin de produire des bulles
- Se déplacer pour faire les bulles

Comptine >

Je me cache
dans la mousse

Qui suis-je?

Tu pourras
me découvrir

Si tu sais bien
me décrire

Avec tes mains
me reconnaître

Pour me faire
apparaître

Retour

L'éducatrice regroupe les enfants dans un coin de la cour, elle utilise un foulard et demande à un enfant de venir se placer devant elle sans parler; elle le touche et essaie de découvrir de qui il s'agit. Les enfants peuvent continuer le jeu, soit en se bandant les yeux, soit en continuant le jeu amorcé par l'éducatrice.

LE CHÂTEAU DE LA PETITE SIRÈNE

3 À 5 ANS

ÉTÉ

GRAND GROUPE
PETIT GROUPE

Mise en situation

L'éducatrice sort des sacs avec plusieurs objets pêle-mêle ramassés à la plage (coquillages, étoiles de mer, cailloux). Elle demande aux enfants de les classer par famille. Les enfants choisissent et regroupent les différents objets selon plusieurs catégories déterminées avec l'éducatrice. Chacune de ces catégories est ensuite placée dans une boîte distincte.

Déroulement

L'éducatrice et les enfants apportent les objets dans le carré de sable. Elle invite les enfants à reconstruire le château de la Petite Sirène, qui a été détruit par de méchants requins.

Matériel

- Coquillages et objets de toutes sortes ramassés au bord de la mer, carré de sable, eau, moules pour construire le château

Objectifs >

Favoriser le développement

- **de la motricité fine**
- de l'organisation spatiale
- de l'organisation perceptive
- du langage
- **des habiletés logiques**

Favoriser

- les relations entre pairs
- la conscience de l'autre
- la confiance en soi

Comptine >

Petite Sirène
n'aie pas peur
On est là
On te construira
Une nouvelle
demeure

Petite Sirène,
mon amie
On va travailler
On va bricoler
Nous sommes
tous ici
Pour ensemble
t'aider

Développement global

Dimensions

> langagière	• Utiliser le vocabulaire approprié • Discuter ensemble des catégories à faire
> intellectuelle	• Classer les coquillages et les objets de la mer • Identifier les boîtes de classement • Agencer les formes et les couleurs pour décorer
> sociale et affective	• Partager du matériel • Échanger des idées avec les autres • Partager un espace commun
> motrice	• Vider, modeler, mouler, prendre, mouiller • Placer les coquillages, les transporter • Distribuer les coquillages dans un espace

Retour

L'éducatrice sort des figurines représentant des poissons et d'autres animaux marins pour rappeler les jeux de rôles faits par les enfants avec leur création.

LE DRAGON CHINOIS

3 À 5 ANS

ÉTÉ

GRAND GROUPE

Mise en situation

L'éducatrice lit une histoire de dragons. Elle invite les enfants à participer à une coutume chinoise: la promenade du dragon. Elle montre où se situe la Chine sur une carte ou un globe terrestre et discute du pays avec les enfants. Ceux-ci sont invités à construire une énorme tête de carton qui sera collée à une bande de tissus mesurant trois mètres. L'éducatrice fournit crayons, peinture, lanières de papier de soie afin de décorer la tête et la queue du monstre.

Déroulement

Les enfants sont invités à se placer sous le dragon et à le faire bouger. Ils se placent à la file indienne. L'éducatrice dépose le dragon de façon que chacun le tienne avec ses mains sur sa tête. La tête du dragon cache l'enfant qui se trouve en tête de file. Les enfants sont invités à se déplacer partout dans la cour ou dans l'aire de jeu délimitée en exécutant des mouvements simples; le dragon se balance sur un pied puis sur l'autre. Le dragon avance à petits pas, à grands pas. Le dragon recule et essaie de ne pas tomber. Le dragon fait le dos rond : les enfants montent les bras et les descendent. Ils balancent les bras vers la droite et vers la gauche.

Matériel

- Grand carton pour faire la tête du dragon, longue bande de papier de trois mètres, crayons, peinture, lanières de papier de soie, tissu, matériel de récupération ou autre

Objectifs >

Favoriser le développement
- **de la motricité globale**
- **de la motricité fine**
- **de l'organisation spatiale**
- du langage

Favoriser
- les relations entre pairs
- la relation avec l'adulte
- la conscience de l'autre
- l'autonomie
- la créativité
- **l'acquisition de connaissances**
- l'empathie

Développement global

Dimensions

> langagière
- Réciter la comptine

> intellectuelle
- Personnifier le dragon et décorer la tête du monstre
- Raconter la coutume chinoise du dragon et situer un autre peuple

> sociale et affective
- Partager du matériel
- Travailler en équipe
- Aider l'adulte à réaliser diverses tâches
- Suggérer des alternatives

> motrice
- Transporter un objet de grande dimension
- Se déplacer de diverses façons et à différentes vitesses
- Se déplacer sous le dragon
- Franchir des obstacles dans la promenade du dragon
- Peindre, dessiner, coller

Comptine >

La tête du dragon
C'est toi qui l'auras
La queue du dragon
Tu la tireras
Tchin Tchin

Retour

L'éducatrice propose une halte en cours de route. Le dragon est déposé au centre. Les enfants sont invités à raconter ce qu'ils savent de cette coutume chinoise et de la danse du dragon. L'éducatrice parle aux enfants des traditions du Québec. Les enfants reprennent le dragon et reviennent au point de départ. L'éducatrice propose aux enfants de changer de place sous le dragon.

Référence

Cette activité est proposée dans ROY, Marie, *Je danse mon enfance, Guide d'activités d'expression corporelle et de jeux en mouvement*, Chenelière/McGraw-Hill, 1998.

Histoire de dragon

POITRAS, Anique, *Lancelot et le dragon*, Montréal, Les Éditions Héritage, 2000

DORS, DORS, MON DRAGON ! (SUITE DU DRAGON CHINOIS)

3 À 5 ANS

ÉTÉ

GRAND GROUPE

Mise en situation

Après avoir fait danser le dragon, les enfants sont invités à le coucher au sol afin qu'il se repose, mais le dragon veut encore bouger.

Déroulement

Les enfants se déplacent autour du dragon endormi de différentes façons. Au signal sonore, les enfants se cachent sous lui. Par la suite, les enfants se couchent sur le dos côte à côte sous le dragon, les bras par-dessus le tissu. L'éducatrice propose aux enfants de lui faire des massages: le frotter, le flatter, faire des cercles sur son dos, lui donner de petites tapes, le chatouiller avec les doigts, le gratter avec les ongles. Les enfants sont invités à lever et baisser lentement les genoux afin de faire prendre de grandes respirations au dragon (lente inspiration en levant les genoux, encore plus lente expiration en les baissant).

Matériel

- Dragon confectionné lors de l'activité précédente, tambourin ou des «claves» (bâtons de bois que l'on frappe l'un contre l'autre pour accompagner des exercices de rythme et des comptines) pour le signal sonore

Objectifs >

Favoriser le développement

- de la motricité globale
- **de la motricité fine**
- **du schéma corporel**
- de l'organisation spatiale
- du langage

Favoriser

- l'autonomie
- la créativité
- une meilleure compréhension du monde

Comptine >

Fais dodo,
dragon, mon ami

Fais dodo,
tu auras du lolo

Maman est en haut

Qui fait des gâteaux

Papa est en bas

Qui fait du chocolat

Fais dodo,
dragon, mon ami

Fais dodo,
t'auras du lolo.

Développement global

Dimensions

> langagière
- Réciter la comptine
- S'adresser au groupe

> intellectuelle
- Situer un peuple
- Utiliser certains objets de différentes façons
- Illustrer des idées
- Expérimenter diverses façons de faire

> sociale et affective
- Donner son opinion

> motrice
- Déplacer des objets de dimensions variées
- Se déplacer à différentes vitesses
- Prendre et manipuler des objets variés
- Se déplacer dessous et à côté

Retour

Lorsque le dragon ronfle, les enfants sont invités à sortir lentement de dessous la queue un à la fois. Par la suite, tout le monde se rassemble autour de lui et chante la berceuse lentement et de plus en plus bas. Par la suite, l'éducatrice et les enfants discutent des différentes façons de s'endormir.

Variante

Chacun leur tour, les enfants jouent le rôle du dragon et celui de meneur de dragon.

SCULPTEURS SUR NEIGE

3 À 5 ANS

HIVER

GRAND GROUPE
PETIT GROUPE

Mise en situation

Disposer des blocs de neige (30 cm de largeur et d'épaisseur sur 60 cm de hauteur environ) dans la cour. On peut avoir un bloc par enfant ou un bloc pour deux enfants. Demander aux enfants ce que l'on peut faire avec ces blocs et le matériel placé près de ceux-ci. Attendre les réponses des enfants. S'ils ne trouvent pas, donner des indices. On peut parler des concours de sculptures sur neige, s'il y en a dans la région. Pour stimuler la discussion, on peut parler du bonhomme de neige que l'on fait traditionnellement avec des enfants.

Déroulement

Les enfants sont invités à sculpter les blocs de neige, avec les outils fournis, pour en faire un personnage, un animal ou un objet de leur choix. On peut également peindre ou colorier (à l'aide de colorant alimentaire) chaque œuvre.

Matériel

- Blocs de neige, outils de plastique pour sculpter (couteaux aux bouts arrondis, petits gougeons de bois), colorant (si on le souhaite), décorations (branches, éléments de la nature, nourriture séchée) pour compléter

Objectifs >

Favoriser le développement
- **de la motricité fine**
- **de l'organisation spatiale**
- de l'organisation perceptive
- du langage

Favoriser
- **la créativité**
- les relations entre pairs
- la conscience de l'autre
- la conscience du corps
- la confiance en soi
- l'expression de la créativité

Développement global

Dimensions

> langagière
- Discuter avec l'éducatrice de son projet
- Donner ses idées sur l'utilisation des éléments dont il dispose
- Donner un nom à sa réalisation

> intellectuelle
- Créer un personnage, un animal ou un objet dans la neige
- Décorer le personnage, l'animal ou l'objet en fonction de ses goûts et de son imagination
- Illustrer ses idées
- Utiliser des matériaux variés

> sociale et affective
- Participer avec un autre enfant à la sculpture (dans le cas où l'on s'y met à deux)
- Partager du matériel

> motrice
- Sculpter, décorer avec des éléments divers
- Se déplacer autour de sa sculpture de neige
- Confectionner une affiche
- Colorier, dessiner, peindre

Comptine >

Petits sculpteurs
Très ingénieux
Travaillez
dans la neige
Petits sculpteurs
Réalisez mieux
Que ne l'ferait
Monsieur Lemieux

Retour

Avec les enfants, dessiner des affiches, y inscrire le nom des enfants (on peut y faire figurer la description ce que chacun des enfants dit de sa création) et les installer près des sculptures.
Faire visiter la cour extérieure par les autres groupes et les parents des enfants.
Concevoir un éclairage particulier à l'aide de spots dirigés vers les sculptures et faire visiter la cour en fin de journée lorsqu'il fait noir. Observer les réactions des enfants.

LES OBJETS RÉFLÉCHISSENT

3 À 5 ANS

HIVER

GRAND GROUPE

Mise en situation

Cette activité peut se dérouler en fin de journée l'hiver au moment où les jours sont les plus courts et qu'il commence à faire noir. Mise en garde : éviter de faire cette activité si des enfants ont peur ou bien préparer les enfants quelques jours avant. L'éducatrice montre aux enfants des objets qui s'illuminent dans le noir, bandes réfléchissantes, déflecteurs, objets de plastique phosphorescents. Regarder avec les enfants s'ils ont des bandes réfléchissantes sur leur habit de neige. Discuter ensemble de l'utilité de ces objets et de la sécurité qui en découle. Expérimenter l'effet de la lumière sur ces objets.

Déroulement

L'éducatrice a préparé des objets sur lesquels sont collées différentes bandes réfléchissantes. Ces objets sont ensuite disposés un peu partout dans la cour du service de garde. La consigne donnée aux enfants est de retrouver tous les objets qui sont dans la cour (à l'aide de la lampe de poche, car cette activité a lieu à la tombée du jour en hiver) et de les rapporter à l'éducatrice.

Matériel

- Bandes réfléchissantes, objets divers, lampes de poche, vêtements chauds pour la sortie à l'extérieur

Objectifs >

Favoriser le développement
- de la motricité globale
- **de l'organisation spatiale**
- **de l'organisation perceptive**
- du schéma corporel
- du langage

Favoriser
- la relation avec l'adulte
- **la confiance en soi**
- une meilleure compréhension du monde
- l'acquisition de connaissances

Comptine >

Dans la nuit
Tous les chats sont gris
Les étoiles scintillent
La lune brille

Quand il fait noir
J'aime mieux avoir
De la lumière
C'est bien plus clair

Dans les couloirs
Je veux tout voir
Toutes les couleurs
Toutes les grandeurs

Quand il fait noir
Très tard le soir
Je veux maman
Pour tout le temps

Développement global

Dimensions

> langagière	• Expliquer les significations du mot *réfléchir* • Utiliser les mots appropriés
> intellectuelle	• Découvrir l'utilité des objets réfléchissants
> sociale et affective	• Prendre confiance en soi dans une activité qui se fait dans le noir
> motrice	• Ramasser les objets à l'extérieur • Se déplacer dans la neige à la recherche d'objets • Retrouver son chemin et des objets dans un endroit où il fait noir • Enfiler son habit de neige pour aller à l'extérieur • Se déplacer dans la neige

Retour

Au retour, s'installer assis en cercle au centre du local et placer les lampes de poche allumées devant soi en ayant pris soin de fermer les lumières de la pièce. Discuter avec les enfants des sentiments qu'ils ressentent lorsqu'il fait noir.

DES TRACES SUR LA NEIGE

3 À 5 ANS

HIVER

GRAND GROUPE
PETIT GROUPE

Mise en situation

L'éducatrice demande aux enfants d' imprimer différentes choses sur des feuilles blanches: pomme coupée en deux, empreinte de pouce, pied, main, éponge, fil. L'éducatrice fait prendre conscience que les objets ou les êtres vivants laissent des traces de leur passage.
Demander d'autres suggestions aux enfants. Leur demander d'aller chercher d'autres objets et d'en imprimer les traces. Monsieur Graffiti est venu cet après-midi et a dessiné des traces sur la neige, il nous invite à les voir et découvrir à l'aide de quel objets il a fait tout cela.

Déroulement

L'éducatrice prépare une série de traces à l'extérieur avec les objets qu'elle a choisis et qu'elle laisse à proximité. Les enfants sont invités à repérer ces traces (traces de monsieur Graffiti) et à identifier les objets correspondants. Dans la seconde partie de l'activité, l'éducatrice demande aux enfants de trouver d'autres objets et à en imprimer les traces dans la neige, à leur gré.

Matériel

- Objets pour imprimer sur papier
- Objets pour faire des empreintes dans la neige: roues de bicyclette, bottes, skis, blocs de bois, seaux (cercles), pelles

Objectifs >

Favoriser le développement

- de la motricité globale
- de l'organisation spatiale
- de l'organisation perceptive
- du langage
- **des habiletés logiques**

Favoriser

- les relations entre pairs
- l'expression de la créativité

Comptine >

Sur la neige

Je trace
sur la neige

Des formes de
toutes sortes

Ma main, mon
corps, mes pieds

Tout peut
être utilisé

En faisant
de l'impression

Il faut faire attention

À ne pas effacer

Les traces laissées

Par mon ami

Qui s'amuse lui aussi

Développement global

Dimensions

> langagière
- Nommer des objets qui peuvent être utilisés pour faire des empreintes

> intellectuelle
- Associer les traces trouvées sur la neige aux bons objets
- Trouver d'autres objets pouvant être utilisés pour faire des traces
- Combiner plusieurs objets
- Expérimenter différentes façons de faire

> sociale et affective
- Émettre son point de vue, ses suggestions aux autres enfants

> motrice
- Imprimer des traces d'objets sur du papier
- Reproduire à l'aide d'objets des traces dans la neige
- Reproduire des formes

Retour

Utiliser un râteau pour effacer les traces sur la neige avec l'aide des enfants

Variante

Donner différents objets aux enfants pour qu' ils puissent les imprimer dans la neige. On peut également enrichir le dessin en ajoutant du colorant ou de la gouache pour décorer.

LE HAMEAU ENNEIGÉ

3 À 5 ANS

HIVER

GRAND GROUPE
PETIT GROUPE

Mise en situation

L'éducatrice utilise des images de maisons construites dans la neige (château de glace, igloo). Elle discute avec les enfants de ce qu'ils observent sur ces images ; comment les maisons sont-elles faites, quelles formes ont-elles ?

Déroulement

L'éducatrice prépare un coin dans la cour extérieure, offre aux enfants le matériel et explique qu'ils vont construire un hameau (petit regroupement de maisons) dans la neige (s'assurer que l'état de la neige et le temps le permettent).

Matériel

- Neige, colorant alimentaire ou poudre de craie pour décorer, contenants de plastique pour faire des moulages, outils de plastique pour sculpter

Objectifs >

Favoriser le développement
- **de la motricité fine**
- **de l'organisation spatiale**
- de l'organisation perceptive
- de la latéralisation
- du langage

Favoriser
- **les relations entre pairs**
- l'autonomie

Développement global

Dimensions

> langagière
- Discuter ensemble des images de neige présentées lors de la mise en situation
- Exprimer son idée

> intellectuelle
- Imaginer un hameau (quelques habitations) de neige
- Décrire ce qu'ils font
- Combiner différents matériaux
- Regarder des livres

> sociale et affective
- Participer avec les autres à la construction du hameau
- Partager du matériel
- Échanger des idées
- Aider un ami

> motrice
- Faire des moulages, sculpter, manipuler la neige, saupoudrer, arroser de colorant à l'aide d'un brumisateur
- Se déplacer, s'accroupir, s'agenouiller

Comptine >

(Sur l'air de « J'ai un beau château »)

J'ai un beau hameau
À construire, lire, lire
J'ai un beau hameau
À construire au plus tôt !

Retour

Sortir des figurines de plastique et jouer dans la neige autour du hameau.

Variante

Construire une grande maison de neige pour des figurines.

LES CENT QUEUES D'ÉCUREUIL

4 À 5 ANS

PRINTEMPS
ÉTÉ
AUTOMNE

GRAND GROUPE
PETIT GROUPE

Mise en situation

En arrivant au terrain, les enfants circonscrivent l'aire de jeu en plaçant des cônes aux quatre extrémités et délimitent une zone de repos avec des cordes. L'éducatrice leur parle de l'écureuil et de sa grande queue. Elle distribue un morceau de tissu, foulard ou autre (représentant la queue), à chacun des enfants. Ils la placent dans leur dos et se dispersent sur l'aire de jeu.

Déroulement

Au signal de l'éducatrice, chaque enfant essaie d'attraper la queue de l'autre tout en protégeant la sienne. Quand un enfant s'est fait prendre la queue, il va trouver l'éducatrice qui lui en redonne une autre. Les enfants doivent rester dans les limites de l'aire de jeu. Ils peuvent se reposer lorsqu'ils le veulent en se retirant dans la zone prévue à cette fin; personne ne peut leur prendre leur queue dans cette zone. Lorsqu'un enfant sort des limites de l'aire de jeu pour protéger sa queue, l'éducatrice arrête momentanément le jeu pour discuter avec les enfants de ce qu'il faut faire. Les enfants expliquent la règle ou trouvent une solution par exemple : agrandir la zone de jeu en éloignant les cônes. Au bout d'un temps donné, l'éducatrice donne le signal d'arrêt. On place toutes les queues ensemble et on regarde la récolte.

Matériel

- Quatre à six cônes
- Ruban, ficelle, tissu, foulard symbolisant la queue (en prévoir quatre par enfant)

Objectifs >

Favoriser le développement
- **de la mobilité globale**
- de l'organisation spatiale
- de l'organisation temporelle
- de la latéralisation
- du rythme
- du langage

Favoriser
- le sens des responsabilités
- l'expression de la créativité
- **la confiance en soi**

Comptine >

Un, deux trois,
trois p'tites queues

J'en ramasse
autant qu'je peux

Mais voici
sans un bruit

Un ami vient par ici

Essaie d'agripper
ma queue

Un, deux, trois
et c'est moi

Qui me sauve
déjà par là

Développement global

Dimensions

> langagière
- Réciter la comptine
- Expliquer à un ami

> intellectuelle
- Expérimenter différentes façons de faire

> sociale et affective
- Approuver les règles
- S'engager à les respecter
- Expliquer les règles aux autres ou imaginer d'autres règles
- Communiquer leur succès
- Participer à la mise en place du matériel

> motrice
- Expérimenter avec chaque côté du corps
- Se déplacer de côté, en avant, à reculons

Retour

Les enfants sont invités à se rendre dans la zone de repos. Ils s'assoient ou se couchent sur le dos. L'éducatrice leur propose de gonfler leur ventre comme un ballon en inspirant lentement par le nez de le dégonfler en expirant encore plus lentement par la bouche. L'éducatrice les incite à écouter les battements de leur cœur et leur demande de reproduire le bruit qu'il fait. L'éducatrice propose aux enfants d'expliquer comment ils ont fait pour attraper les queues.

LA BANDE ÉLASTIQUE

4 À 5 ANS

PRINTEMPS
ÉTÉ
AUTOMNE

GRAND GROUPE
PETIT GROUPE
INDIVIDUEL

Mise en situation

L'éducatrice apporte un petit élastique pour chacun des enfants. On regarde à quoi sert un élastique, quelles sont ses usages et ses limites. L'éducatrice annonce aux enfants qu'avec sa formule magique elle va transformer les petits élastiques en élastiques géants. Elle les place tous dans un sac immense (les grand élastiques étant dans un autre sac semblable). Elle récite la comptine magique et invite les enfants à fermer les yeux tout en prononçant la formule magique. Elle sort de son sac des élastiques géants et en donne un par enfant.

Déroulement

Les enfants sont invités à explorer les possibilités de leur élastique géant: l'étirer seul ou à deux, rentrer dedans, faire des formes allongées, tordues, en zigzag. Ensuite, l'éducatrice propose aux enfants d'essayer, en position debout, assise ou couchée, de trouver comment l'élastique peut devenir un triangle, un cercle, un carré, de créer sa propre forme, de maintenir la position afin que tous puissent admirer sa création, de se déplacer avec l'élastique avec deux appuis, trois appuis, et six appuis (les enfants devront s'y mettre à plusieurs), d'imiter le déplacement de certains animaux tel le pingouin.

Matériel

- Petits élastiques pour la mise en situation
- Une bande élastique en tissu, d'environ 6 cm de largeur, comme celle qu'on utilise, en confection, pour la ceinture d'un pantalon. On calcule la longueur en mesurant la taille de l'enfant, de la base des pieds à l'épaule. Cette mesure est doublée et 20 cm sont ajoutés pour permettre de nouer les deux extrémités.

Sécurité

L'élastique doit être utilisé sous la supervision étroite de l'adulte et rangé hors de la portée des enfants après usage. Bien avertir les enfants de ne pas enrouler l'élastique autour de leur cou.

Objectifs >

Favoriser le développement
- de la motricité globale
- de la motricité fine
- de l'organisation spatiale
- du langage
- **du schéma corporel**

Favoriser
- l'autonomie
- **la créativité**
- **la conscience de l'autre**
- une meilleure compréhension du monde

Développement global

Dimensions

> langagière
- Réciter la comptine
- S'adresser au groupe

> intellectuelle
- Utiliser certains objets de différentes façons
- Illustrer des idées
- Expérimenter diverses façons de faire

> sociale et affective
- Donner son opinion

> motrice
- Déplacer des objets de dimensions variées
- Se déplacer à différentes vitesses
- Prendre et manipuler des objets variés
- Se déplacer dessous et à côté de certains objets

Comptine >

Tordu, croisé,
enroulé
Élastique,
deviens grand
Cercle, triangle,
carré
Élastique, forme-toi
Deviens aussi
grand que moi!

Retour

L'éducatrice propose aux enfants le défilé des chars romains. Les enfants se placent par équipes de deux, l'un derrière l'autre, afin de personnifier le cheval et son cavalier avec un élastique. L'enfant placé derrière dirige le cheval. L'élastique doit passer derrière la nuque et devant chaque épaule de l'enfant qui fait le cheval et revenir derrière pour faire les rênes.

L'HERBIER DU NATURALISME

4 À 5 ANS

PRINTEMPS
ÉTÉ
AUTOMNE

GRAND GROUPE
PETIT GROUPE
INDIVIDUEL

Mise en situation

L'éducatrice montre différentes créations faites à partir de plantes séchées. Elle fait verbaliser les enfants sur ce qu'ils observent dans ces créations. Elle explique ce qu'est un herbier et propose aux enfants d'en fabriquer un en faisant sécher des plantes et des fleurs qu'ils vont cueillir.

Déroulement

Les enfants sont invités à aller cueillir différentes plantes afin de les faire sécher et de concevoir un herbier.

Matériel

- Pour la cueillette des plantes: gants, petits sacs de papier brun
- Pour le séchage: vieux catalogues
- Pour la mise en forme de l'herbier: album, colle
- Livre pour l'identification des plantes sauvages du Québec

Précaution

Attention aux allergies

Objectifs >

Favoriser le développement

- de la motricité globale
- **de la motricité fine**
- de l'organisation spatiale
- de l'organisation perceptive
- de la latéralisation
- du langage
- **des habiletés logiques**

Favoriser

- les relations entre pairs
- l'autonomie

Développement global

Dimensions

> langagière
- Nommer différentes plantes plus communes et leurs caractéristiques

> intellectuelle
- Identifier d'autres plantes aux caractéristiques précises
- Observer les similitudes et les différences, observer les formes et les couleurs
- Comparer avec les autres enfants pour voir les plantes qui sont identiques ou différentes

> sociale et affective
- Montrer à un enfant d'un autre groupe son herbier et expliquer ce qu'il contient
- Augmenter l'estime de soi par la réussite

> motrice
- Cueillir, coller (manipulation délicate)
- Marcher pour aller faire la cueillette

Comptine >

Des pissenlits,
De pensées
Du trèfle ou du mil
Des gueules-de-loup
De la bardane
Je vais cueillir
Et fabriquer
Mon premier
Petit herbier

Retour

Inviter un autre groupe d'enfants et demander à chacun de montrer son herbier.

Variante

Une fois la plante séchée et collée dans l'album, l'enfant peut faire un dessin pour situer l'endroit où il l'a trouvé

Partie 2

Guide

Aménager l'aire extérieure de jeu

d'un centre de la petite enfance et d'une garderie

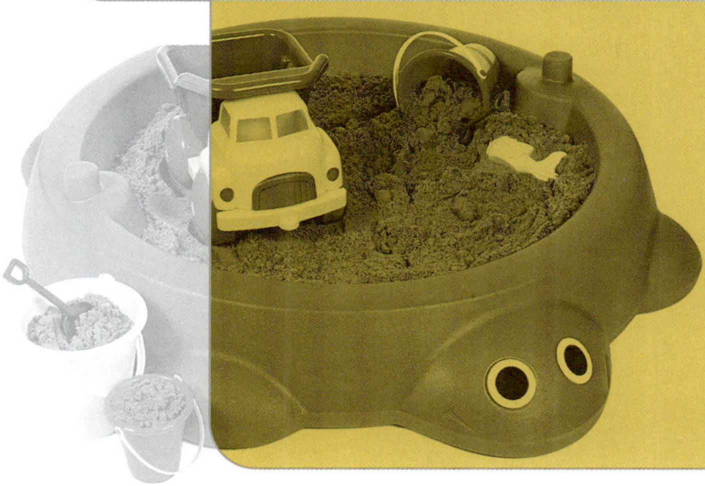

À QUI S'ADRESSE CE GUIDE ET COMMENT L'UTILISER ?

Ce guide a pour but d'aider les administrateurs, les gestionnaires, les parents et le personnel éducateur des services de garde à élaborer ou à rénover l'aire extérieure de jeu d'un centre de la petite enfance ou d'une garderie. Il explique la marche à suivre pour concevoir un projet, depuis la détermination des besoins jusqu'à l'entretien d'un aménagement terminé.

De façon plus précise, ce guide s'adresse aux personnes suivantes :

- les promoteurs de nouvelles installations qui sont en voie de créer leur aire extérieure de jeu. Idéalement, la conception de l'aire extérieure de jeu doit se faire en même temps que celle du bâtiment ;
- les administrateurs, les gestionnaires, les parents et le personnel éducateur de centres de la petite enfance et de garderies existants qui désirent réaménager leur aire extérieure de jeu.

Ce guide traite principalement de l'aménagement de l'aire extérieure de jeu des enfants âgés de 18 mois à 5 ans en service de garde. Toutefois, notons que les enfants de moins de 18 mois ont autant besoin d'aller dehors que les autres. Un espace doit donc être prévu pour les poupons lors de la planification de l'espace. Les principes d'aménagement décrits dans ce guide peuvent également servir pour l'aménagement de l'espace pour les poupons. Il faut toutefois veiller à répondre à leurs besoins propres et à ceux du personnel éducateur qui travaille avec eux.

LES ÉTAPES À SUIVRE

De prime abord, l'aménagement d'une aire extérieure de jeu peut sembler complexe. Or ce guide vise justement à démystifier le processus. Il donne des conseils utiles aux acteurs concernés, permettre une distribution judicieuse des responsabilités, indiquer une méthode simple de gestion de projet, fournir des paramètres sur les coûts et le temps de réalisation et équiper les administrateurs et les gestionnaires dans leurs relations avec les professionnels et les fournisseurs.

L'élaboration du projet d'aménagement extérieur peut se résumer en six grandes étapes.

1. Bâtir une équipe
2. Étudier les besoins pour aménager l'aire extérieure de jeu
3. Établir une liste de souhaits
4. Créer un plan d'aménagement
5. Passer à la construction
6. Entretenir et inspecter l'aire extérieure de jeu

Ce guide reprend systématiquement ces six étapes en les détaillant et en les explicitant.

Rappelons que plusieurs modèles différents de gestion de projet peuvent s'appliquer à l'aménagement d'une aire extérieure de jeu et que le modèle décrit dans ce guide n'est qu'un modèle parmi d'autres. Il a toutefois l'avantage, d'une part, d'être directement ciblé sur la réalité des services de garde et, d'autre part, d'être suffisamment souple pour pouvoir s'adapter à chaque situation et, ce faisant, refléter la couleur propre à chaque service de garde.

Sur plus d'un aspect, le projet d'aménagement de l'aire extérieure de jeu va ressembler à bien d'autres projets du service de garde. Ainsi, chaque centre de la petite enfance et chaque garderie aura tout intérêt à respecter les grandes lignes de ses modes de fonctionnement internes et de prise de décision habituelle tout en les adaptant au besoin.

Par ailleurs, le projet d'aménagement ou de réaménagement de l'aire extérieure de jeu pourrait être le projet idéal pour susciter la participation active de tous les acteurs présents dans le service de garde. Parents du conseil d'administration, parents du comité de parents dans le cas des garderies, personnes responsables de la gestion, parents utilisateurs, personnel éducateur, personnel d'entretien, personnel administratif et même les enfants, tous peuvent et doivent s'exprimer au sujet de l'aménagement de l'aire extérieure de jeu. Chacun à sa manière vit un rapport personnel avec l'aire extérieure de jeu et voit cet élément du service de garde avec ses propres yeux. Une consultation large et une rétroaction régulière ne peuvent qu'aider à établir des consensus qui vont faciliter la réalisation et amener chacun à y mettre du sien avant la fin de la construction.

CHAPITRE

1 **Bâtir une équipe**

2

3

4

5

6

La réalité des services de garde est telle que plusieurs acteurs différents mais complémentaires se retrouvent dans tout processus de prise de décision. Administrateurs, gestionnaires, parents utilisateurs, personnel éducateur et même les enfants ont voix au chapitre. Tout en respectant la position relative de chacun de ces groupes dans la structure organisationnelle, il convient de les associer au processus d'élaboration, de consultation et de décision qui doit mener à l'aménagement ou au réaménagement de l'aire extérieure de jeu.

La première étape consiste à bâtir une équipe solide qui saura mener le projet à terme. Cette équipe, au sens large, est formée de personnes et de partenaires qu'on peut situer à trois niveaux selon leur engagement dans le processus décisionnel et dans la réalisation concrète de l'aménagement. Il est important de bien définir les rôles et les niveaux de responsabilité de chacun des acteurs et des partenaires avant même de se lancer dans l'aventure afin que tous soient au courant des règles du jeu et des attentes à leur égard. Il faut donc bien visualiser l'ensemble du projet et ses diverses étapes afin de bien comprendre la participation de chacun dans le cheminement du projet.

Ainsi en tout premier lieu, on trouve le conseil d'administration du centre de la petite enfance qui a une première tâche multiple : organiser cette équipe, distribuer les rôles, déterminer les échéanciers et fixer les budgets tout en demeurant le grand responsable du projet. Dans le cas des garderies, le titulaire de permis doit consulter le comité de parents.

1.1 LES ACTEURS

Les acteurs qui se retrouvent en première ligne jouent un rôle continu tout au long du projet. Ils ont un pouvoir de décision ou de recommandation et ils devront faire des choix. Selon le modèle de gestion adopté, les personnes de ce groupe vont superviser et approuver les diverses étapes du projet.

1.1.1 Le conseil d'administration

Le conseil d'administration demeure l'instance décisionnelle suprême dans le fonctionnement du service de garde. Plus précisément, pour un projet d'aménagement de l'aire extérieure de jeu, c'est le conseil d'administration qui doit établir les objectifs, fixer les budgets, établir les échéanciers, déterminer les étapes du projet, établir les approbations à obtenir et faire connaître les décisions qu'il entend se réserver. Le conseil d'administration doit en tout temps entériner les contrats, les commandes et les paiements.

C'est donc le conseil d'administration qui adopte le modèle de gestion de projet à appliquer et qui détermine les responsabilités qu'il est prêt à confier à d'autres instances à l'intérieur de l'établissement. Ainsi, le conseil d'administration décide de la formation, de la composition et des fonctions d'un comité d'aménagement et de la nomination d'un chargé de projet et du mandat qu'il lui confie. Suivant les cas, le conseil d'administration peut décider de conserver ses fonctions et les exercer lui-même, c'est-à-dire de ne pas former de comité d'aménagement ou de ne pas nommer de chargé de projet et, par exemple, de confier cette tâche à la directrice ou à un parent membre du conseil d'administration.

Le conseil d'administration doit également se doter d'un mécanisme de suivi et d'évaluation du projet en cours qui lui permette de vérifier régulièrement que les objectifs, les besoins, les échéanciers et les budgets sont respectés.

Avant d'amorcer le projet d'aménagement de l'aire extérieure de jeu, le conseil d'administration doit donc cerner les objectifs poursuivis et les besoins à combler, décider du modèle de gestion de projet, fixer un budget et établir une proposition d'échéancier des travaux. Les travaux peuvent s'étaler sur plus d'une année.

1.1.2 Le comité d'aménagement

Le cas échéant, le comité d'aménagement assure plusieurs tâches : analyser les enjeux qui entourent l'aménagement de l'aire extérieure de jeu, susciter des consensus et élaborer des propositions concrètes à soumettre au conseil d'administration. Ainsi, dans les limites de son mandat, le comité peut soit exercer les pouvoirs qui lui sont délégués par le conseil d'administration, soit formuler des recommandations à soumettre au conseil d'administration.

Voici quelques responsabilités du comité : préparer le programme d'aménagement, organiser la consultation auprès du personnel, des parents et des enfants, alimenter et épauler le chargé de projet, veiller à ce que le chargé de design interprète bien les enjeux de l'aménagement et s'assurer de rencontrer les attentes du personnel. Le comité participe ainsi activement à l'élaboration du projet d'aménagement, au design du site et au suivi des étapes. Plus précisément, le comité d'aménagement doit élaborer des recommandations à soumettre au conseil d'administration sur les objectifs visés, les échéanciers et les choix concernant le chargé de projet, le chargé de design et les divers entrepreneurs et fournisseurs.

Le comité d'aménagement peut être formé de la gestionnaire, de deux ou trois membres du personnel éducateur (idéalement, une personne par groupe d'âges d'enfants), d'un membre du personnel d'entretien et d'un ou deux parents, membres ou pas du conseil d'administration. Un parent membre du conseil d'administration, la directrice ou le chargé de projet fait le lien entre le comité d'aménagement et le conseil d'administration.

1.1.3 Le chargé de projet

La nomination par le conseil d'administration d'un chargé de projet (selon les cas, sur recommandation du comité d'aménagement) permet d'attribuer à une personne précise le rôle de coordonner l'ensemble de la réalisation de l'aménagement de l'aire extérieure de jeu.

Le chargé de projet reçoit du conseil d'administration le mandat de s'occuper du bon déroulement de toutes les étapes du processus, notamment de la coordination des étapes de conception et de réalisation. C'est lui qui doit veiller au respect des échéanciers, au suivi des budgets, à l'obtention des autorisations et des approbations du conseil d'administration, à la surveillance des travaux, à la réception des équipements achetés à des fournisseurs et au maintien des liens avec les intervenants externes. C'est le chargé de projet qui anime le comité d'aménagement et qui fournit toutes les données utiles à la bonne marche des travaux.

Le chargé de projet peut être un membre du conseil d'administration, un membre du comité d'aménagement, un parent ou un employé, généralement un gestionnaire. Bien sûr, le chargé de projet doit pouvoir s'occuper de cette tâche de façon quasi prioritaire, c'est-à-dire pouvoir y consacrer du temps. En effet, c'est le chargé de projet qui va suivre toutes les étapes et faire rapport de façon régulière au conseil d'administration qui lui a donné son mandat.

1.1.4 Le chargé de design

Sur recommandation du comité d'aménagement ou du chargé de projet, le conseil d'administration peut engager une personne chargée de concevoir l'aire extérieure de jeu et de préparer les plans, devis et dessins nécessaires à la réalisation de l'aménagement. Cette personne doit travailler en étroite collaboration avec le comité d'aménagement et le chargé de projet et s'imprégner à la fois du fonctionnement, des valeurs et des objectifs pédagogiques poursuivis par le service de garde.

Cette tâche est habituellement dévolue à un professionnel de l'aménagement qui sera mandaté pour une ou plusieurs étapes dans le processus d'élaboration du projet. En fonction des besoins du service de garde, le chargé de design peut intervenir dès les premières étapes de consultation et d'élaboration ou plus tard au moment de la conceptualisation et de la réalisation.

1.2 LES PARTENAIRES

Les partenaires qu'on peut situer en deuxième ligne jouent un rôle discontinu dans le processus d'élaboration du projet. Ils interviennent de façon ponctuelle à des moments précis du projet. C'est parmi eux que se trouvent les gens à consulter. Le conseil d'administration, le chargé de projet, le comité d'aménagement et le chargé de design doivent avant tout répondre aux besoins exprimés. Par ailleurs, les fabricants et les vendeurs peuvent devenir une source de renseignements appréciable sur les options et les choix d'équipements.

1.2.1 Le personnel éducateur

Le personnel éducateur possède une expertise et une expérience de première importance dans la compréhension et le fonctionnement d'une aire extérieure de jeu. Par l'entremise du comité d'aménagement, le personnel éducateur peut faire valoir ses attentes et ses besoins. La participation du personnel éducateur doit être engagée dès le début par le comité d'aménagement, qui doit mener une ou plusieurs consultations.

Par la suite, lors de l'élaboration et de la conception de l'aire extérieure de jeu, le comité d'aménagement doit être en mesure de faire valider les options que le personnel éducateur est en voie de concrétiser.

1.2.2 Le personnel d'entretien

Le personnel d'entretien connaît intimement les problèmes concrets reliés à l'utilisation régulière d'une aire extérieure de jeu par les enfants : entrées et sorties fréquentes, sable dans les souliers et les vêtements, zones d'angles morts, circulations naturelles pour les adultes et les enfants. Le comité d'aménagement a tout intérêt à recueillir les attentes et les besoins du personnel d'entretien dès le début du projet.

Puis, lors de l'élaboration et de la conception de l'aire extérieure de jeu, le comité d'aménagement doit s'attarder à faire valider les options envisagées par le personnel d'entretien.

1.2.3 Les parents

Les parents utilisateurs, ceux qui ne sont pas membres du conseil d'administration ni du comité d'aménagement, sont tout autant préoccupés par la sécurité et le développement de leurs enfants et ils ont également leur opinion à donner quant à l'aménagement extérieur et aux activités à y privilégier. Si le service de garde désire pleinement répondre à leurs besoins, leur point de vue de parents et leurs choix en tant qu'utilisateurs doivent être considérés.

De plus, les parents qui confient chaque jour leurs enfants au service de garde peuvent suivre le processus d'élaboration et de conception, même avec un certain recul, et le comité d'aménagement doit veiller à les mettre dans le coup et à les informer au cours des diverses étapes du projet.

Au besoin, les parents peuvent être appelés à participer à des campagnes de financement ou à des collectes de fonds.

1.2.4 Les enfants

Même s'ils sont habituellement considérés comme des tout-petits, les enfants peuvent s'exprimer et participer au design de l'aire extérieure de jeu. Les plus âgés sont capables de dessiner leur perception de l'espace de jeu durant l'été ou l'hiver ainsi que leur aire de jeu idéale. En entrevue ou encore par des dessins, ils sont parfaitement capables d'exprimer comment ils s'amusent dehors avec leurs amis. Et ils ont aussi leur liste de désirs parfois très précis.

Quand on les observe dans la cour avant toute modification de l'aménagement, ils deviennent des guides dynamiques sur l'utilisation de l'espace alors disponible et sur les équipements et éléments naturels présents. Observer les enfants dans l'aire extérieure de jeu existante fournit une mine de renseignements qui permet d'évaluer et d'analyser les potentiels et les contraintes de l'espace.

1.2.5 Les fabricants et les distributeurs

Les entreprises qui gravitent autour de l'aménagement des aires extérieures de jeu ont une expertise pointue dans leurs champs d'activités respectifs. On peut les consulter, leur demander des soumissions ou les inviter à participer à certaines étapes du projet. Une démarche instructive.

1.3 LE RÔLE ET LE CHOIX D'UN PROFESSIONNEL DE L'AMÉNAGEMENT

Selon le mode de fonctionnement adopté ou sur recommandation du comité d'aménagement, le conseil d'administration peut aussi décider de retenir les services d'un professionnel de l'aménagement (architecte paysagiste, architecte ou technologue) et lui confier le mandat de chargé de design. Cette personne doit pouvoir répondre aux attentes du conseil d'administration et du comité d'aménagement à plusieurs égards : disponibilité, efficacité, connaissances ou complexité techniques, sécurité, responsabilité, compétence de premier ordre.

1.3.1 Le rôle du professionnel

Quelle que soit la valeur individuelle des membres du conseil d'administration, du comité d'aménagement ou du chargé de projet, ces personnes sont rarement spécialisées en aménagement paysager et n'ont pas à l'être pour mener à bien un projet d'aménagement. D'autant plus qu'un professionnel chargé de design peut se voir confier des mandats précis pour les études préparatoires, les recherches d'impact, la préparation d'esquisses, la réalisation de plans et devis, les documents d'appels d'offres, la gérance de projet ou la surveillance des travaux. Le conseil d'administration doit donc partager les tâches entre le chargé de projet, le comité d'aménagement et le chargé de design selon les capacités et les disponibilités.

Le professionnel recherché doit posséder plusieurs qualités :

- une connaissance poussée des normes de sécurité en vigueur ;
- une excellente connaissance des matériaux d'aménagements extérieurs et des végétaux disponibles ;
- une bonne connaissance des techniques de nivellement, de drainage et de construction d'aménagements extérieurs.

Pour établir sa crédibilité et ses états de service, il doit être en mesure de fournir :

- une liste de réalisations similaires à votre projet ;
- des références pertinentes ;
- une preuve d'assurance responsabilité couvrant son champ de pratique.

1.3.2 Le choix d'un professionnel

Le choix du chargé de design peut se faire en deux étapes : tenir une rencontre préliminaire et préparer et soumettre une proposition de services professionnels. Parmi les professionnels aptes à réaliser des travaux d'aménagement, signalons les architectes, les architectes paysagistes et les technologues en bâtiment, qui peuvent assurer par le design une utilisation optimale des éléments de l'environnement et plus particulièrement des espaces disponibles pour les aires extérieures de jeu dans les services de garde. L'architecture de paysage recherche la création de solutions de design pour protéger et enrichir les ressources du milieu, favoriser l'exploration de la créativité individuelle et contribuer à l'amélioration des paysages urbains et ruraux.

La rencontre préliminaire permet au chargé de projet ou au comité d'aménagement d'évaluer si le professionnel est en mesure de répondre adéquatement aux besoins exprimés et s'il démontre une bonne compréhension des enjeux. Le chargé de projet peut également évaluer sommairement les qualités personnelles et les orientations du consultant. Il ne faut pas négliger cette question puisque cette personne devra côtoyer le chargé de projet et les membres du comité d'aménagement pendant plusieurs mois.

Après la rencontre, le professionnel produit une proposition de services qui permet au comité d'aménagement d'évaluer sa capacité à répondre aux attentes et de faire une recommandation au conseil d'administration. Ce document doit comprendre les éléments suivants :

- le nom et l'adresse du consultant ou de son entreprise ;
- la compréhension du mandat ;
- les références aux projets similaires ;
- la liste de références pertinentes ;
- les honoraires professionnels pour chaque étape ou globaux ;
- l'échéancier proposé ;
- la liste des produits livrables ;
- l'attestation d'assurance responsabilité en règle.

Afin de faire un choix éclairé selon les besoins et le budget affecté à cet exercice, le comité d'aménagement doit inviter plus d'un professionnel à soumettre une proposition de services. Dans ce cas le chargé de projet doit fournir aux consultants un document qui résume les valeurs du service de garde quant à l'utilisation de l'aire extérieure de jeu, les objectifs poursuivis dans l'aménagement ou le réaménagement, les attentes, les besoins, les échéanciers proposés et le budget disponible de sorte que chacun des soumissionnaires puisse évaluer le travail à partir des mêmes critères.

CHAPITRE

1

2

3

4

5

6

Déterminer les besoins pour mieux aménager l'espace

Cette étape peut être confiée au comité d'aménagement. Énoncer les valeurs du service de garde en regard de l'aire extérieure de jeu, déterminer les objectifs poursuivis lors des activités à l'extérieur, recueillir les souhaits et les désirs de tous les groupes concernés, prendre conscience des intérêts et des désirs de chacun, consulter le personnel éducateur et d'entretien ainsi que les parents et les enfants, tout cela exige réflexion et introspection. Plusieurs veulent se lancer d'emblée dans l'action et décider tout de suite quels équipements installer et considèrent ces périodes de remue-méninges collectives comme une perte de temps. Cependant, consulter et considérer les besoins et les attentes de chacun permet de définir une vision collective de l'aire extérieure de jeu. Les activités et les jeux à l'extérieur doivent, selon le programme éducatif, favoriser le développement global de l'enfant et assurer que chaque dimension du développement (intellectuel, socio-affectif et moral, physique et moteur, langagier) est sollicitée.

Cette section vise donc à aider les membres du comité d'aménagement à réaliser cette étape primordiale de la réalisation du projet : déterminer les besoins des enfants et des adultes par rapport à l'espace de jeu extérieur. Cette étude permet de déterminer les besoins à combler et d'établir des priorités qui correspondent aux désirs des personnes du service de garde. Lors de cette étape de consultation, il convient de ne censurer personne car c'est le temps de laisser chacun imaginer et proposer son aire extérieure de jeu idéale.

Ainsi, avant même de commencer à élaborer des listes de souhaits et à concevoir l'aire extérieure de jeu, il faut consulter les groupes concernés dans le service de garde et plus particulièrement ceux qui y vivent tous les jours. Il faut donc d'abord consulter les éducatrices qui sortent les enfants une ou plusieurs fois par jour, et qui connaissent bien les habitudes et les attentes de leurs groupes d'enfants. Très souvent, elles connaissent d'instinct les réactions possibles des enfants à un équipement de jeu ou à une organisation spatiale donnée. De plus, comme elles sont présentes avec les enfants et qu'elles organisent les activités dirigées à l'extérieur, il convient de leur fournir un environnement qui leur permette d'exercer leur fonction éducative dans les meilleures conditions physiques.

Les enfants peuvent et doivent participer activement à cette période de consultation. On peut, par exemple, leur demander de se dessiner en train de jouer dehors et d'exposer leurs dessins. Il est important que tous se sentent concernés, les enfants surtout, car ils ont un grand besoin de sentir qu'ils peuvent transformer leur environnement.

2.1 LES BESOINS DES ENFANTS

L'enfant d'âge préscolaire se développe à une vitesse exceptionnelle à tous points de vue. En peu de temps il apprend simultanément à utiliser son corps pour effectuer des mouvements de plus en plus complexes et à mieux communiquer ses désirs et ses besoins au monde qui l'entoure.

Le personnel éducateur et les parents qui sont en contact quotidien avec les enfants connaissent déjà leurs caractéristiques. Il est cependant utile de réviser ces caractéristiques et de prendre un moment pour penser à leur application dans l'aménagement de l'aire extérieure de jeu.

Les caractéristiques des enfants d'âge préscolaire peuvent être groupées en quatre grandes catégories : le développement intellectuel et créatif, le développement du jugement, le développement social et affectif et le développement moteur. Par ailleurs, il ne faut pas oublier les enfants qui ont des limitations fonctionnelles, qui bénéficient des activités à l'extérieur tout autant, voire plus que les autres.

POUR MIEUX COMPRENDRE LES BESOINS DES ENFANTS

Les services de garde qui possèdent déjà une aire extérieure de jeu ont la chance de pouvoir observer directement les enfants quand ils jouent dehors. Cela aide à comprendre comment les enfants utilisent l'espace, comment et où se forment naturellement les zones d'activités et les voies naturelles de circulation.

S'accroupir pour voir le monde du point de vue de l'enfant aidera à comprendre son expérience spatiale et l'échelle à utiliser dans l'aménagement. Imaginer aussi l'espace vu par un enfant plus petit qui rampe ou qui se déplace à quatre pattes.

Essayer de se remémorer ses propres expériences de jeu en plein air quand on était enfant.

UN MOT SUR LES POUPONS

Les services de garde qui reçoivent des poupons doivent leur aménager un espace extérieur qui répond à leurs besoins propres.

Pour plus de renseignements sur les poupons et leurs besoins précis, consulter la liste des ouvrages sur les caractéristiques et les besoins des enfants en annexe.

Cependant, citons tout de suite l'ouvrage d'Anne Gillain Mauffette, *Revisiter les environnements extérieurs pour enfants, un regard sur l'aménagement, le jeu et la sécurité*, qui contient toute une section sur les poupons.

2.1.1 Les caractéristiques physiques de l'enfant

Les caractéristiques physiques de l'enfant sont différentes de celles de l'adulte, et le projet d'aménagement doit en tenir compte. Elles varient énormément selon l'âge et d'un enfant à l'autre. C'est pourquoi l'aménagement doit être assez souple pour s'adapter aux caractéristiques physiques changeantes des tout-petits.

Un survol des caractéristiques physiques de l'enfant d'âge préscolaire

Dimensions moyennes de l'enfant : de 0,5 à 1,2 mètre
(VOIR FIGURE 1.1)

Dégagement minimum pour éviter qu'il se cogne : 1,3 mètre

Hauteur moyenne des yeux de l'enfant

Hauteur requise pour que les objets soient à sa portée : ceux-ci ne doivent pas dépasser sa taille de plus de 15 à 20 cm

Hauteur idéale d'une chaise d'enfant : de 30 à 35 cm
Hauteur idéale d'une table d'enfant : de 53 à 57 cm
(VOIR FIGURE 1.2)

Autres données importantes

Poids de l'enfant : de 5 à 23 kg

Angle de vision de l'enfant : 70°, comparativement à 180° pour l'adulte (VOIR FIGURE 1.3)

La paroi du crâne de l'enfant est plus mince que celle des adultes et sa tête est lourde et volumineuse.

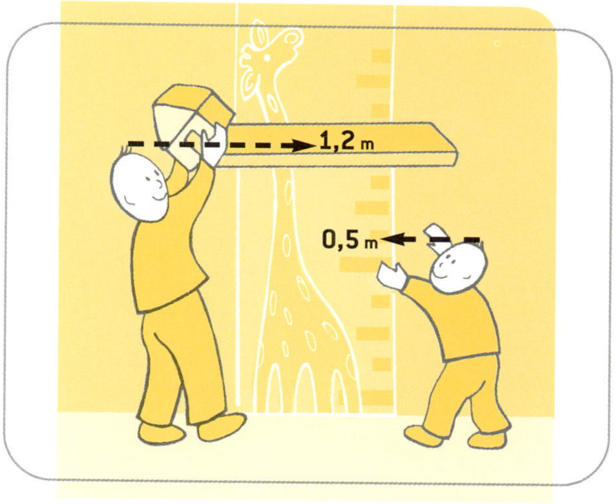

Figure 1.1 Dimensions moyennes de l'enfant : de 0,5 à 1,2 mètre

Figure 1.2
Hauteur idéale d'une chaise d'enfant : de 30 à 35 cm
Hauteur idéale d'une table d'enfant : de 53 à 57 cm

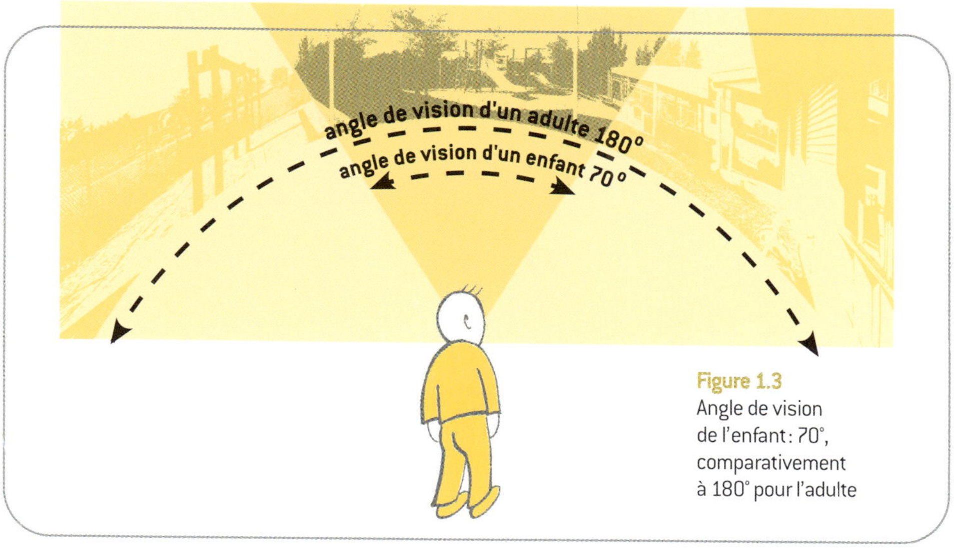

Figure 1.3
Angle de vision de l'enfant : 70°, comparativement à 180° pour l'adulte

TENIR COMPTE DES CARACTÉRISTIQUES PHYSIQUES DES ENFANTS DANS L'AMÉNAGEMENT

Installer un mobilier et des structures de jeux adaptés aux dimensions de l'enfant.

Ne placer que des équipements de jeux qui correspondent aux groupes d'âge des enfants et qui respectent la norme du CSA sur les aires et les équipements de jeu.

Installer de bonnes surfaces absorbantes pour éviter les blessures, surtout les traumatismes crâniens.

2.1.2 Le développement intellectuel et créatif

L'espace de jeu extérieur joue un rôle important dans le développement intellectuel et créatif de l'enfant : il stimule ses sens et l'amène à se questionner sur une variété de phénomènes. La possibilité d'interagir avec des éléments de son environnement est importante pour le développement créatif de l'enfant. À ce titre, les éléments naturels constituent d'excellents matériaux qui permettent une multitude d'inventions.

En fait de développement intellectuel et créatif, l'enfant d'âge préscolaire[1]:

- fait semblant, imite les comportements à l'aide du jeu symbolique (à partir de 2 ans);
- explore le monde avec le toucher et le goût (surtout les plus jeunes);
- est intrigué par l'eau;
- aime remplir et vider des contenants;
- adore les jeux où il doit deviner et faire des choix simples;
- aime construire (à partir de 4 ans);
- est curieux de tout, surtout de la nature;
- aime collectionner.

POUR FAVORISER LA CRÉATIVITÉ DES ENFANTS

Prévoir un coin pour les jeux d'eau.

S'assurer que l'enfant dispose d'un matériel qui lui permet d'exercer ses nouvelles habiletés de classement.

S'assurer que l'enfant dispose d'un matériel qui lui permet de jouer à faire semblant: téléphone, poussette, poupée, train, maisonnette, accessoires et déguisements.

Ajouter des jeux de blocs et autres jeux qui permettent à l'enfant d'exercer ses nouveaux talents de constructeur: le carré de sable est un endroit idéal.

Favoriser les expériences sensorielles en installant des objets sonores et musicaux, des plantes odorantes et comestibles, une diversité de textures, de couleurs et de formes.

Intégrer des coins naturels: planter des arbres, des fleurs et des arbustes qui attirent les oiseaux: placer des pierres et des troncs et souches d'arbres.

Installer un bac à compost et créer un petit coin de jardinage.

2.1.3 Le développement du jugement

Prendre en compte les caractéristiques du développement du jugement chez l'enfant peut faire une différence entre un aménagement sûr et confortable et un aménagement dangereux et stressant pour les enfants et pour le personnel.

En fait de développement du jugement, l'enfant d'âge préscolaire[2]:

- manque d'expérience quant à son corps et au monde des objets et des personnes;
- ne peut prévoir la vitesse et la direction d'objets en mouvement;
- ne voit pas le danger;
- peut être imprévisible et impulsif et peut prendre de grands risques;
- est insensible à la sécurité et peut être une source de danger pour les autres (surtout les moins de 3 ans).

DES ENFANTS IMPRÉVISIBLES

Toujours installer de bonnes surfaces absorbantes.

Installer des structures de jeux qui présentent des défis à la portée des enfants.

S'assurer de bien voir toute l'aire extérieure de jeu.

Encadrer l'espace avec des clôtures d'au moins 1,3 mètre de haut.

Toujours s'assurer que les distances entre les équipements de jeu respectent les prescriptions de la norme du CSA.

1. American Society for Testing and Materials. *Playgrounds equipment for public use: continuum of skills and size differences of children age two to twelve*, Arlington, Virginie, National Recreation and Parks Association, 1992.

2. GILLAIN Mauffette, A. *Revisiter les environnements extérieurs pour enfants, un regard sur l'aménagement, le jeu et la sécurité*. Hull, Québec, Les Éditions REFLEX, 1999.

2.1.4 Le développement social et affectif

L'espace de jeu extérieur est un lieu privilégié de rencontre entre les enfants. C'est souvent dehors que se forment les amitiés, qu'éclatent et se règlent les conflits. L'enfant y apprend à faire des compromis, à partager et à communiquer. Il rit, il joue et il explore la complexité des rapports humains par le jeu. Dans bien des cas, les liens d'amitié ou de complicité qui se forment à l'intérieur peuvent se modifier et se révéler différents à l'extérieur. Souvent, les enfants changent de partenaires selon le type d'activité et l'environnement.

En fait de développement social et affectif, l'enfant d'âge préscolaire aime[3] :

- avoir des contacts sociaux, parler, rire et jouer avec les autres ;
- jouer seul à côté d'autres enfants (avant 3 ans) ;
- se faire des amis et jouer en petit groupe (à partir de 3 ans) ;
- être seul ou avec un ami ;
- connaître les recoins, les passages secrets et les cachettes ;
- penser qu'un endroit lui appartient ;
- se sentir en sécurité et être dans un endroit accueillant et confortable ;
- être encouragé, se sentir compétent et ne pas être ridiculisé ou harcelé ;
- ne pas être bousculé par le jeu des autres ;
- jouer à des jeux aux règles simples (à partir de 5 ans).

POUR FAVORISER LA SOCIALISATION

Installer des bancs en cercle ou face à face.

Aménager des coins un peu en retrait où l'enfant peut se retirer seul ou en petit groupe.

Construire une plate-forme ou une maisonnette qui permet à l'enfant de socialiser en petit groupe ou de se retirer.

Faire en sorte que les coins de jeu tranquilles ne se retrouvent pas trop près des zones plus bruyantes.

Garder des zones ouvertes qui permettent des jeux de groupe.

2.1.5 Le développement moteur

Durant ses premières années, l'enfant apprend à utiliser son corps pour les activités à grand déploiement (courir, sauter et se balancer) et pour faire des mouvements précis.

Le rôle du jeu à l'extérieur dans le développement de ces aptitudes est essentiel. Un espace bien aménagé qui permet à l'enfant d'exercer son corps de plusieurs façons est un complément important aux espaces intérieurs. Les expériences physiques enrichissantes amusent l'enfant et lui permettent de développer son amour-propre et sa confiance en lui.

Étant donné que les caractéristiques du développement moteur des enfants d'âge préscolaire varient énormément entre 18 mois et 5 ans, il est plus facile de les subdiviser en trois sous-groupes d'âge. Cela permet de mieux comprendre leurs aptitudes et leurs besoins selon leur âge et de créer un aménagement qui leur permet de relever des défis à leur hauteur. (VOIR TABLEAU 2.1)

TABLEAU 2.1 LES ÉTAPES DU DÉVELOPPEMENT MOTEUR[4]

L'enfant de 18 mois à 2 ans

- ☐ grimpe et glisse sur de petits équipements ;
- ☐ monte des escaliers (19 mois) ;
- ☐ peut monter lentement des échelles mais ne peut en redescendre qu'à 3 ans ;
- ☐ saute et court (20-21 mois) ;
- ☐ peut botter un ballon ;
- ☐ peut sauter avec un pied en avant d'une hauteur de 30 cm (24 mois).

L'enfant de 3 ans

- ☐ grimpe facilement ;
- ☐ court, sautille quelques pas sur deux pieds, peut botter des ballons ;
- ☐ peut pédaler sur un tricycle ;
- ☐ peut sauter à pieds joints d'une hauteur de 45 cm ;
- ☐ peut partir et arrêter assez rapidement ;
- ☐ peut tourner les coins rapidement ;
- ☐ se balance brièvement sur un pied ;
- ☐ utilise de petits outils ;
- ☐ attrape et lance des ballons.

L'enfant de 4 ou 5 ans

- ☐ sautille à pieds joints ;
- ☐ est vigoureux, dynamique et acrobatique ;
- ☐ lance des objets ;
- ☐ descend des échelles ;
- ☐ peut sauter à pieds joints d'une hauteur de 70 cm ;
- ☐ peut sauter par-dessus des obstacles de 25 cm (4 ans) puis de 45 cm (5 ans) ;
- ☐ se balance par lui-même ;
- ☐ attrape des balles de dimensions diverses.

3. American Society for Testing and Materials, 1992, et Gillain Mauffette, 1999.
4. American Society for Testing and Materials, 1992.

POUR PERMETTRE AUX ENFANTS DE S'EXPRIMER PHYSIQUEMENT

Prévoir des équipements et des jouets, par exemple:
- des structures de jeu qui plairont à un grand nombre d'enfants;
- un carré de sable avec suffisamment d'accessoires qui favorisent l'apprentissage de gestes précis;
- des tables basses pour bricoler et manier crayons, ciseaux, pâte à modeler et argile;
- des balles et des ballons de tailles et de poids divers;
- des structures simples qui permettent des jeux d'équilibre;
- une piste pour les tricycles;
- des parcours à obstacles et d'aventure;
- des plates-formes où l'enfant peut se percher.

Prévoir des espaces:
- assez grands pour des jeux de ballon;
- d'ombre pour se protéger l'été;
- ouverts où l'enfant peut courir librement et jouer dans la neige l'hiver;
- avec du relief pour glisser l'hiver et se rouler l'été.

2.1.6 Les enfants qui ont des limitations fonctionnelles

Il faut toujours s'assurer que tous les enfants ont accès à l'espace extérieur, quelles que soient leurs capacités. Même si le service de garde n'accueille pas actuellement des enfants qui ont des limitations fonctionnelles, il pourrait en accueillir plus tard. Modifier un espace après sa construction est beaucoup plus pénible et coûteux que d'intégrer ces considérations dès la conception de l'espace.

Quand on réaménage un site existant il est primordial, au moment d'évaluer le site, de considérer les conditions d'accessibilité au même titre que les normes de sécurité. Il faut voir comment le site est adapté aux enfants qui ont des limitations fonctionnelles. Comme tous les enfants, celui qui a des déficiences a besoin de jouer dehors et de s'y sentir à l'aise. Il suffit d'un peu de sensibilité et d'ingéniosité pour leur rendre l'espace plus convivial et favoriser un échange entre tous les enfants.

MIEUX COMPRENDRE LES BESOINS DES ENFANTS QUI ONT DES LIMITATIONS FONCTIONNELLES

Demander des conseils aux parents et aux spécialistes qui connaissent bien les enfants qui présentent des déficiences qui les amènent à avoir des limitations fonctionnelles. Demander leur avis sur le degré de supervision nécessaire, la sécurité, les aménagements et les modifications à intégrer.

Aller visiter une aire extérieure de jeu adaptée; observer l'enfant au jeu et les activités qu'il privilégie.

Communiquer avec des associations et organismes spécialisés.

À considérer lors de la conception d'un espace accessible à tous

Essayer d'envisager les limitations fonctionnelles des enfants que votre service de garde accueille: problèmes visuels et auditifs, difficultés motrices, déficiences intellectuelles, difficultés d'apprentissage, émotives ou de communication. Étudier les moyens possibles d'adapter l'espace pour ces enfants.

Comme le personnel éducateur aide grandement à intégrer les enfants qui ont des limitations fonctionnelles, veiller à rendre l'aménagement pratique pour le personnel de garde et les enfants.

Porter une attention particulière aux surfaces et à la largeur des sentiers.

Faire en sorte que l'enfant puisse avoir un certain contrôle sur son environnement, qu'il soit capable de déplacer, de lancer et de bouger des objets et de choisir le type de jeux et d'espace qui lui convient sans l'aide constante d'un adulte.

Distance requise pour que les objets soient facilement atteints: ceux-ci ne doivent pas être éloignés de plus de 50 à 90 cm.
Hauteur du dégagement d'une table, d'un bac à sable et d'un bac à eau: 61 cm (VOIR FIGURE 1.4)
Largeur des sentiers: 92 cm pour un fauteuil et 1,5 m pour deux fauteuils (VOIR FIGURE 1.5)

2.2 LES BESOINS DU PERSONNEL ÉDUCATEUR

L'espace extérieur doit être conçu pour aider le personnel éducateur à élaborer des activités et à surveiller les enfants. D'ailleurs pour réaliser le programme éducatif et faciliter le fonctionnement et l'organisation des activités, le personnel a besoin d'espaces précis. Le comité d'aménagement gagne à tirer profit de l'expérience concrète du personnel éducateur pour concevoir un nouvel aménagement ou un réaménagement. Le comité d'aménagement doit donc organiser une consultation précise pour le personnel éducateur et recueillir ses commentaires.

De plus, à cause justement de leurs fonctions éducatives et de surveillance, les éducatrices et les éducateurs ont certains besoins qui leurs sont propres et qui vont se retrouver partout quel que soit le service de garde. Ainsi, l'extérieur appelle un lieu de rassemblement, la nécessité d'observer les enfants, un point de rencontre pour les parents, les enfants et les éducatrices ainsi que des espaces de rangement pour le matériel.

Figure 1.4 Distance requise pour que les objets soient facilement atteints : ceux-ci ne doivent pas être éloignés de plus de 50 à 90 cm
Hauteur du dégagement d'une table, d'un bac à sable et d'un bac à eau : 61 cm

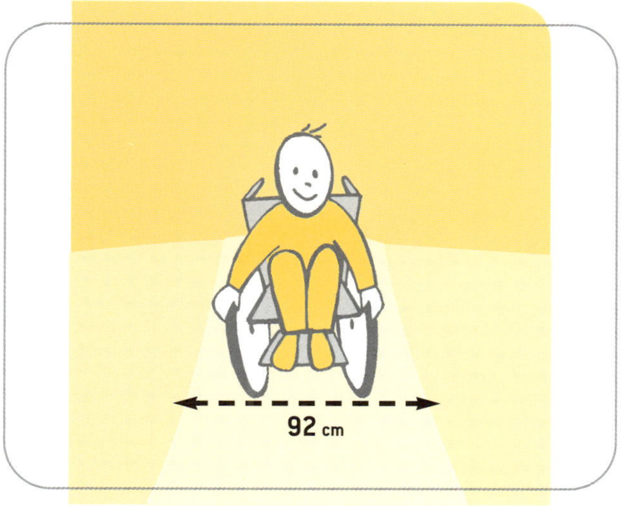

Figure 1.5 Largeur des sentiers : 92 cm pour un fauteuil

Le programme éducatif et le rassemblement

L'aire extérieure est un endroit idéal pour réaliser un programme éducatif et poursuivre des activités amorcées à l'intérieur. Cependant, les activités dirigées à l'extérieur nécessitent de petits espaces isolés, de préférence à l'ombre, qui peuvent accueillir des groupes de huit à dix enfants. Des tables à pique-nique ou des bancs pourront s'ajouter à l'espace pour permettre aux enfants et aux adultes de s'asseoir. Un aménagement en pente ou en gradins permet aux enfants de concentrer leur champ de vision vers l'éducatrice.

Selon les cas et les options retenues, la zone de rassemblement doit pouvoir accueillir un groupe à la fois ou l'ensemble des groupes du service de garde pour les journées ou activités thématiques. Le revêtement du sol doit permettre aux enfants de s'asseoir par terre confortablement.

La surveillance des enfants

L'aménagement de l'aire extérieure de jeu doit absolument permettre d'observer les enfants et de les surveiller. Les points d'observation pour le personnel doivent être situés à des endroits stratégiques, soit entre deux zones d'activités, soit au centre de plusieurs zones et offrir des vues dégagées, libres d'obstacles. Ces zones peuvent aussi être conçues pour recevoir un banc où l'on peut prendre un enfant dans ses bras pour le consoler ou tout simplement pour parler avec lui.

5. Esbensen, S. B., et Société canadienne d'hypothèques et de logement, *Aires de jeu pour enfants d'âge préscolaire*, Ottawa, SCHL, 1997.

Le point de rencontre

Le point de rencontre est l'endroit où, en fin de journée, les parents viennent prendre leur enfant qui s'amuse dans l'aire extérieure de jeu. Idéalement, ce point est directement relié au stationnement et permet aux parents d'entrer dans la cour, puis dans le bâtiment. Par contre, la porte ou la barrière doit alors être contrôlée par un mécanisme d'accès. Comme cette zone est très achalandée, un revêtement de sol dur est conseillé.

Le rangement

Le jeu et l'apprentissage extérieur nécessitent des équipements pour toutes les activités qui exigent un espace de rangement extérieur. On peut soit les concentrer en un seul endroit, soit créer plusieurs petits espaces de rangement de dimensions variées, adaptées aux espaces et aux besoins. Cette seconde option a l'avantage de minimiser les déplacements dans la cour. Toutefois, il ne faut pas que les équipements de rangement servent d'équipement d'escalade pour les enfants.

2.3 LES BESOINS DU PERSONNEL D'ENTRETIEN

Le personnel d'entretien, plutôt effacé dans le fonctionnement du service de garde, joue un rôle de premier plan dans la salubrité des lieux. Dans bien des milieux, la présence quotidienne des concierges et des hommes ou des femmes de ménage ajoute de la vie et apporte aux enfants des interactions sociales autres que celles qu'ils peuvent entretenir avec les éducatrices et les éducateurs. Souvent négligé, le personnel d'entretien mérite une plus grande considération surtout dans le domaine de l'aire extérieure de jeu. Suivant les cas, il peut être très enrichissant d'intégrer un membre du personnel d'entretien au comité d'aménagement.

En effet, comme il observe régulièrement les allées et venues des enfants, des éducatrices et éducateurs et des parents, le personnel d'entretien a une vision unique de l'aménagement souhaitable pour l'aire extérieure de jeu. Il peut très avantageusement donner son avis et partager son évaluation avec les membres du comité d'aménagement : circulation des enfants et des personnes ; utilisation du matériel à l'extérieur ; emplacement des portes d'accès ; proximité du carré de sable ; relief, utilisation et sécurité des équipements de jeu. D'autant plus que l'organisation pratique de ces éléments peut rendre les tâches du personnel d'entretien plus ou moins lourdes.

Autant que les enfants, les éducatrices et éducateurs ou les parents, le personnel d'entretien est en mesure d'exprimer des besoins bien précis relativement à l'aire extérieure de jeu et à son aménagement. Le personnel d'entretien est directement concerné par les espaces de rangement, les voies de circulation et l'entretien des équipements. Les voies de circulation, les moyens d'accès, les équipements de jeu, les matériaux absorbants pour les zones de protection, la conception des carrés de sable, l'emplacement des jeux d'eau, autant d'éléments au sujet desquels on doit inviter le personnel d'entretien à donner son opinion lors des discussions sur les choix à faire.

L'espace extérieur doit également être conçu pour aider le personnel d'entretien à nettoyer et à ranger les équipements.

2.4 LES BESOINS DES PARENTS

Les parents ont aussi des besoins qu'il faut prendre en considération dans l'aménagement de l'aire extérieure de jeu. Ne serait-ce que pour l'arrivée le matin ou le moment d'aller chercher les enfants en fin d'après-midi, l'aire extérieure de jeu doit leur permettre de laisser ou de reprendre leur enfant dans un mouvement harmonieux, qui marque une transition douce entre le service de garde et la maison.

Tous les parents, même ceux qui ne l'expriment pas spontanément, ont besoin d'être rassurés sur le caractère sécuritaire de l'environnement dans lequel leur enfant évolue en leur absence. Le niveau d'inquiétude ou d'angoisse varie selon les parents, mais chacun ressent un petit pincement en laissant son enfant le matin et il est soulagé quand il le retrouve en fin d'après-midi, même s'il reconnaît la compétence du personnel éducateur et qu'il lui fait confiance. Il convient donc de concevoir l'aire extérieure de jeu en respectant scrupuleusement les paramètres de la norme du CSA sur les aires et les équipements de jeu.

De plus, tous les parents se préoccupent du développement de leur enfant et désirent que celui-ci vive un maximum d'expériences variées. Ils vont donc rechercher des services de garde dont les aires extérieures de jeu offrent une diversité d'équipements propices au développement global de leur enfant.

2.5 CONSULTER LES ENFANTS, LES ÉDUCATRICES, LE PERSONNEL D'ENTRETIEN ET LES PARENTS

Idéalement, le comité d'aménagement regroupe divers représentants du service de garde: la direction, le personnel éducateur, le personnel d'entretien et les parents. Ainsi, les groupes qui composent le centre de la petite enfance ou la garderie ont déjà un porte-parole qui peut s'exprimer librement en leur nom au comité d'aménagement. Toutefois, le comité peut vouloir augmenter son rayonnement et organiser une consultation plus systématique afin de bien recueillir les désirs de chacun des groupes.

Parmi ces groupes, il ne faut surtout pas oublier les enfants qui sont non seulement les premiers bénéficiaires des services mais aussi les premiers utilisateurs. Il est important de leur donner une voix, de recueillir leur opinion et de revenir les consulter au cours des autres étapes du projet.

Que l'installation ait une aire extérieure de jeu aménagée ou non pour chacun des groupes dont les enfants, on peut élaborer un questionnaire à partir des questions de base suivantes et, selon les cas, en ajouter de plus précises en fonction du groupe choisi:

- Qu'est-ce qu'on aime dans l'aire extérieure de jeu actuelle?
- Qu'est-ce qu'on n'aime pas dans l'aire extérieure de jeu actuelle?
- Qu'est-ce qu'on aimerait avoir dans l'aire extérieure de jeu?

2.5.1 Observer et consulter les enfants

Si le service de garde est déjà doté d'une aire extérieure de jeu aménagée ou non, la présence des enfants peut se révéler très riche d'enseignements. En effet, quel que soit l'aménagement, voire en l'absence de tout aménagement physique autre que la délimitation offerte par la clôture, les enfants vont spontanément utiliser l'espace à des fins précises, adopter des voies de circulation naturelles, se protéger du soleil ou des intempéries en se réfugiant dans des lieux stratégiques, inventer des jeux, exploiter des endroits secrets et se construire des mondes imaginaires. Il faut donc savoir que les enfants n'utilisent pas toujours l'espace de l'aire aménagée comme on l'avait prévu. Il revient aux membres du comité d'aménagement d'observer les enfants pour bien comprendre comment ils utilisent l'aire extérieure de jeu.

On peut consulter directement les enfants, qui ont une opinion tranchée sur leur milieu de vie et bien des désirs à exprimer. Cette consultation peut prendre la forme d'une activité dans les groupes. Il faut alors susciter la collaboration du personnel éducateur, qui sera chargé de recueillir leurs désirs et leurs commentaires. Il peut s'agir de commentaires sur le terrain ou de dessins réalisés expressément pour les membres du comité d'aménagement. On peut demander aux enfants de dessiner leur aire extérieure de jeu idéale ou de se dessiner eux-mêmes en train de jouer dehors. Les enfants doivent d'emblée se sentir concernés et considérés. Après tout, l'aire extérieure de jeu leur appartient.

2.5.2 Consulter le personnel éducateur, le personnel d'entretien et les parents

Pour ce qui est du personnel éducateur, l'éducatrice ou l'éducateur membre du comité d'aménagement peut se voir déléguer la responsabilité d'organiser la consultation de ses collègues. Le comité d'aménagement peut vouloir élaborer pour le personnel éducateur un questionnaire précis qui touche les aspects pédagogiques, sécuritaires et pratiques de l'aire extérieure de jeu actuelle ou future. La consultation peut prendre d'autres formes comme un remue-méninges avec les membres du personnel éducateur et un représentant du comité d'aménagement.

Il serait également judicieux de consulter la ou les personnes responsables de l'entretien. Un membre du comité d'aménagement peut mener un remue-méninges autour d'un questionnaire, un peu comme celui du personnel éducateur.

La consultation des parents utilisateurs du service de garde peut se faire selon un ou plusieurs modes. Le premier, le plus classique et le plus simple, consiste à élaborer et à distribuer un questionnaire dont le comité d'aménagement compile et analyse les résultats. Un deuxième serait un remue-méninges pour les parents intéressés, dirigé par un des membres du comité d'aménagement. Enfin, on peut faire des entrevues sur le vif au moyen de questionnaires avec des parents qui viennent chercher leur enfant au service de garde. Le comité d'aménagement peut décider d'utiliser l'un ou l'autre de ces modes ou les trois à la fois, ou en ajouter d'autres selon le degré de participation souhaité.

2.6 ALLER VOIR DES RÉALISATIONS DANS D'AUTRES SERVICES DE GARDE

Dans chacune des régions administratives, dans chaque ville et même dans presque chaque quartier ou arrondissement, des services de garde viennent de terminer des projets d'aménagement d'aire extérieure de jeu. Chacun a dû composer avec une problématique de construction particulière. Aussi, on constate aisément que chacun a élaboré des solutions originales en réponse à des contraintes précises. Ces aménagements peuvent être une source de renseignements pour qui entreprend un projet d'aménagement. Les responsables et le personnel de ces centres de la petite enfance ou garderies peuvent raconter des anecdotes et donner des explications pratiques à partir de leur expérience: processus de décision, partage des responsabilités parmi les membres du service de garde, degré de participation du chargé de design, budgets, achats d'équipements, relations avec les fournisseurs et aménagement proprement dit.

De plus, depuis la fin de la construction et le début de l'utilisation de l'aire extérieure de jeu, les gestionnaires, le personnel éducateur et les parents ont fait leur propre évaluation de l'organisation et de l'aménagement du site. Leurs réflexions et leurs propos peuvent ainsi aider à éviter certaines erreurs ou, au contraire, permettre de reprendre des idées couronnées de succès. Cependant, on doit bien planifier ces visites pour en profiter pleinement.

2.6.1 Préparer la visite

Avant d'entreprendre la tournée, il faut faire une liste de services de garde qui viennent d'aménager leur aire extérieure de jeu en tenant compte des éléments de la norme du CSA. Il faut donc rechercher et choisir des centres de la petite enfance ou des garderies qui avaient des contraintes ou des possibilités architecturales semblables: grandeur de la cour, nombre d'enfants dans l'installation, situation urbaine, en banlieue ou rurale et présence ou non d'une pouponnière[6]. Si c'est possible, ne pas hésiter à sortir de sa région pour voir des conceptions différentes.

Normalement, c'est le comité d'aménagement au complet ou la plupart de ses membres, dont le chargé de projet, qui doivent faire ces visites exploratoires. En effet, chacun des membres du comité d'aménagement, éducatrices, parents et gestionnaire, a ses propres préoccupations quant au mode de fonctionnement et aux aménagements du site visité. Ces visites doivent se préparer en groupe afin que tous connaissent bien les buts visés. Ainsi, lors d'une rencontre préparatoire, il faut clairement établir les objectifs de la visite et répartir les rôles. Il faut également nommer une personne responsable de la rédaction du rapport de la visite et décider qui prend des photos. Ne pas oublier de demander la permission des responsables des services de garde visités pour les photos.

De même, il faut élaborer la liste de tous les éléments à vérifier sur place et des renseignements à obtenir, et répartir les sujets par intérêt entre les membres du groupe qui va faire la visite. Au besoin, il faut aussi préparer un canevas d'entrevue avec les personnes à rencontrer pour avoir des conversations semi-dirigées qui permettent de faire le tour des sujets à aborder.

Un des membres du comité d'aménagement doit communiquer avec les responsables du service de garde à visiter et faire part des désirs du comité quant aux lieux à voir et aux personnes à rencontrer: gestionnaire, membre du personnel éducateur et si possible chargé de projet. On peut demander de consulter des documents comme les appels d'offres, les soumissions et les contrats.

Plusieurs sujets peuvent être abordés lors de la visite:

- une description générale du bâtiment du service de garde et de l'état des lieux avant l'aménagement de l'aire extérieure de jeu;
- les caractéristiques du site de l'aire extérieure de jeu: ensoleillement, drainage, matériel du sol, facilité d'accès;
- le mode de gestion du projet: responsabilités respectives du conseil d'administration, du comité d'aménagement, du chargé de projet et du chargé de design;
- le rôle et les fonctions du chargé de projet;
- la collaboration avec le chargé de design;
- les caractéristiques du projet: contraintes, budget, échéancier, difficultés;
- la réalisation du projet en une seule saison ou sur plusieurs années;
- les relations avec les fournisseurs: facilité d'approche, délais de livraison, attestations de conformité avec la norme du CSA, service après-vente, garanties;
- la participation du personnel éducateur pendant l'élaboration et la concrétisation du projet;
- une fois le projet d'aménagement terminé, le degré de satisfaction des enfants, du personnel éducateur et des parents;
- et si c'était à refaire?

6. Vous pouvez faire appel à votre regroupement régional ou à votre association pour obtenir les coordonnées de centres de la petite enfance ou de garderies qui viennent d'aménager ou de rénover leur aire extérieure de jeu.

2.6.2 Aller sur les lieux, parler avec le personnel, observer les enfants, examiner les équipements

Les membres du comité d'aménagement doivent prendre le temps de faire une bonne visite du service de garde et de bien examiner les relations physiques entre l'environnement extérieur et intérieur. L'horaire de la visite doit avoir été planifié et convenu pour prévoir des moments dehors avec les enfants en train d'utiliser l'aire extérieure de jeu. Lors de la visite, en profiter pour mesurer le site, prendre des notes sur les équipements de jeu et l'usage qu'en font les enfants, se pencher ou s'accrocher aux équipements de jeu, ouvrir et fermer les espaces de rangement, s'enquérir du nom des arbres et de la raison du choix de telle ou telle essence, marcher dans les voies de circulation, faire le tour de la clôture, et en examiner la qualité, voir comment on a aménagé l'espace réservé aux poupons.

La visite doit également comprendre des rencontres individuelles ou de groupes avec les responsables du projet. Les membres du comité ne doivent jamais hésiter à parler directement avec les éducatrices et les éducateurs pour bien s'imprégner de leurs impressions de l'aire extérieure de jeu. Bien sûr, on doit suivre les questionnaires et les canevas d'entrevue, mais il faut aussi favoriser les commentaires spontanés. Par moments, les responsables voudront eux-mêmes communiquer les particularités de leur projet.

2.6.3 Faire un bilan de la visite

Dans la mesure du possible, le groupe doit faire le bilan de la visite dans les minutes qui suivent, en dehors de la présence des personnes du service de garde visité. Choisir un lieu proche du site visité pour que tous puissent partager leurs sentiments à chaud, par exemple un restaurant ou un parc. Cette première séance permet de vérifier que tous les sujets envisagés ont été couverts et de dresser un premier bilan du projet dont on vient de prendre connaissance. C'est le responsable de la rédaction du rapport qui note ces premières impressions.

Par la suite, les membres du comité d'aménagement doivent tenir une autre réunion, plus élaborée, pour mettre en commun leurs réflexions et remettre leurs questionnaires remplis au responsable, qui rédige le bilan final de la visite.

CHAPITRE

1

2

3

4

5

6

Établir sa liste de souhaits et de priorités

Après la période de consultation et les visites des autres services de garde, le comité d'aménagement et le chargé de projet devraient élaborer un document synthèse. Ce document devrait présenter entre autres, les valeurs du service de garde, les objectifs du projet d'aménagement, les priorités à réaliser dans la construction du site, les budgets et les échéanciers. Il fixe les grands paramètres du projet et permet de les communiquer aux partenaires.

Le comité d'aménagement peut également vouloir poursuivre sa réflexion et commencer à travailler à une ébauche de projet, c'est-à-dire concevoir l'aire extérieure de jeu comme un ensemble de zones d'activité et prévoir les équipements à installer. C'est le moment de s'interroger quant à la participation d'un chargé de design. En effet, dans certains cas et selon les ressources disponibles dans le service de garde, le comité d'aménagement peut vouloir recommander immédiatement au conseil d'administration d'embaucher un chargé de design pour qu'il participe à la conception du projet. Dans d'autres cas, le comité d'aménagement peut vouloir faire lui-même des ébauches et des esquisses préliminaires.

Cette section vise à donner des idées pour répondre aux besoins identifiés et donner au projet une forme plus concrète. L'aménagement se conçoit selon le principe d'aménagement par zones. Ensuite, d'autres éléments dont il faut tenir compte complètent cet aménagement, par exemple, l'utilisation des plantes et les grands principes de la circulation.

3.1 LE DOCUMENT SYNTHÈSE DU PROJET D'AMÉNAGEMENT

Au moment de la rédaction d'un document synthèse en début de projet, les membres du comité d'aménagement doivent s'entendre sur les paramètres de base, qui devraient leur permettre de susciter l'adhésion des autres partenaires du service de garde et, surtout, du conseil d'administration. Ce document constitue une base commune d'échanges avec tous les partenaires et permet d'assurer l'adhésion de chacun. Normalement, une fois adoptés, ces grands paramètres ne devraient pas changer et, une fois les travaux terminés, ils devraient servir de base à l'évaluation globale du projet.

3.1.1 Les valeurs du service de garde dans l'utilisation des espaces extérieurs

Dans bien des cas, les centres de la petite enfance et les garderies ont défini les valeurs qu'ils défendent dans l'organisation et l'articulation des services qu'ils rendent aux enfants et aux parents. En prenant le programme éducatif pour base, chaque milieu de garde développe de façon implicite ou explicite des valeurs qui lui sont propres. Cependant, l'action de partager ces valeurs entre les membres du comité d'aménagement et avec le conseil d'administration oriente la construction et la réalisation de l'aire extérieure de jeu et permet d'accorder l'importance voulue à l'aire extérieure de jeu par rapport aux autres équipements de l'installation. Il faut faire part de ces valeurs au chargé de design pour qu'il ait une meilleure perception de l'état d'esprit des parents et du personnel éducateur.

Les valeurs du service de garde devraient faire l'objet de courts énoncés ou d'un ou deux paragraphes de texte continu.

3.1.2 Les objectifs du projet d'aménagement

Pourquoi le conseil d'administration du service de garde a-t-il décidé d'aménager ou de rénover l'aire extérieure de jeu ? Quels sont les éléments moteurs derrière ce projet d'aménagement ? Quel est le résultat final attendu ?

À partir de ces questions, le comité d'aménagement doit pouvoir formuler les objectifs poursuivis dans l'aménagement de l'aire extérieure de jeu et les faire adopter par le conseil d'administration. Rappelons qu'un objectif s'énonce sous la forme d'une proposition composée d'un verbe d'action, de l'objet visé, d'un but à atteindre et des moyens à utiliser.

3.1.3 Les priorités en fait d'équipements de jeu à installer

La période de consultation précédente a permis de déterminer plusieurs besoins et de circonscrire les désirs des uns et des autres quant à l'aménagement de l'aire extérieure de jeu. Évidemment, il ne sera pas possible de satisfaire tout le monde en même temps. Il faut donc établir des priorités selon les coûts d'aménagement, l'utilisation des espaces disponibles, l'achat d'équipements de jeu et la qualité des matériaux retenus. Le comité d'aménagement dispose de diverses techniques d'animation de groupe pour parvenir à déterminer quels sont les équipements prioritaires qui forment consensus au sein du service de garde et en établir la liste.

3.1.4 Les budgets

Parmi ses responsabilités, le conseil d'administration doit décider quelles sont les sommes disponibles pour l'aménagement de l'aire extérieure de jeu. Toutefois, au cours de ses travaux, le comité d'aménagement doit faire une première évaluation sommaire des coûts engendrés par l'ébauche du projet et évaluer si les sommes accordées sont réalistes ou, au contraire, si le projet d'aménagement est trop ambitieux. Cependant, dans son document synthèse, le comité d'aménagement doit élaborer un budget en commençant à le diviser en éléments significatifs afin de pouvoir donner une idée de l'ampleur du projet au chargé de design. Malheureusement, certains choix font que la qualité des matériaux et des équipements doit l'emporter sur la quantité.

Dans certains cas, les sommes exigées pour un nouvel aménagement ou un réaménagement peuvent justifier un plan de financement à long terme qui permet d'étaler les dépenses sur plusieurs années. Dans d'autres cas, il peut être indiqué de prévoir un plan d'aménagement dont les étapes de construction se déroulent sur plus d'une année.

3.1.5 Les échéanciers

Parmi les sujets à débattre et les décisions à prendre, le comité d'aménagement doit proposer des échéanciers pour la réalisation des étapes de conception et des travaux de construction, dont la date limite pour terminer les travaux. Bien sûr, on doit réévaluer cet échéancier à la lumière des propositions du chargé de projet et des impondérables. L'échéancier demeure tout de même un guide et un outil de gestion.

Au cours de ses travaux et de ses réflexions, et en fonction des budgets disponibles, le comité d'aménagement pourrait décider d'étaler les travaux d'aménagement sur plus d'une année, soit sur deux ou trois ans. Ainsi, la ponction sur les budgets de fonctionnement du service de garde est moindre et cela permet de vérifier au fur et à mesure la justesse des décisions prises. En étalant la réalisation du projet sur plus d'une année, il est souvent possible de répondre à un plus grand nombre des souhaits exprimés lors de la consultation.

3.2 LES ZONES D'ACTIVITÉS

L'aménagement en zones sert à concentrer les activités des enfants dans des espaces délimités. Chaque zone répond à des besoins particuliers des enfants. Même dans un espace non aménagé, les enfants vont recréer spontanément des zones de rassemblement et de jeu en fonction de leurs intérêts, de leurs préoccupations et de leurs niveaux de développement. Une aire extérieure de jeu déjà divisée et bien aménagée accentue encore plus ces mouvements naturels des enfants en groupes et sous-groupes et leur permet d'exploiter encore plus le temps passé dehors. Elle facilite également l'organisation d'activités.

Zoner par groupes d'âge ou selon les types d'activités ?

Pour se développer, les enfants ont besoin d'activités qui varient selon leur âge. Toutefois, séparer l'espace par groupes d'âge n'est pas nécessairement souhaitable, surtout si l'espace est restreint. Cela peut avoir pour effet de dédoubler des activités et créer des associations d'activités non harmonieuses. Il est donc préférable de diviser les zones selon les activités plutôt que l'âge. Quand on planifie son aménagement, il faut choisir des éléments assez souples, qui plaisent à tous les enfants du service de garde. On peut aussi créer à l'occasion des coins pour des enfants d' âges différents à l'intérieur d'une même zone d'activité.

L'AIRE DES POUPONS

Il faut créer une zone séparée pour les poupons qui ont besoin de tranquillité et d'un plus grand encadrement du personnel éducateur. Cette zone peut être située sur un balcon ou à l'intérieur des zones d'activité des grands, à condition que l'espace réservé aux poupons soit clôturé et séparé des aires d'activité des plus grands. Veiller toutefois à ce que les jouets trottineurs et les petites glissoires proches d'un garde-corps ne se transforment pas en structure d'escalade.

Attention aux moins de deux ans qui ont tendance à jeter les jouets par-dessus le garde-corps ou entre les barrotins ; il faut donc prévoir une clôture qui puisse empêcher cela.

L'aire extérieure de jeu peut comprendre des zones diverses. Entre autres :

- les espaces pour la motricité globale (équipements de jeu fabriqués, jeux faits de matériaux recyclés et mobiles et grands espaces libres) ;
- les espaces pour le jeu calme (espaces de lecture et d'éducation et espaces secrets) ;
- les espaces de création ;
- les espaces de jeu symbolique ;
- le sable ;
- l'eau ;
- les milieux naturels et les jardins potagers ;
- des espaces d'ombre naturels ou construits (pergola).

Bien qu'il soit important d'aménager l'espace pour recevoir des activités, il est bon de ne pas planifier les moindres petits coins pour laisser libre cours à l'imagination des enfants. Mieux vaut permettre un ensemble d'activités compatibles qu'une seule activité très encadrée.

La polyvalence des espaces

Surtout quand la surface de l'aire extérieure est limitée, mieux vaut créer des zones polyvalentes qui peuvent servir à plusieurs types d'activités. Dans ces zones, certains éléments peuvent rapidement être intégrés pour modifier l'espace et lui donner une tout autre vocation. Par exemple, une structure de jeu sur laquelle on a placé de grandes couvertures peu devenir une maisonnette ou un théâtre de marionnettes. Un grand espace peut devenir un espace de création — par exemple, y installer des tables pour bricoler, etc.

3.2.1 La zone du carré de sable

Le carré de sable est un incontournable. Les jeux dans le sable sont vieux comme le monde mais toujours aussi appréciés des enfants. Ils répondent à plusieurs besoins, comme le développement d'aptitudes motrices fines et le développement intellectuel et créatif. Les possibilités de formes sont multiples, que le carré de sable soit grand ou petit.

L'emplacement

Le carré de sable doit être loin des équipements de jeu et si possible loin des bâtiments pour éviter que les enfants apportent du sable à l'intérieur. Attention aussi aux surfaces adjacentes et à leur compatibilité. Le sable ne fait pas très bon ménage avec le paillis de bois qui vient s'y mêler, ni avec le gazon, qui résiste mal. Il est souhaitable d'installer un séparateur avec une surface de revêtement dur tout autour du carré de sable.

Les formes

L'espace réservé au sable n'a pas besoin d'avoir la forme d'un carré. On peut lui donner un aspect naturel avec des formes courbes. Les formes géométriques, plus faciles à construire si la bordure est en bois, peuvent donner des points d'ancrage pour fixer la housse de protection et les bancs.

Le contenant

On recommande une surface de 4 m^2 pour 10 enfants.

Prévoir des bancs attachés ou non à la bordure de l'espace.

Les bacs surélevés avec un dégagement de 61 cm sous la table conviennent à l'enfant en fauteuil roulant[1].

Le bois doit être traité avec des produits non toxiques, les planches, boulonnées et goujonnées, et les coins arrondis.

Il peut être pratique d'ajouter une table basse au centre du carré de sable pour encourager les enfants à jouer au centre, ce qui diminue les pertes de sable.

Le sable

Lavé et exempt de débris.

20 cm d'épaisseur minimum, 45 cm préférable

L'eau

Le sable humide offre de multiples possibilités. Les enfants apprécient avoir accès à une source d'eau pour faire leurs expériences de construction et leurs potions magiques. Ainsi, il est bon de planifier une sortie d'eau près du carré de sable. Il faut toutefois éviter les fontaines car il est facile de les boucher avec le sable. Le carré de sable peut être séparé en deux, un sec et un humide.

La propreté du sable

Il est nécessaire de garder le sable propre et d'empêcher les chats de l'utiliser comme litière. Une façon de le faire est de le couvrir. Une couverture perméable laisse entrer le soleil et la pluie, qui nettoient le sable. Ne jamais oublier, chaque fois, de vérifier la propreté du sable avant de permettre aux enfants de jouer dedans.

Le rangement

Prévoir un espace de rangement pour les outils et les jeux à proximité du carré de sable.

1. Voir note 5, p. 21.

LA SÉCURITÉ

Placer les structures et les bancs du carré de sable à une distance raisonnable de la clôture pour empêcher qu'ils servent de moyens d'escalade.

Couvrir l'espace quand il n'est pas utilisé pour garder le sable propre.

Protéger les enfants du soleil avec un toit, une pergola ou l'ombre d'arbres.

ATTENTION : ne jamais utiliser la zone de protection des équipements de jeu comme carré de sable. Prévoir un espace séparé pour le carré de sable et bien expliquer la différence aux enfants. On peut aussi régler le problème en utilisant une matière différente comme matériau amortissant pour les équipements de jeu.

3.2.2 La zone de motricité globale

La zone de motricité globale est celle des activités physiques à grand déploiement. L'enfant y apprend à développer sa confiance en ses habiletés physiques. Elle est composée d'obstacles et de défis que les enfants peuvent surmonter en utilisant leur corps. La motricité peut être développée avec des équipements de jeux fabriqués, des jeux mobiles et faits de matériaux recyclés et des activités en espace ouvert. Ces possibilités sont détaillées ci-dessous.

Les équipements de jeu fabriqués

Les jeux individuels ou modulaires sont parmi les premiers éléments qui viennent à l'esprit. Cependant, les équipements de jeu fabriqués sont souvent dispendieux et exigent beaucoup d'espace pour respecter les normes de sécurité. Le vendeur ou son représentant devrait lui-même installer l'équipement, en conformité avec les dispositions du fabricant.

Les modules de jeux psychomoteurs

Un bon module de jeu :

- permet une variété d'expériences de jeux (sociaux, créatifs, calmes et actifs) ;
- offre une possibilité d'évolution dans le temps (ajouts et réarrangements) ;
- a une circulation bien définie ;
- présente des espaces pour être seul ou en groupe ;
- favorise un enchaînement d'expériences ;
- montre les défis de façon claire ;
- offre les supports nécessaires pour aider l'enfant dans son activité.

Les enfants apprécient toujours les éléments fantaisistes. Une structure devient plus stimulante quand elle a des formes et des couleurs originales.

Les équipements berçants et à ressort

Les équipements à ressort donnent un défi d'équilibre. Les équipements à ressort pour quatre enfants permettent une bonne interaction entre les enfants et font bon usage de l'espace qu'ils occupent. Les équipements à ressort individuels ne doivent être considérés que si l'aire extérieure de jeu est très spacieuse. Si l'on opte pour ce type de structure, on devrait disposer les équipements choisis de sorte que les utilisateurs puissent interagir.

Les équipements berçants sont supérieurs sur le plan de l'interaction et de la coopération entre les enfants et sur celui du rendement de l'espace.

Les balançoires

Les enfants de tous âges apprécient les balançoires. Elles leur permettent de comprendre l'espace, d'expérimenter la vitesse et la gravité et de pratiquer l'équilibre. Il y a trois types de balançoires : les balançoires individuelles, les balançoires tournantes (souvent faites avec des pneus) et les balançoires dites à couches pour les tout-petits.

Bien que les balançoires soient typiques des aires extérieures de jeu, il faut bien peser sa décision de les utiliser. En effet, ces structures demandent énormément d'espace de dégagement et ne permettent qu'à un nombre limité d'enfants de jouer à la fois. De plus, la construction, l'installation et l'entretien des balançoires doivent obligatoirement respecter la norme du CSA.

COMMENT PLACER UNE BALANÇOIRE

La norme du CSA prescrit, entre autres, que la zone de protection des deux côtés (en avant et en arrière) où les enfants se balancent doit être de deux fois la longueur entre le portique et le haut du siège (soit deux fois la longueur de la chaîne). Il faut également une aire de circulation libre de 1,8 m. Les balançoires grugent donc énormément d'espace.

Pour gagner de l'espace, on peut installer une balançoire dont la longueur de la chaîne est plus petite, c'est-à-dire le portique moins élevé.

Les glissoires

Il n'est pas nécessaire que la glissoire soit très haute ou très inclinée pour donner une bonne dose d'adrénaline au petit enfant. En plus d'être un jeu, elle peut servir à descendre d'une structure de jeu ou d'une plate-forme. Une glissoire intégrée à un monticule permet d'éliminer les risques de chutes et de profiter pleinement de la topographie.

Les enfants utilisent les glissoires de bien des façons: à l'endroit, à l'envers, pour monter, pour sauter vers un autre élément et sûrement plus encore. C'est pourquoi, en plus des éléments mentionnés ci-dessus, les glissoires, comme tous les autres équipements de jeu, doivent obligatoirement respecter la norme du CSA pour assurer un maximum de sécurité aux enfants.

LA NORME DU CSA SUR LES AIRES ET LES ÉQUIPEMENTS DE JEU

Les aires extérieures de jeu des installations des services de garde doivent obligatoirement respecter la norme du CSA « CAN/CSA-Z614-98 Aires et équipements de jeu » qui prescrit les exigences touchant la construction, l'installation, l'entretien et la réparation des équipements de jeu extérieurs et qui s'applique à toutes les aires extérieures de jeu accessibles au public. Parmi les éléments qui ont fait l'objet d'une norme, mentionnons l'intégrité structurale des équipements, la zone de protection, le matériau absorbant, l'aire de circulation, les angles de coincement de la tête et du cou, les barrières de protection et les garde-corps. La norme décrit les éléments essentiels à respecter sur tout équipement de jeu et précise les exigences particulières pour les glissoires, les balançoires, les appareils à grimper et les équipements tournants, etc.

À noter que la norme du CSA suppose que les enfants utilisateurs sont âgés de 18 mois à 12 ans, et qu'ils présentent les mensurations anthropométriques du 95e centile. Cependant, la sixième année de la vie d'un enfant (l'enfant a donc cinq ans) est reconnue comme une année de transition. Les exigences de la norme sont donc séparées en deux catégories: les équipements destinés aux enfants de 18 mois à cinq ans et ceux destinés aux enfants de cinq ans à douze ans.

De plus, les services de garde doivent également respecter les dispositions du Règlement sur les centres de la petite enfance ou du Règlement sur les garderies, selon les cas, qui traitent des aires extérieures de jeu et qui imposent des normes minimales sur, entre autres, la présence d'une clôture sécuritaire d'au moins 1,20 m de haut autour de l'aire extérieure de jeu attenante à l'installation.

Le *Guide des aires de jeu 98*

La Direction de la santé publique de la Régie régionale de la santé et des services sociaux de la Montérégie a publié le *Guide des aires de jeu 98*. Ce document vulgarise la norme « CAN/CSA-Z614-98 Aires et équipement de jeu » d'une part et, d'autre part, permet de procéder à l'inspection d'une aire extérieure de jeu pour vérifier la conformité avec la norme du CSA International.

Cet ouvrage bien illustré renferme des schémas et des croquis directement utilisables, même si les auteurs se permettent parfois d'interpréter la norme et, dans certains cas, de faire des recommandations particulières.

Jouer dans les équipements de jeu de façon sécuritaire

Les équipements de jeux fabriqués ont beaucoup changé depuis 15 ans pour répondre à des règles de sécurité de plus en plus strictes et assurer ainsi la sécurité des enfants. Les principales façons dont les enfants se blessent dans les aires extérieures de jeu sont les chutes (78%), les collisions (15%) et les coincements (1,8%)[2]. Les principaux facteurs de risque sont les surfaces sous les appareils, la hauteur des appareils et la conception des appareils.

Pour assurer la sécurité des enfants, les mesures de protection recommandées par le *Guide des aires de jeu 98* sont les suivantes:

1. Respecter la norme du CSA sur les aires et l'équipement de jeu:
   - la séparation des aires selon l'âge;
   - des surfaces sécuritaires (voir le tableau sur les revêtements de surface absorbant);
   - des appareils conformes à la norme (fabrication et achat);
   - l'installation des appareils (ancrage et entretien);
   - l'entretien et l'inspection (politique de gestion).

2. Des adultes doivent surveiller adéquatement les enfants qui utilisent l'aire extérieure de jeu.

3. Contrôler la densité des utilisateurs (plus il y a d'enfants dans une aire, plus il y a risque de collision).

4. Porter des vêtements non accrochants (éviter les cordons, capuchons, foulards).

2. Régie régionale de la santé et des services sociaux de la Montérégie, Direction de la santé publique, *Guide des aires de jeu 98, outil d'interprétation et de gestion de la norme CSA Z614-98 sur l'aménagement sécuritaire des appareils et aires de jeu.*

Les équipements de jeu dans les aires de jeu existantes

Si le service de garde est déjà doté d'appareils de jeu, en vérifier la conformité aux nouvelles normes grâce au *Guide des aires de jeu 98* où en utilisant directement la norme du CSA sur les aires et l'équipement de jeu.

Procéder à l'inspection des espaces de jeu de façon régulière. S'aider des grilles d'entretien et d'inspection qu'on trouve en annexe 3 du *Guide des aires de jeu 98.*

Les matériaux absorbants dans les zones de protection

La norme du CSA prescrit les qualités requises et les méthodes d'essai touchant les matériaux absorbants acceptables dans les zones de protection dessous et autour des équipements de jeu. On peut utiliser plusieurs matériaux : copeaux de bois, paillis d'écorce filamenteux, fibres de bois, sable fin, gros sable, gravier fin, gravier moyen et pneus déchiquetés. Chacun de ces matériaux a ses propres caractéristiques et chacun offre une absorption spécifique lors de la chute d'un enfant. L'épaisseur du matériau dans la zone de protection varie donc en fonction de la qualité propre du matériau et de la hauteur de l'équipement. De plus, le matériau doit faire l'objet d'un entretien régulier, et on doit en vérifier l'épaisseur à intervalles fixes pour qu'il puisse conserver ses capacités d'absorption des chocs.

Par exemple, il faut 22,5 cm d'épaisseur de sable pour un équipement de jeu d'une hauteur de 1,5 m. Comme le sable peut s'envoler, se tasser ou être déplacé, la surface absorbante doit être vérifiée et entretenue selon un programme précis. D'ailleurs avant de mettre du sable, on doit vérifier la qualité du drainage du terrain et prévoir une ceinture pour empêcher le sable de se répandre en dehors du cadre prévu.

Le choix du matériau pour la surface absorbante de la zone de protection a des conséquences sur la conception globale de l'aire extérieure de jeu ainsi que sur l'entretien et les coûts présents et futurs. Ainsi, on gagne à bien consulter les prescriptions de la norme du CSA[3] de même que le *Guide des aires de jeu 98*[4] pour connaître les avantages et les inconvénients des divers matériaux.

3. CAN/CSA-Z614-98 *Aires et équipement de jeu*, page 101.
4. *Guide des aires de jeu 98*, page 23.

ATTESTATION DU FABRICANT OU DU VENDEUR

Le vendeur d'appareil de jeu doit être en mesure de fournir des renseignements relatifs à la sécurité de l'équipement choisi et à sa conformité à la norme du CSA sur les aires et l'équipement de jeu.

On peut aussi utiliser l'entente type : soumission ou contrat d'achat en annexe 5 du *Guide des aires de jeu 98.* Cette entente engage le vendeur à confirmer par écrit la conformité de son appareil de jeu à la norme du CSA.

Les jeux mobiles et faits de matériaux recyclés

Il n'est pas nécessaire d'avoir beaucoup de moyens pour créer des espaces amusants pour les enfants. Plusieurs matériaux recyclés feront leur bonheur : ils vont les transformer et leur donner des formes et des fonctions stimulantes, au gré de leur imagination. Prévoir un espace de rangement pour les matériaux mobiles et un grand espace libre pour leur utilisation.
(VOIR TABLEAU 3.1)

Les grands espaces ouverts

Prévoir un grand espace libre pour les activités motrices de groupe comme les jeux de parachute, les jeux d'équipe et les grands regroupements. Le gazon constitue une surface idéale car il permet de faire plusieurs activités. Éviter toutefois de placer cet espace dans un axe de circulation car le gazon peut s'user de façon prématurée.

LA SÉCURITÉ ET LES MATÉRIAUX RECYCLÉS

Comme pour tout équipement de jeu, ceux faits de matériaux recyclés doivent respecter la norme du CSA sur les aires et l'équipement de jeu. Cette norme énonce des exigences pour tous les équipements installés dans une aire extérieure de jeu qui peuvent être utilisés par des enfants même s'ils n'ont pas été conçus à cette fin. Ainsi, on doit considérer plus particulièrement les prescriptions concernant la zone de protection, la qualité du matériau amortisseur, les angles de coincement de la tête et du cou, les risques d'accrochages ainsi que les barrières de protection et les garde-corps.

LES MÂTS DE DESCENTE

Bien que les mâts de descente soient proposés comme l'un des éléments dans un module de jeu et que certains enfants dans les services de garde puissent avoir les caractéristiques physiques pour s'en servir, il faut rappeler que la norme du CSA spécifie que les mâts de descente ne conviennent pas à des enfants de moins de cinq ans.

Tableau 3.1 MATÉRIAUX RECYCLÉS

Matériel	Utilisation	Mise en garde
☐ Boîtes de carton	Utilisation presque infinie.	Faire attention aux agrafes. Peu durable.
☐ Boîtes de lait	Pour grimper, faire des marches. Entreposage de certains objets reliés à des activités (facilite l'entreposage et le transport des objets).	Créer une zone de protection adéquate et fixer les boîtes de plus de 50 cm de haut afin de réduire les risques de blessures lors de chutes.
☐ Un vieux matelas	Pour sauter et adoucir les chutes.	Recouvrir de vinyle.
☐ Rouleaux de carton rigide	Créer de petits tunnels pour des objets.	Peu durable.
☐ Vieilles couvertures et nappes	Transformer des jeux fixes en maisonnettes. Construire des maisons ou des abris improvisés en les épinglant sur des clôtures, par exemple.	Se salit, doit être nettoyé régulièrement.
☐ Rouleau de bois pour câble de fil électrique	Pour faire des tables.	Vérifier qu'il n'y a aucun boulon ou clou exposé. Nécessaire de traiter le bois pour qu'il résiste aux intempéries. Créer une zone de protection adéquate et fixer les rouleaux afin de réduire les risques de blessures lors de chutes.
☐ Volant de voiture	Peut devenir une voiture lorsqu'on le fixe à un bloc de bois.	Attention : ne pas créer de zone de coincement et d'étranglement. Vérifier les ouvertures.

3.2.3 La zone de jeu calme

La zone de jeu calme est celle de la détente, des jeux plus tranquilles et des espaces secrets. Elle permet aux enfants de faire des activités de concentration, de rêver ou de socialiser en petits groupes.

Les espaces de lecture, d'apprentissage et de repos

Les espaces calmes permettent au personnel éducateur d'avoir un point de rassemblement où ils peuvent diriger des activités, raconter des histoires ou manger avec les enfants. Des bancs peuvent être utiles. Cet environnement doit être confortable et porter au calme. Utiliser le plus possible des couleurs douces et des matériaux naturels. Un arbre ou une structure pour donner de l'ombre est nécessaire pour le confort.

Les espaces secrets

Nous retenons tous de notre enfance des moments passés dans des espaces secrets que nous avions cru découvrir et où nous pouvions laisser libre cours à notre imagination. Ce type d'espace, qui permet aux enfants de se retirer de l'action et du bruit, d'observer de loin et de rêver, doit être en retrait, où la découverte comporte un certain défi.

Les espaces secrets peuvent être encadrés par une haie basse ou de petites cloisons pour créer un sentiment de confort et de sécurité. L'échelle doit être petite et adaptée aux enfants. Cependant, on doit veiller à ne pas créer de zones aveugles ni donner aux enfants l'occasion de disparaître de la vue du personnel.

LA SURVEILLANCE ET LA SÉCURITÉ

Pour aider le personnel éducateur à surveiller discrètement les enfants dans un espace secret, il faut créer des ouvertures ou laisser des espaces entre les planches des cloisons afin de voir les enfants, ou en régler la hauteur pour voir leur tête dépasser légèrement. Utiliser une végétation basse et semi-transparente.

3.2.4 La zone de création

Les espaces de création offrent des supports pour des activités créatrices comme la construction, le bricolage, le dessin et la musique.

Espaces à aménager

On peut laisser un espace libre que les enfants pourront aménager avec des blocs ou autres matériaux résistants et sécuritaires.

Espaces pour activités créatrices

Le dessin, la peinture, les jeux de blocs de bois et le bricolage peuvent très bien se faire dehors. Il suffit d'avoir un espace de création avec des bancs et des tables et un espace de rangement pour le matériel. Penser à utiliser les clôtures ou les murs du bâtiment pour installer des murales ou des tableaux géants pour dessiner et des endroits pour accrocher les « chefs-d'œuvre » des enfants.

Les jeux sensoriels

Il peut être très enrichissant pour les enfants d'avoir accès à des éléments qui produisent des sons ou dont les textures ou les odeurs sont particulières. Par exemple, des morceaux de bois creux ou de diverses formes peuvent donner des bruits étonnants quand les frappe. Des éléments suspendus comme des perles, des morceaux de bambou, des clochettes ou de petits bâtons ronds peuvent produire des sons sous l'effet du vent ou quand on les frappe. Ces éléments peuvent prendre de la couleur et contribuer à l'esthétique de l'aménagement. On peut créer un jardin de plantes aromatiques ou de plantes aux textures particulières[5].

3.2.5 La zone de jeu symbolique

Les enfants utilisent n'importe quel espace pour le jeu symbolique ; ce qui est typique de leur stade d'évolution. La zone de jeu symbolique vise toutefois à concentrer les éléments et les structures qui viennent donner un cadre pour permettre aux jeunes de laisser libre cours à leur imagination et de créer des personnages. Plutôt que de dicter des activités précises, l'aménagement sert à appuyer l'imagination des enfants.

Exemples d'éléments pour le jeu symbolique

- un bateau
- un camion de pompier
- une maisonnette
- un train
- un comptoir de commerçant
- un théâtre de marionnettes
- un château

L'amphithéâtre

On peut prévoir un espace pour l'art dramatique où les enfants peuvent jouer la comédie et présenter une pièce de théâtre qu'ils ont créée. Cet espace peut aussi servir pour des comédiens de l'extérieur. L'amphithéâtre peut être tout simplement une butte de gazon, avec des bancs au besoin, qui donne sur un espace plat. Inutile de construire une structure compliquée.

Rangement

Prévoir un espace de rangement pour les costumes, les marionnettes, les poupées, la vaisselle et autres accessoires.

3.2.6 La zone des milieux naturels et des jardins potagers

Les milieux naturels et les jardins potagers stimulent l'exploration et la découverte. Peu dispendieux, ils permettent aux enfants d'avoir un contact avec la nature et la nourriture qu'ils consomment.

Les espaces naturels

Tous les enfants apprécient les espaces naturels, plus particulièrement les enfants de la ville, qui ont peu de contact avec la nature. Les espaces naturels peuvent même offrir un habitat pour la faune. S'inspirer de la végétation qui pousse dans sa région. Cette végétation dite indigène est la végétation qui pousse et qui vit naturellement dans une région donnée.

Éléments à intégrer

- une végétation diversifiée et indigène de préférence ; la mieux adaptée à votre région, elle présente un grand intérêt pour la faune.
- des matériaux naturels : souches, roches, cailloux, sable, copeaux de bois.

Attirer les papillons

Il n'est pas nécessaire d'attribuer un espace particulier pour les papillons. Cependant, une concentration d'éléments dans un espace calme, loin des jeux de grande activité peut faciliter l'observation.

Les éléments suivants aideront à attirer les papillons :

- un bain de sable et de pierres pour capter la chaleur du soleil
- un endroit ensoleillé
- des fleurs à nectar qui attirent les papillons[6]

5. Consultez la fiche 3 : Liste de plantes suggérées en annexe A.

6. Voir la fiche 3 en annexe A.

Les jardins potagers

Jardiner est un plaisir: celui de créer son environnement en y mettant de la vie. C'est aussi un bon moyen de développer les interactions sociales et la collaboration. La grandeur du jardin varie selon les besoins. Certains se contentent d'un petit espace pour quelques fines herbes tandis que d'autres veulent un grand jardin pour tous les enfants du service de garde.

On peut jardiner de deux façons: au sol ou en bacs surélevés.

Les jardins au sol peuvent prendre toutes sortes de formes. On peut les agencer pour créer des espaces dynamiques (spirale, étoile, labyrinthe). Avant de créer un potager au sol, vérifier la qualité du sol existant (toxicité, texture) et les besoins en matière organique. Prévoir des sentiers clairement définis en copeaux de bois ou autre matériel pour que les tout-petits comprennent bien où circuler.

Les bacs devraient avoir une hauteur d'environ 45 cm pour permettre aux enfants de jardiner debout. Pour les enfants en fauteuil roulant, une hauteur de dégagement de 61 cm sous une table de jardinage est idéale pour leur permettre de s'approcher. Les bacs peuvent aussi prendre plusieurs formes, les courbes étant plus difficiles à construire. Le bois reste le meilleur matériau de construction. Choisir du bois traité avec un procédé non toxique ou utiliser du cèdre, qui se dégrade beaucoup moins rapidement. L'intérieur des bacs doit être recouvert d'une membrane géotextile pour retenir la terre et permettre l'écoulement de l'eau. La profondeur minimale pour les bacs de plantation est de 30 cm. Utiliser une terre riche en matière organique.

D'autres éléments à intégrer dans les jardins potagers[7]:

- des bacs de compostage
- un espace de rangement pour les outils, les pots, les sacs de terre, etc.
- une ou plusieurs sorties d'eau
- un contenant pour capter et recycler les eaux de pluies du toit: barils de cèdre ou de plastique

Quelques idées de thématiques à explorer:

- les légumes par pays, par couleur, par type
- les petits fruits
- les plantes aromatiques et médicinales
- les fleurs comestibles

3.2.7 La zone des jeux d'eau

Les jeux d'eau sont extrêmement populaires auprès des enfants. L'eau éveille leur imagination, suscite des expériences sensorielles et stimule leurs capacités physiques. Elle peut soit exciter ou détendre les enfants, selon le type de jeu ou la surface d'eau. Dans des endroits stratégiques de l'aménagement, le bruit de l'eau peut masquer les bruits de la rue ou d'une thermopompe.

Types de jeux et d'espaces

1. Les jeux d'eau

Il existe une variété de jeux d'eau: jets, pompes manuelles, robinets, gicleurs, fontaines aux formes variées. Les plus populaires sont les jeux dits du « lave-auto ». Ces jeux peuvent être rapides ou lents, vers le haut ou vers le bas, simples ou complexes. Ces jeux sont à considérer car ils ne sont guère dangereux, surtout sur une surface antidérapante qui présente un bon drainage.

2. Les petites piscines de plastique

Les petites piscines de plastique sont intéressantes quand on manque d'espace et de fonds. Prévoir un espace près du cabanon de rangement pour une ou plusieurs petites piscines selon le nombre d'enfants dans le service de garde. Attention: bien surveiller les enfants et prévoir une surface antidérapante. Veiller également à vider, à bien nettoyer et à désinfecter les petites piscines après chaque usage.

3. Une piscine ou une pataugeoire permanente

L'installation d'une piscine ou d'une pataugeoire permanente exige la mise en place de mesures de sécurité et d'hygiène précises exigées par la Régie du bâtiment, le ministère de l'Environnement et les autorités municipales. Outre les normes de construction et d'entretien, il faut aussi prévoir la présence constante d'un surveillant de baignade.

Attention donc à la sécurité de l'équipement et prévoir l'installation d'une clôture tout autour, barrée en tout temps, et une excellente surveillance des enfants. Prévoir également une désinfection quotidienne de l'eau. Ne pas oublier qu'il est obligatoire de ranger les produits comme le chlore hors de la portée des enfants et sous clé.

4. Un bac surélevé à la hauteur des enfants (grand lavabo ou table de jeu d'eau)

Cette option permet de faire des jeux qui allient la manipulation, l'eau et le sable.

7. Voir la fiche 3 en annexe A pour plus d'information et d'idées.

LA SÉCURITÉ ET L'EAU

Ne jamais oublier qu'un enfant peut se noyer dans à peine 2,5 cm d'eau.

Les surfaces autour des jeux d'eau doivent être en matériaux antidérapants.

Installer une clôture de 1,2 m autour des plans d'eau permanents de plus de 2,5 cm.

3.3 LA CIRCULATION

Une circulation efficace a pour fonction de relier et de séparer des zones d'activités et des espaces. La délimitation de la circulation devient en soi un élément quand elle contourne des obstacles, prend des formes spéciales et offre une variété d'expériences.

La circulation ne doit pas nécessairement se limiter à des sentiers traditionnels. Elle peut aussi donner lieu à certaines activités. Il faut toutefois y adapter la largeur et le type de matériau utilisé. Ainsi, une piste cyclable, une rivière imaginaire, un serpent dessiné à même le sol ou une piste à obstacles peuvent être à la fois des éléments qui déterminent la circulation entre les zones et des éléments de jeu pour les enfants.

3.3.1 La piste cyclable

Cette option est toujours très populaire chez les enfants et peut être utilisée pour les tricycles, les fauteuils roulants et les petites voitures.

- utiliser un matériau fixe et plat: asphalte, pavé de béton ou recouvrement synthétique. Tracer une bande jaune au centre de la piste avec de la peinture ou prendre un matériau d'une autre couleur.
- la largeur idéale est de 1,2 m, assez large pour un fauteuil roulant ou deux tricycles.

3.3.2 Rivière imaginaire, serpent ou ver de terre géant ?

Ajouter de la fantaisie à l'aménagement.

- utiliser des matériaux synthétiques de couleur ou de la peinture pour tracer une forme originale;
- changer de textures et de formes et créer des bordures.

3.3.3 La piste à obstacles

Les enfants aiment faire l'expérience de textures différentes et relever de petits défis moteurs.

- combiner divers types de matériaux au sol: pavé de béton, copeaux de bois, poussière de pierre, etc.
- ajouter de petits défis moteurs comme des ponceaux ou de petites poutres surélevées (attention au respect de la norme pour ce genre de structures);
- au besoin, créer des changements de niveaux avec des pentes ou des escaliers.

3.4.4 Les sentiers

La largeur des sentiers peut varier selon leur fonction et leur emplacement. Le sentier qui mène à un espace secret peut être étroit. Par contre, l'accès à un bâtiment doit être assez large pour être bien évident et permettre à plusieurs personnes de l'utiliser en même temps. Cependant, éviter de créer des tunnels ou des réduits fermés et ne jamais laisser les enfants échapper à la surveillance du personnel.

Les matériaux de revêtement des surfaces de circulation

Les matériaux utilisés influencent aussi l'expérience, et doivent être choisis en fonction du type de circulation[8].

(VOIR TABLEAU 3.2)

Le drainage

Certains matériaux comme le béton et l'asphalte sont imperméables. Il faut donc planifier de sorte que l'eau puisse s'écouler dans des endroits perméables. Les trottoirs de bois peuvent être utilisés au-dessus d'accumulations occasionnelles d'eau (fortes pluies ou au printemps), mais il est toujours préférable d'assurer un bon drainage sur tout le site. Diriger les eaux de pluie dans un terrain en pente peut être difficile. Un professionnel de l'aménagement peut toutefois être utile dans cette tâche.

ATTENTION: ne pas diriger vers le bâtiment les eaux des surfaces dures des zones de circulation.

Les bordures

Si on utilise des bordures, choisir des matériaux qui ne créeront pas d'obstacles dangereux.

8. Vous trouverez plus d'information sur les matériaux, leurs avantages et leurs inconvénients dans la fiche 2 en annexe A, *Les matériaux pour les aires de circulation.*

TABLEAU 3.2 MATÉRIAUX POUR LES AIRES DE CIRCULATION

Type d'aire de circulation	L'enfant de 3 ans	L'enfant de 4 ou 5 ans
☐ Reliée à la porte d'entrée principale	2–3 m	Asphalte, béton, pavé de béton
☐ Pour accommoder des fauteuils roulants	1,2 m pour 1 fauteuil, 2,4 m pour 2 fauteuils	Asphalte, béton, pavé de béton, poussière de pierres, trottoir de bois
☐ Reliée à un stationnement	1-1,5 m	Asphalte, béton, pavé de béton, poussière de pierres, gravier
☐ Sert de piste de course	2,2 m	Asphalte, béton, pavé de béton, matériau synthétique
☐ Mène à un espace intime	0,75–1 m	Poussière de pierres, gravier, paillis de bois
☐ Dans un milieu naturel	0,75–1 m	Poussière de pierres, gravier, paillis de bois, trottoir de bois
☐ Dans un jardin potager	0,75–1 m	Poussière de pierres, gravier, paillis de bois, trottoir de bois

LA ZONE DE PROTECTION

La norme du CSA exige pour les équipements de jeu mobiles une zone de protection et une aire de circulation libre. Voir les prescriptions de la norme pour chacun des appareils. Même si la zone de protection peut être composée d'un matériau absorbant comme le sable, cet espace doit servir exclusivement pour les enfants qui jouent sur l'équipement en question et jamais de carré de sable pour les autres enfants.

Par contre, l'aire de circulation qui ceinture la zone de protection ou qui se situe au-delà peut avoir un double usage à condition, toutefois, qu'aucun objet fixe ne vienne encombrer cette aire. Ainsi, rien n'empêche que l'aire de circulation libre autour de la zone de protection fasse partie d'une section de piste cyclable.

3.4 LES PLANTES DANS L'AMÉNAGEMENT

L'ajout de plantes[9] dans l'aménagement permet un contact avec les éléments naturels et les cycles de la vie. Elles seront évidemment utilisées dans les milieux naturels ou les jardins potagers mais elles peuvent aussi être intégrées à l'ensemble de l'aménagement pour créer de l'ombre, de la couleur, des divisions ou des barrières visuelles.

Plusieurs recherches démontrent que le contact avec la nature est bénéfique pour les enfants et que les objets naturels présentent un potentiel énorme dans le jeu des enfants. Les plantes, ainsi que les insectes et les oiseaux qu'elles attirent, offrent des possibilités d'apprentissage infinies. Les parties de plantes peuvent servir à une multitude d'activités : bricolage, récoltes de semences et collection de feuilles.

3.4.1 Les plantes et la circulation

L'enfant qui joue dehors n'aime pas prendre trop de détours. Il traverse les plates-bandes qui se trouvent sur son chemin. Prendre le temps d'évaluer la circulation naturelle pour ne pas mettre les plantes dans un endroit où elles seront piétinées.

Les plantes peuvent être ou bien placées dans des bacs surélevés, ou bien entourées d'une bordure qui indiquera aux enfants de faire attention.

On peut créer un sentier pour traverser une zone plantée, ce qui permet aux enfants d'observer les plantes de près.

3.4.2 Les plantes et le climat

Les plantes peuvent donner de l'ombre, filtrer les polluants et couper le vent et le bruit. Déterminer les zones où l'on désire avoir de l'ombre et situer les vents dominants. Si on est près d'une rue passante, indiquer l'endroit où un filtre de végétation serait bienvenu. Choisir des espèces appropriées à l'espace. Certains arbres deviennent immenses et pourraient créer trop d'ombre.

3.4.3 Les plantes et les sens

Certaines plantes présentent un intérêt particulier pour les enfants par leur couleur, leur odeur, leur texture, leur forme, leur goût ou le bruit qu'elles font au vent. Un grand nombre de plantes peuvent stimuler les sens et étendre les perceptions sensorielles des enfants[10]. On peut aussi faire sa propre recherche en consultant des guides sur les plantes de sa région[11].

9. Voir la fiche 3 de l'annexe A pour une liste de plantes recommandées

10. Voir la liste en annexe A, fiche 3.

11. Voir la liste en annexe C.

3.4.4 Les plantes et les saisons

On peut créer un intérêt à longueur d'année dans son aménagement grâce aux plantes. Les conifères donnent du volume et de la couleur en hiver, les bulbes émerveillent au printemps et certains arbres et arbustes ont des couleurs flamboyantes à l'automne.

3.4.5 Les plantes et le jeu

Choisir des plantes qui pourront servir au bricolage : feuilles aux couleurs et textures variées, semences d'arbres et d'arbustes (cocottes et samares), pétales colorés.

3.4.6 Les plantes toxiques ou dangereuses

Certaines plantes sont plus ou moins toxiques [12]. La rhubarbe, par exemple, n'est toxique qu'en partie (on mange les tiges mais pas les feuilles), tandis que seuls les fruits de la tomate sont comestibles (les tiges et feuilles ne le sont pas). D'autres plantes perdent leur toxicité à la cuisson. Éviter les plantes qui présentent des risques d'empoisonnement. Attention aussi, aux plantes à épines et à branches rigides et pointues, surtout en abord des sentiers et des zones de jeu.

3.5 AUTRES ÉLÉMENTS À INTÉGRER

Cette section présente des éléments qui aideront à renforcer l'aménagement et à le rendre plus fonctionnel.

3.5.1 Les éléments de division

Les cloisons, les divisions et les clôtures sont des éléments importants pour protéger les enfants et créer des limites claires entre les secteurs d'activités.

Voici certaines utilisations possibles :

- ceinturer et protéger la cour : clôtures de 1,5 m au minimum. Les règlements sur les centres de la petite enfance et les garderies exigent une hauteur minimale de 1,2 m, mais songer toutefois qu'en hiver, la couverture de neige diminue la hauteur de la clôture ;
- délimiter des zones ;
- créer des jeux, des formes et des couleurs ;
- servir de support pour dessiner ou peindre ;
- créer un coupe-brise ou un coupe-bruit ;
- créer des espaces en retrait pour des activités tranquilles ;
- ajouter de la couleur et de la texture à l'environnement ;
- favoriser la surveillance.

Les clôtures

Les matériaux pour les clôtures ne doivent pas nécessairement se limiter à la maille de chaîne, qui peut créer une impression d'emprisonnement. Si on choisit ces clôtures ou si elles sont déjà là, on peut réduire, voire éliminer cet effet en plantant à la base des arbustes ou des plantes grimpantes. Ce type de clôture a l'avantage de permettre le contact visuel et physique entre deux zones d'activités ou deux groupes d'âges différents.

Le bois, matériau plus cher qui exige de l'entretien, a l'avantage d'être souple : on peut le peindre ou le couper. On peut créer des trous d'observation (tout en respectant les normes de sécurité pour la hauteur et la dimension des orifices) ou ajouter des éléments utiles comme des bancs, des poubelles, des tables à langer ou des tableaux pour dessiner.

LA SÉCURITÉ ET LES OUVERTURES

Si on crée des formes dans des clôtures planes, il faut faire attention à la dimension et à la hauteur des ouvertures pour éviter tout risque de coincement et d'étranglement. Une ouverture assez grande pour laisser passer la tête d'un enfant peut seulement être à la hauteur du sol, sinon, l'enfant risque de se pendre.

Les clôtures doivent être assez hautes pour créer une division efficace tout en permettant aux éducateurs de surveiller les enfants.

Les clôtures en maille de chaîne doivent être recouvertes de vinyle pour empêcher les brûlures dues au froid.

Ne pas installer de clôtures ni de divisions à barreaux horizontaux qui peuvent servir d'échelles.

ATTENTION aux accumulations de neige qui peuvent transformer les murets et petites clôtures en obstacles. Pour remédier à cette situation, rendre ces éléments visibles en déneigeant régulièrement.

12. Voir la fiche 4 de l'annexe A pour une liste des plantes toxiques.

L'ESPACE MINIMAL ENTRE LES BARROTINS

En ce qui concerne l'espace entre les barrotins, la norme du CSA prescrit un espacement maximal de 90 mm pour les équipements de jeu tandis que le Code national du bâtiment autorise des espacements de 100 mm pour les clôtures et autres éléments de construction.

Afin d'être conséquent et pour assurer la sécurité des enfants, il vaut mieux être uniforme et adopter l'espacement plus petit de la norme du CSA pour tous les éléments de construction autour et à l'intérieur de l'aire extérieure de jeu, soit 90 mm, ce qui respecte également la norme du Code national du bâtiment.

Ainsi, les équipements de jeu et les éléments de construction, c'est-à-dire les clôtures, les balcons et les escaliers, sont tous élaborés et construits dans le même esprit.

Autres façons de créer des divisions:
- des bacs de plantation surélevés;
- des bancs;
- du relief;
- des murets;
- de la végétation.

Combiner les reliefs et la végétation est idéal pour masquer les bruits, couper le vent et, du coup, créer un espace naturel. Il faut être créatif! Utiliser des couleurs et des formes variées et faire participer les enfants à la décoration des clôtures, des cloisons et des divisions.

3.5.2 Le relief

Une topographie complexe est stimulante, elle crée un intérêt visuel et elle offre un défi aux enfants. Les changements de topographie ne coûtent pas cher et peuvent servir à une foule de fonctions. La végétation peut en amplifier l'effet.

Le relief peut être utile pour:
- délimiter l'espace;
- créer une barrière visuelle ou sonore;
- créer des pentes pour glisser l'hiver, pour avoir des points de vue ou pour jouer au roi de la montagne;
- détourner les vents;
- faire ressortir certains points comme les entrées;
- s'asseoir et regarder les autres ou s'adonner à une activité spéciale;
- créer un amphithéâtre.

Comment créer du relief?

Pour changer la topographie, il est préférable de travailler à partir de celle qui existe déjà sur votre site. Cela minimise les coûts de construction, réduit les besoins de main-d'œuvre et évite de perturber le site. Observer le relief du site et le drainage naturel pour décider des modifications à apporter.

Les matériaux: si c'est planifié lors de la construction d'un nouvel immeuble, la terre excavée peut être utilisée pour créer des monticules. Autrement, on peut se procurer gratuitement ou à peu de frais de la terre de remplissage de compagnies de construction.

La pente: pour des raisons d'entretien, surtout, mais aussi à des fins de sécurité, il est recommandé de créer des pentes dont l'angle maximal est de 1 pour 3.

Autres éléments à prendre en considération:
- le type de gazon utilisé doit être très résistant;
- diriger les eaux de pluie loin des bâtiments et vers des sites perméables naturels ou des réseaux de drainage souterrains;
- construire une surface dure sur le dessus de la butte, sinon elle aura tendance à s'user rapidement;
- en hiver, les buttes peuvent servir à la glissade.

LES GLISSADES

Ne placer aucun obstacle sur les pentes ni au bas de celles-ci, surtout si on utilise les buttes pour la glissade l'hiver.

3.5.3 Les structures pour l'ombrage et la protection contre la pluie

Plusieurs éléments permettent de protéger petits et grands du soleil durant les chaudes journées d'été et de jouer dehors même quand il pleut.

Exemples d'éléments à intégrer dans l'espace pour se protéger du soleil ou de la pluie:
- une pergola couverte ou non de plantes grimpantes;
- un kiosque ou un abri;
- le prolongement du toit du bâtiment;
- un auvent;
- des arbres.

3.5.4 Les espaces de rangement

Comme nous l'avons mentionné dans la section sur les besoins du personnel éducateur, tout aménagement doit comprendre des espaces de rangement. Il faut décider de leur emplacement avec soin. En effet, pourquoi faire compliqué quand on peut faire simple! Les espaces de rangement peuvent avoir de jolies formes et revêtir de belles couleurs qui peuvent soutenir des activités comme la peinture ou le bricolage. Place à l'imagination!

Outre le rangement journalier, ne pas oublier le rangement saisonnier qui nécessite plus d'espace (pataugeoires, mobiliers). Certains équipements en matériau synthétique peuvent être rangés à l'extérieur sans aucun problème, mais attention au vol et au vandalisme.

Prévoir un espace de rangement généreux pour les « poupons-bus », près d'un chemin d'accès en revêtement dur pour permettre d'accéder aisément à la rue sans trop d'obstacles.

Les cabanons

Le cabanon est utile pour ranger les plus gros équipements (tricycles, petite piscine, pelles). Il doit se trouver près des espaces où ces équipements sont utilisés. Il peut faire partie du bâtiment principal ou en être séparé. L'entrée doit se trouver au niveau du sol ou au bas d'une pente douce pour rouler les équipements.

LES CABANONS ET LES MUNICIPALITÉS

Les cabanons sont régis par la réglementation municipale. Vérifier les règles touchant les dimensions, le nombre et l'emplacement qui s'appliquent à cette construction.

Des unités de rangement d'appoint

Pour ranger les jeux et les outils, on peut disposer des blocs de rangement et des bancs-coffres à plusieurs endroits. Les blocs peuvent servir d'unités de rangement d'appoint, et ils seront plus faciles à déplacer s'ils sont munis de roulettes.

Les matériaux

Le bois offre plusieurs possibilités dans la création d'espaces de rangement. De plus, on peut facilement y fixer des crochets, des tablettes ou d'autres supports. Ne pas oublier, ici aussi, de protéger le bois contre les intempéries.

LES ESPACES DE RANGEMENT

Les espaces de rangement doivent être verrouillés si l'équipement exige la surveillance des adultes, s'il ne sert pas souvent et pour le protéger du vol ou du vandalisme la nuit.

Attention aux fenêtres pour ne pas encourager les voleurs.

ATTENTION aux mains et à la tête pour les rangements de type « coffre ».

ATTENTION aux objets sur les tablettes hautes : s'assurer qu'ils ne peuvent pas tomber sur la tête des enfants. On évite le problème en ajoutant un rebord à la tablette.

ATTENTION : les espaces de rangement ne doivent pas bloquer la vue.

3.5.5 Le mobilier

Le mobilier doit répondre aux besoins et s'harmoniser avec l'ensemble de l'aménagement. Il doit être confortable et adapté à la hauteur des adultes et des enfants, comme on l'a vu précédemment.

Les bancs et les endroits pour s'asseoir

Les bancs et autres endroits pour s'asseoir doivent s'intégrer dans l'aménagement. Ils sont utiles pour les activités de concentration, les espaces de scène et la socialisation en petits groupes.

Les bancs peuvent être individuels ou faire partie d'autres éléments. Par exemple, le bord du carré de sable peut être assez large pour servir de banc. Les bancs peuvent être intégrés aux murs ou aux cloisons. Regrouper les bancs pour favoriser les échanges sociaux. Éviter de placer les bancs sur le bord des clôtures car cela réduit la hauteur de celles-ci.

Choisir pour les bancs des matériaux qui ne captent pas la chaleur ou le froid. Le plastique recyclé et le bois sont les meilleurs.

Les tables

Les tables doivent être près des bâtiments et des espaces de création. Elles sont très utiles pour les pique-niques et le bricolage.

Les poubelles

Les poubelles qui ont un couvercle sont plus sûres car les enfants ne peuvent pas entrer dedans.

Les bacs à compost

On peut décider de faire soi-même son engrais pour les plantes et du même coup éduquer les enfants sur les cycles naturels et réduire les déchets grâce au compost. Le compost est beaucoup plus facile à faire qu'on le pense et, bien entretenu, il n'a aucune odeur. Il faut un espace assez grand pour le bac de compost (habituellement 1 m sur 1 m) et un espace pour des feuilles et autres matériaux nécessaires au compostage. Il est aussi souhaitable de pouvoir se déplacer facilement autour du bac. De petits bacs de compost peuvent aussi faire l'affaire pour des activités éducatives et pour produire un peu d'engrais pour le terrain.

Les sculptures

Il peut être amusant d'ajouter des sculptures sur le terrain. Celles-ci peuvent servir de points de repère dans l'espace et permettent aux enfants de s'identifier à leur environnement.

LE MOBILIER ET LA SÉCURITÉ

Le mobilier doit être lisse, exempt de toute saillie (boulons, tiges d'acier) et présenter des coins arrondis.

Bien qu'en principe la norme du CSA sur les aires et l'équipement de jeu ne s'applique pas aux mobiliers, il est bon de faire quelques vérifications de base lors du choix et de l'installation du mobilier surtout par rapport aux angles de coincement et aux risques de chutes. Prévoir une bonne surveillance et expliquer aux enfants la différence entre le mobilier et un équipement de jeu.

L'éclairage

Les services de garde ouverts le soir ou en hiver peuvent songer à ajouter de l'éclairage artificiel : lampadaires ou élément de décoration et de jeu, comme des lumières de Noël.

CHAPITRE

1

2

3

4

Créer le plan d'aménagement

5

6

Une fois que le comité d'aménagement a adopté le document synthèse et, selon les cas, amorcé une ébauche de projet, il faut passer à l'étape du plan d'aménagement en bonne et due forme. C'est ici que les décisions sur les objectifs du projet, les priorités, les budgets et les échéanciers prennent toute leur importance car il faudra soit les communiquer à d'autres, soit les confronter à la concrétisation du projet. Il faut donc assembler toutes les pièces du casse-tête pour créer le plan d'aménagement. Pour réussir, il faut reprendre encore plus systématiquement les priorités à respecter et les intégrer au site avec ses conditions spécifiques.

Le comité d'aménagement peut vouloir poursuivre lui-même les étapes de réalisation du plan d'aménagement en compagnie du chargé de projet. Cependant, on gagne à confier certaines tâches techniques à un professionnel de l'aménagement. Il revient au comité d'aménagement de recommander ou non, ou pour des fonctions précises, l'engagement d'un professionnel au conseil d'administration. Ce professionnel de l'aménagement reçoit donc du conseil d'administration le mandat de chargé de design et il peut prendre en charge les étapes de planification et de construction du projet, dont la préparation du plan d'aménagement.

Les avantages d'avoir recours à un professionnel de l'aménagement à cette étape ne sont pas négligeables. En effet, chacun possède des qualités propres à son métier et il n'est pas courant de trouver parmi les parents ou le personnel du service de garde une personne qui a les compétences voulues pour réaliser un plan d'aménagement. De plus, le professionnel doit non seulement connaître les normes de sécurité mais il peut souvent proposer des solutions inattendues et nouvelles aux contraintes du site. Bien sûr, le professionnel de l'aménagement doit observer les indications du comité d'aménagement et du chargé de projet, mais son apport « professionnel » peut faire progresser la réflexion pour obtenir une aire extérieure de jeu qui réponde véritablement aux besoins du service de garde.

La préparation du plan d'aménagement peut se diviser en cinq grandes étapes :

- l'évaluation des besoins d'espace pour les zones et les éléments choisis ;
- la préparation du plan des conditions existantes ;
- la préparation du plan de base ;
- la préparation du plan conceptuel ;
- la préparation des plans préliminaires et finaux.

4.1 ÉVALUER LES BESOINS D'ESPACE POUR LES ZONES ET LES ÉLÉMENTS CHOISIS

Pour répondre aux besoins des enfants et aux objectifs du service de garde, il est important de cibler le type de zones et d'éléments à intégrer à l'aménagement. Puis, il faut penser à tous les éléments qui ajoutent à l'expérience des enfants et qui facilitent la tâche du personnel éducateur. Pour chacune des zones, on doit déterminer le nombre d'enfants qui utilisent l'espace et la superficie requise. Les zones de jeu vont-elles accueillir un seul groupe ou plusieurs à la fois ? On doit évaluer du mieux qu'on peut la superficie requise pour chaque zone. On peut aussi indiquer l'ambiance ou des critères de design auxquels on a déjà réfléchi.

Indiquer tous ces éléments dans un tableau. (VOIR FIGURE 4.1)

TABLEAU 4.1 EXEMPLE DE FICHE POUR UNE ZONE [1]

ZONE	ÉLÉMENTS À INTÉGRER	CRITÈRES DE DESIGN ET IDÉES	NOMBRE D'ENFANTS UTILISATEURS ESPACE APPROXIMATIF REQUIS
CARRÉ DE SABLE	☐ Banc-boîte pour le rangement ☐ Table ronde de bois pour le centre du carré de sable ☐ Sortie d'eau ☐ Grand arbre pour créer de l'ombre ☐ Arbustes pour créer une division avec la zone voisine ☐ Couverture de protection perméable	☐ Couleurs vives ☐ Matériaux naturels ☐ Concentration sur l'espace central	6 enfants 8 m^2

1. Utiliser la fiche 5 en annexe A pour votre propre aménagement.

4.2 PRÉPARER UN PLAN DE LA SITUATION ACTUELLE ET FAIRE L'ÉVALUATION DU SITE

Après avoir évalué les besoins des enfants et des adultes quant à l'espace extérieur de jeu, on dresse une liste de zones et d'éléments à inclure dans le projet. Bien comprendre le site et ses particularités est indispensable pour en tirer profit et placer les éléments à intégrer. Cette étape comprend la mesure du site, qui permettra au chargé de design de faire un plan de base et d'évaluer la situation actuelle en repérant les zones d'ombre et de soleil, le type de sol, le vent, etc.

4.2.1 Le plan de base

Avant de sortir le ruban à mesurer, il faut avoir en main le plan de localisation du terrain. Ce document assez général doit comporter une échelle et indiquer les formes et les dimensions du site.

Si le plan n'est pas disponible, il faut le faire soi-même ou mandater un professionnel. Un parent qui a des connaissances en aménagement pourrait peut-être se porter volontaire pour faire le plan. Les mesures doivent être le plus exactes possible pour donner un bon aperçu de l'espace.

Le plan de base doit montrer les éléments suivants:

- les dimensions du site;
- les dimensions du bâtiment;
- les portes et les fenêtres;
- les sorties d'eau;
- les clôtures;
- les lignes de propriété;
- les stationnements;
- les sentiers et structures actuels qu'on veut conserver;
- les arbres et la végétation actuels;
- l'emplacement de tous les services: électricité, téléphone, eau, gaz, câble et égout: s'informer auprès des entreprises locales;
- l'endroit où on accumule la neige l'hiver;
- le nord.

CHOISIR L'ÉCHELLE

Les dimensions peuvent être indiquées en mesures métriques ou impériales. La plupart des professionnels utilisent le système métrique. Le choix de l'échelle est guidé par deux facteurs:

Le niveau de détail désiré

Une échelle de 1:50 (1 cm = 50 cm) permet un niveau de détail que celle de 1:500 ne permet pas. Les éléments comme les bancs et les arbustes sont alors trop petits pour être distingués. En général on utilise une échelle de plus en plus précise au fur et à mesure que le projet se précise. Un plan final à une échelle de 1:50 ou 1:100 donne un bon niveau de détail.

La grandeur du site et les dimensions du papier

Plus le site est grand, plus il prend de la place sur papier. Pour ne pas se retrouver avec un plan énorme, il faut parfois choisir une échelle plus petite. On peut aussi vouloir un plan qui entre sur une feuille de 11 sur 17 po pour pouvoir le photocopier facilement.

QUELQUES TRUCS

Pour réduire ou augmenter l'échelle du plan, le demander dans un centre de photocopie ou le faire soi-même au moyen de la fonction agrandissement ou réduction d'un photocopieur.

Divers types de logiciels très pratiques permettent de dessiner un plan à l'ordinateur. Ici encore, s'informer auprès des parents au cas où quelqu'un pourrait donner un coup de main.

On peut aussi faire une maquette du site. Bien que cela soit un peu plus compliqué, la maquette est extrêmement utile pour comprendre l'espace, surtout pour les enfants. Elle sera utile tout au long du projet. Entre autres, elle peut aider les intervenants à choisir l'emplacement des structures et des zones.

Une fois le plan terminé, en faire faire une copie qui servira de base pour tous les autres plans à venir, lesquels, à leur tour serviront à compléter votre recherche d'information et, plus tard, à mettre la dernière main au plan d'aménagement.

4.2.2 Observer le site

Utiliser les copies du plan de base et retourner dehors pour achever le relevé de site. Noter les éléments suivants :

La circulation

Identifier les portes du bâtiment qui donnent accès à l'aire extérieure de jeu. S'il y en a plusieurs, les identifier en fonction des groupes d'âges qui les empruntent. Identifier aussi les portes de sortie d'urgence. Noter les axes de circulation qui se forment naturellement entre les portes de sortie et les zones de jeu les plus fréquentées. Ne pas oublier que les enfants prennent toujours le chemin le plus court.

L'ensoleillement

Observer où le soleil se lève et où il se couche et quelle ombre cela produit sur le site. Observer les bâtiments, les arbres et les autres structures et l'ombre qu'ils projettent sur le site. Dessiner ces ombres sur le plan en notant l'heure et le moment de l'année. Retourner sur le site à d'autres moments et, si possible, en d'autres saisons. À partir de ces observations, diviser le site en zones d'ombre, de mi-ombre (moitié de la journée) et de soleil.

Le sol

Il est important d'évaluer la qualité du sol pour déterminer le choix des activités et des plantes. Aller sur le site, creuser à divers endroits et observer les couches du sol. Il faut aller en profondeur, surtout en ville, où on a souvent changé la structure du sol avec le remblai. Marquer ces trous sur sa carte et prendre des échantillons de sol dans des sacs de plastique pour faire des tests ou envoyer à un laboratoire s'il y a lieu.

Trois tests pour connaître le sol

- **Le test de structure du sol**

La structure du sol détermine ses qualités de rétention et de drainage des eaux. On peut vérifier la structure du sol en le mouillant et en essayant de former une boule. Si la boule se forme facilement, le sol est argileux et retient donc beaucoup l'eau. Par contre, si on a du mal à former une boule, c'est un sol sablonneux, qui se draine très bien. Les sols ont souvent été compactés ou remblayés avec des matériaux douteux, ce qui affectera la structure.

- **Le test de pH**

On peut acheter un ensemble à test de pH dans une jardinerie à peu de frais. L'échelle du pH va de 1 à 14. Plus le chiffre est bas (6 et moins), plus le sol est acide et plus le chiffre est élevé (de 6 en montant), plus le sol est alcalin.

- **Le test de contamination**

Certains sols sont souvent contaminés, surtout en ville. Essayer de savoir à quoi le site a déjà servi. Y a-t-il eu usage industriel ou contamination au plomb (souvent causée par l'écaillage de la vieille peinture au plomb des bâtiments adjacents). En cas de doute, faire tester le sol. Les jeunes enfants sont portés à manger de la terre et sont particulièrement sensibles à tous les types de contaminants.

La végétation

Encore une fois, armé du plan de base, noter l'emplacement et le type des arbres, arbustes et vivaces sur le site. Utiliser un guide (voir liste en annexe) pour identifier les plantes. Dans le doute, demander à quelqu'un qui s'y connaît ou apporter une partie de la plante à un pépiniériste. Noter l'état de santé général de la plante et s'il est opportun de la préserver dans l'aménagement.

Les formes du terrain

Noter sur le plan les buttes, les pentes et les autres formes du terrain. Repérer les murets de soutènement et noter les problèmes d'érosion ou de drainage s'il y a lieu.

Le climat

Noter la présence d'endroits très ouverts aux vents qui pourraient poser problème. À l'inverse, certains endroits protégés et près de murs en briques captent la chaleur et peuvent être plus chauds. Les noter aussi.

LE RELEVÉ DU SITE SELON LES SAISONS

L'espace extérieur change considérablement selon les saisons. Le moment de l'année que l'on choisira pour effectuer le relevé influencera la perception que l'on a du site. Il faudra faire un effort d'imagination pour visualiser le lieu à d'autres moments de l'année: accumulations d'eau au printemps, espaces ensoleillés ou trop chauds en été, feuilles colorées à l'automne, couvert de neige l'hiver.

Évidemment, faire un relevé de site en plein hiver peut être problématique. Il sera difficile, voire impossible de prendre des échantillons du sol, et de voir le relief et les plantes, surtout les vivaces. Les zones ombragées et ensoleillées varient aussi car le soleil est plus bas en hiver. Essayer de prévoir le projet à l'avance et de faire le relevé du site à un autre moment de l'année. Si c'est impossible, aller chercher l'information manquante au printemps.

4.2.3 Les observations supplémentaires pour les sites déjà aménagés

Les services de garde qui ont déjà une aire extérieure de jeu et qui désirent y effectuer des changements devront faire les observations supplémentaires suivantes.

4.2.4 Évaluer la sécurité

Le *Guide des aires de jeu 98* peut servir d'outil pour passer l'aménagement au peigne fin et en évaluer la conformité à la norme du CSA. Cette évaluation permet de dresser une liste de changements à apporter à l'aménagement, de prévoir les coûts et d'établir un calendrier de réalisation selon les priorités.

4.2.5 Évaluer l'intérêt du site et la façon dont il répond aux besoins des enfants et des adultes

L'aire extérieure de jeu stimule les enfants et suscite leur intérêt selon la façon dont elle est aménagée. Il est donc important, à cette étape, de revoir les besoins des enfants et d'évaluer si l'aménagement leur permet de se développer et de s'amuser pleinement. Les membres du comité d'aménagement doivent absolument faire cette évaluation eux-mêmes[2]. Observer les enfants qui jouent dehors aide à déterminer quels espaces ou structures:

- sont plus fréquentés ou aimés que d'autres;
- encouragent le développement de l'enfant;
- sont adaptés à divers niveaux d'habileté;
- sont bien adaptés à la taille des enfants.

Revoir aussi les besoins des adultes et évaluer si le site répond à leurs attentes.

On utilise le site différemment selon la température et les saisons. Si possible, faire le même exercice à divers moments de l'année, quand il fait soleil et quand il pleut. Se demander si l'espace présente de l'intérêt à longueur d'année et si on peut y jouer même quand le temps est moins clément.

Enfin, penser au personnel:

- l'aménagement est-il pratique?
- y a-t-il suffisamment d'espaces de rangement?
- est-il facile de surveiller les enfants?

4.2.6 Évaluer l'accessibilité du site

Les enfants qui ont des limitations fonctionnelles doivent d'abord avoir accès au site pour pouvoir profiter des équipements et des activités qui leur sont adaptées. Il faut donc vérifier l'accessibilité[3] pour ces enfants et se poser les questions suivantes:

- L'enfant qui a des limitations fonctionnelles peut-il accéder à l'aire extérieure de jeu?
- L'aménagement peut-il accueillir des enfants qui ont des limitations fonctionnelles?
- L'enfant en fauteuil roulant aura-t-il des activités adaptées à réaliser dans cet espace?
- L'enfant qui a des limitations fonctionnelles peut-il se déplacer facilement dans l'aire extérieure de jeu?

2. Utiliser la fiche 1 en annexe A
3. Se reporter aux ouvrages en annexe C pour mieux évaluer l'accessibilité du site. Revoir le texte sur les enfants qui ont des limitations fonctionnelles dans la section 2.1.

4.2.7 La synthèse des observations

C'est le moment de faire une synthèse de toutes les observations du site. Les aménagistes utilisent souvent les termes « potentiel » et « contrainte » à ce stade-ci du projet. On peut soi-même dresser une liste des potentiels et contraintes du site.

Les potentiels correspondent aux aspects positifs du site, à mettre en valeur. Les contraintes sont les défis à relever. (VOIR TABLEAUX 4.2 ET 4.3)

Pour noter les potentiels et les contraintes du site, il faut aller sur place et noter tous les éléments[4].

4.3 PRÉPARER LE PLAN CONCEPTUEL

La préparation du plan conceptuel permet de définir les grandes lignes d'intervention sous forme de bulles. À partir du plan de la situation actuelle, situer les zones et les éléments choisis selon les critères propres à chacun. Y intégrer la circulation.

Maintenant, situer les zones en fonction des espaces disponibles selon le cheminement présenté. Il faut tester plusieurs possibilités pour arriver à une solution satisfaisante, mais une seule sera retenue.

1. Indiquer sommairement les axes principaux de circulation à partir des portes du bâtiment qui donnent accès à la cour.

2. Aménager de façon sommaire les zones déjà établies. Les zones correspondent à des aires d'activités différentes et exigent des conditions différentes. Il faut donc imaginer les zones dans l'espace selon leur emplacement dans l'espace et en fonction du bâtiment, de l'ensoleillement, de leur environnement et de leur relation.

TABLEAU 4.2 LES POTENTIELS D'UN SITE

Exemples de potentiels	Mise en valeur
☐ Un grand arbre	Protéger l'arbre durant la construction pour le conserver.
☐ La présence de relief	Tirer profit du relief en créant des buttes pour glisser et des niveaux divers dans l'aménagement.
☐ Un grand espace gazonné	Conserver cette zone pour les jeux libres et les jeux de ballon.

TABLEAU 4.3 LES CONTRAINTES D'UN SITE

Exemples de contraintes	Solution
☐ Une accumulation d'eau au printemps	Drainer l'eau vers une plate-bande de plantes qui aiment l'eau ou vers un puits sec. En cas de problème majeur, installer un système de drainage approprié.
☐ Des jeux mal positionnés	Déplacer les jeux; supprimer ou remplacer les jeux moins populaires ou trop gros.
☐ Un corridor de vent	Créer un brise-vent.

4. Voir la fiche 6 en annexe A pour faire une évaluation des potentiels et contraintes du site.

3. Revoir ensuite la circulation entre les portes de sortie et les zones. Si des axes de circulation sont nécessaires entre les zones, il faut les indiquer. On peut hiérarchiser l'importance des circulations par des traits différents.

4. Les zones d'activités que l'on a déterminées ont-elles des liens physiques ou visuels avec les zones adjacentes ? Si c'est le cas, quel type d'écran faut-il ? Encore une fois, on peut calibrer le degré de ses interventions.

IDÉE POUR ÉTABLIR LA CIRCULATION

Quand on planifie la circulation, il est important de créer des limites claires pour que les chemins soient évidents. Pour avoir une bonne idée des sentiers à tracer, il suffit de regarder les déplacements des enfants dans la cour existante. La neige offre un tableau particulièrement révélateur, grâce aux traces de pieds. En général, favoriser le chemin le plus court entre deux points à moins qu'un chemin plus long vaille le détour.

Cet exercice devrait produire un diagramme comportant des bulles, des flèches, des liens et des séparations.

4.4 PRÉPARER LES PLANS PRÉLIMINAIRES ET LES PLANS FINAUX

Une fois terminée la conception de l'aménagement de l'aire extérieure de jeu, le chargé de projet et, selon le cas, le chargé de design doivent détailler le concept retenu pour créer un plan préliminaire. Pour réussir, il est important de :

- préciser les formes des zones de même que l'emplacement et la largeur des sentiers ;
- déterminer l'emplacement et la nature des éléments de division ;
- déterminer l'emplacement et le type de végétation ;
- déterminer l'emplacement et le type de mobilier de même que les types de matériaux à utiliser pour les revêtements de sol.

Utiliser de la couleur pour exprimer les surfaces, les formes et les matériaux afin que le plan soit plus facile à comprendre. Il est alors plus facile d'expliquer les concepts et les idées aux intervenants qui n'ont pas suivi de près le processus.

4.4.1 Délimiter les zones

Les zones sont définies par des limites qui les séparent des zones adjacentes sur les plans fonctionnel et visuel. Quand ces espaces sont définis, les activités se déroulent sans se nuire entre elles. En général, il est préférable de délimiter clairement les zones. On peut utiliser un ou plusieurs des moyens suivants :

- des changements de niveaux (buttes, escaliers, murs de soutènement) ;
- des clôtures ou des cloisons ;
- des changements de matériaux (bois, gazon, asphalte, gravier, copeaux de bois) ;
- des sentiers ;
- des structures de jeu ;
- de la végétation (massif d'arbustes, gros arbres).

Toutefois, on peut décider de créer des limites plus floues entre deux espaces si on peut y pratiquer des activités semblables.

Bien que les diverses activités doivent avoir lieu dans une zone bien délimitée, il ne faut pas qu'elles soient trop éloignées pour permettre aux enfants de passer aisément d'une à l'autre. Ne l'oublions pas, l'importance des déplacements est proportionnelle à la taille des enfants. Ce qui peut être une courte distance pour un adulte peut en être une grande pour un tout-petit.

À CONSIDÉRER DANS L'AMÉNAGEMENT

Permettre un ensemble d'activités compatibles plutôt que de dicter un type d'activité seulement.

Créer de la variété dans l'espace.

Créer le plus de zones possible, offrant chacune des expériences variées.

Créer des zones polyvalentes pouvant servir à plusieurs types d'activités.

4.4.2 L'estimation des coûts

L'estimation préliminaire des coûts des travaux permet de déterminer s'ils respectent le budget fixé par le conseil d'administration. Cette estimation doit être détaillée. Une liste de prix unitaires aidera à évaluer les coûts de la proposition d'aménagement. On peut utiliser un chiffrier électronique pour faire les calculs. Intégrer les prix unitaires et forfaitaires par types de matériaux et multiplier par les dimensions et quantités nécessaires. Pour donner une version réaliste des sommes à dépenser, ajouter 15 % pour les imprévus.

Au besoin, on peut faire appel à un professionnel de l'aménagement qui validera le plan et l'estimation préliminaires.

4.4.3 La présentation

C'est le moment de présenter le plan préliminaire en couleur au comité d'aménagement pour recommandation au conseil d'administration (selon les délégations de pouvoir entre le conseil d'administration et le comité d'aménagement). Il servira de base pour la discussion. Une personne doit noter les commentaires de chacun sur les ajustements et les précisions jugés nécessaires. Ces notes servent à la production du plan final.

4.4.2 Le plan final

Le chargé de projet ou le chargé de design doit modifier le plan d'aménagement préliminaire en fonction des commentaires reçus et des contraintes budgétaires. Il faut aussi réévaluer les coûts de réalisation. Le nouveau plan d'aménagement et la réévaluation des coûts de réalisation sont à nouveau présentés aux acteurs de première ligne. Les commentaires recueillis, s'il y a lieu, sont appliqués aux plans et devis.

CHAPITRE

1

2

3

4

5 **Passer à la construction**

6

L'étape de la construction suppose un suivi serré de la part du chargé de projet, qui peut être épaulé par un ou plusieurs membres du comité d'aménagement. La production de plans peut supposer l'engagement d'un professionnel de l'aménagement. Toutefois, c'est le conseil d'administration, sur recommandation du comité d'aménagement, qui a la responsabilité d'engager l'entrepreneur ou les firmes spécialisées en travaux d'aménagement ou d'installation d'équipements de jeu.

5.1 LES PLANS ET DEVIS

Cette étape implique la connaissance des documents contractuels que sont les plans et devis généralement préparés par un professionnel de l'aménagement, sauf si le chargé de projet ou un des membres du comité d'aménagement a les compétences nécessaires.

Pour réaliser l'aménagement, il faut d'abord préparer le plan de réalisation et les devis. Ces documents permettent au conseil d'administration de demander des soumissions officielles à des entrepreneurs spécialisés. Chaque soumissionnaire peut faire ses calculs à partir des mêmes données, ce qui permet de comparer les prix soumis. Le plan détaille avec précision les interventions demandées à l'entrepreneur. Le devis explique les matériaux, la méthode d'exécution et les modes de mesure et de paiement. Il décrit avec précision tous les ouvrages à exécuter par l'entrepreneur. Le devis se divise en trois parties :

- les clauses générales qui présentent les conditions générales du projet, les responsabilités et les paiements ;
- les clauses techniques particulières décrivent avec précision tous les ouvrages énumérés dans le bordereau de soumission qui se trouve dans la formule de soumission ;
- les dessins et détails types présentés sous forme de dessins en coupes, agrandis ou morcelés d'éléments précis qui exigent une plus grande compréhension.

Les plans et devis pour soumission

Les plans et devis pour soumission sont transmis aux entrepreneurs paysagistes, qui déposent à leur tour une soumission. Pour permettre aux estimateurs de bien évaluer le travail à accomplir, prévoir au moins dix jours ouvrables entre la période de la transmission des documents et le dépôt des soumissions.

L'addenda

Si, au cours de la période de soumission, on souhaite faire des modifications, il faut préparer un document qui explique la nature du changement. Si le changement souhaité n'a aucune incidence sur le prix, on peut attendre que les soumissions soient déposées.

5.2 LE DOCUMENT D'APPEL D'OFFRES

Ce document énumère les ouvrages à exécuter, sous forme de bordereau de soumission. Il comporte les documents suivants :

- l'appel d'offres ;
- la formule de soumission ;
- les plans et devis pour soumission.

L'appel d'offres résume en une page les grandes lignes du contrat :

- un résumé des travaux à exécuter ;
- le lieu d'exécution des travaux ;
- la date de disponibilité des documents de soumission ;
- le lieu de ramassage des documents ;
- la date et le lieu du dépôt des soumissions.

La formule de soumission doit comprendre les renseignements suivants :

- le nom et l'adresse de l'entrepreneur ;
- la liste et les coordonnées des actionnaires ;
- le numéro d'enregistrement de la compagnie ;
- l'échéancier et la durée des travaux ;
- une liste de références pour des ouvrages similaires ;
- le bordereau des quantités et des prix ;
- les conditions de garantie des équipements et des matériaux.

À une date fixée par le conseil d'administration, les entrepreneurs déposent leur soumission. On peut faire un tableau pour comparer leurs prix. En général, le mandat est confié au plus bas soumissionnaire en règle, mais ce n'est pas obligatoire. Si on doute de la capacité de ce dernier à répondre aux exigences contractuelles, il ne faut pas hésiter à choisir un entrepreneur qui a fait ses preuves.

PRÉVOIR LES DÉLAIS DE FABRICATION OU DE LIVRAISON

Prévoir dans l'échéancier imposé à l'entrepreneur les délais de fabrication et de livraison des équipements manufacturés choisis. Il faut aussi savoir que l'exécution des surfaces de revêtement de caoutchouc exige une température minimale de 1° C durant 24 heures.

5.3 CHOISIR SON ENTREPRENEUR

L'entrepreneur chargé d'exécuter les travaux doit avoir les qualités suivantes:

- il offre des références pertinentes, récentes et vérifiables;
- il fournit un numéro d'enregistrement en règle;
- il est muni d'une assurance-responsabilité couvrant ses activités;
- il est en mesure de répondre aux engagements de l'échéancier fixé dans la formule de soumission.

5.4 LA RÉALISATION DES TRAVAUX

À moins que la configuration de l'espace le permette, il faut fermer complètement l'accès à la cour lors de l'exécution des travaux. La durée des travaux dépend de la température. Rencontrer l'entrepreneur pour déterminer avec lui:

- les accès à la cour;
- les heures d'arrivée et de départ des ouvriers;
- le raccordement des services d'utilité publique (eau et électricité);
- l'usage des locaux du service de garde à des fins d'hygiène;
- la période de sieste;
- la durée estimée des travaux;
- la coordination avec les autres fournisseurs de produits spécialisés;
- la sécurité de l'aire de travail;
- les modes de facturation et de paiement;
- la personne responsable du suivi des travaux au service de garde;
- la personne responsable du chantier chez l'entrepreneur.

Le plus important, c'est de coordonner les travaux de l'entrepreneur, les commandes des équipements et les ouvrages des autres fournisseurs spécialisés. Les délais de fabrication des équipements et les contraintes de température doivent être bien connus. En parler avec l'entrepreneur retenu, qui planifiera les travaux en fonction des autres intervenants.

La date de début des travaux

Dans la formule de soumission, on a fixé une date approximative de début des travaux. Vérifier avec l'entrepreneur la date précise de la mise en chantier.

Afficher dans l'établissement le plan final d'aménagement de même que la date de début des travaux et leur durée estimée, pour informer tous les intervenants quant au déroulement des travaux.

La surveillance des travaux

La durée des travaux peut varier et s'échelonner sur une période de cinq à trente jours en fonction de l'ampleur des ouvrages, de la température et du nombre d'ouvriers disponibles sur le chantier. Faire des visites fréquentes pour s'assurer du bon déroulement des travaux et de la conformité aux attentes.

Comme le travail à effectuer est saisonnier, il n'est pas rare que les travaux s'étendent de 7 h à 19 h. L'entrepreneur peut également offrir de travailler les fins de semaine pour accélérer les travaux. Dans ce cas, il faut être prudent car on ne peut pas alors juger et apprécier une partie des travaux. Si on accepte cette méthode, il faut s'assurer que la qualité et l'exactitude des ouvrages réalisés sont vérifiables.

Vérifier plus particulièrement tous les ouvrages souterrains. En effet, une fois les excavations remblayées, il est difficile de revenir en arrière. Il faut s'assurer d'avoir quelqu'un sur place pendant ces travaux.

L'approbation des matériaux

En cours de travaux, on aura à approuver des matériaux qui exigent de la précision (sable, bois traité). À cet égard, il faut exiger des documents écrits (résultats, test de laboratoire, spécifications techniques données par le fournisseur) attestant de la conformité aux exigences du devis. Conserver tous ces documents dans le dossier.

Les paiements

En fonction de la durée des travaux, deux types de paiement sont possibles. Pour les travaux mineurs, on paie en général à la fin des travaux. Pour les travaux qui s'échelonnent sur plusieurs semaines, l'entrepreneur présentera des décomptes progressifs. À la fin de chaque semaine, il produira une facture qui correspond à l'évolution des travaux. L'évolution est jugée par des quantités ou par un pourcentage d'avancement.

Les problèmes de chantier

En cours de réalisation, il est possible que des situations imprévues viennent modifier le déroulement des travaux. Il faut exiger d'en être avisé par l'entrepreneur pour pouvoir décider des modifications à apporter, en tenant compte de toutes les implications: attention aux changements qui pourraient réduire les dimensions des zones de protection et de circulation. On peut consulter l'entrepreneur pour trouver des solutions.

Les modifications des plans et devis

En cours de réalisation, des changements ou des ajouts peuvent s'avérer nécessaires par rapport aux plans et devis fournis au moment de la soumission. Il faut aussitôt aviser l'entrepreneur pour déterminer les conséquences du changement ou de l'ajout que l'on souhaite apporter. L'entrepreneur doit en retour informer des coûts que cette modification implique. Il faudra peut-être obtenir l'accord du conseil d'administration pour engager des sommes supplémentaires. La vitesse de réaction est primordiale pour ne pas ralentir l'exécution des travaux, mais on doit tout de même attendre l'autorisation du conseil d'administration avant de permettre à l'entrepreneur d'effectuer les travaux.

5.5 L'INSPECTION À LA FIN DES TRAVAUX

Une fois les travaux achevés, le chargé de projet doit procéder à une inspection finale des ouvrages pour vérifier qu'ils ont été faits à la satisfaction du service de garde. Cet exercice doit être répété avec chacun des intervenants (entrepreneur, fournisseurs et entrepreneur spécialisé).

Avec l'entrepreneur qui a réalisé les travaux, on doit inspecter plus particulièrement les éléments suivants :

- les pentes et le drainage ;
- les dimensions des zones de protection et des aires de circulation ;
- le choix des végétaux et leurs dimensions ;
- la qualité des matériaux de réalisation et de finition ;
- la propreté et la remise en état des lieux ;
- la conformité écrite des matériaux à contrôler (selon le devis) ;
- l'épaisseur des surfaces résilientes.

Avec les fournisseurs d'équipements, il faut vérifier les points suivants :

- les dimensions des zones de protection et des aires de circulation ;
- la qualité du montage et de l'exécution ;
- la propreté et la remise en état des lieux ;
- le dépôt du certificat de conformité aux normes en vigueur.

Avec les entrepreneurs spécialisés, vérifier les points suivants :

- la qualité d'exécution ;
- la propreté et la remise en état des lieux ;
- le dépôt du certificat de conformité aux normes en vigueur (s'il y a lieu).

S'il reste des travaux à terminer ou à corriger, s'il manque des documents ou si on a observé des malfaçons, le chargé de projet doit les noter et en faire rapport au conseil d'administration. Il faut faire un suivi minutieux des corrections. Quand tous les éléments notés sont achevés, on pourra faire le paiement final. Il est essentiel d'attendre avant de verser le dernier paiement, ce qui incitera l'entrepreneur à exécuter les travaux correctement et promptement.

5.6 L'ATTESTATION DE CONFORMITÉ DE L'ÉQUIPEMENT DE JEU AVEC LA NORME DU CSA

Si le projet comporte l'achat et l'installation d'un équipement de jeu, le service de garde doit absolument obtenir une attestation du vendeur et de l'installateur, à savoir que l'équipement répond à l'ensemble des prescriptions de la norme du CSA sur les conditions d'installation, dont celles des zones de protection et du matériel absorbant. C'est donc au moment de la négociation de l'achat qu'il faut demander au vendeur et à l'installateur de s'engager à fournir une telle attestation [1]. Le service de garde doit conserver précieusement ce document, qui servira plus tard à établir que l'ensemble de l'aire extérieure de jeu respecte la norme du CSA.

1. Voir le *Guide des aires de jeu 98* pour un exemple « Entente type : soumission ou contrat d'achat ».

CHAPITRE

1

2

3

4

5

6

Entretenir et inspecter l'aire extérieure de jeu

Pour maintenir l'aire extérieure de jeu fonctionnelle et sécuritaire le plus longtemps possible, un programme de suivi et d'entretien rigoureux est indispensable. Un programme bien documenté permettra de protéger cet investissement plus longtemps.

En général, la personne responsable de l'entretien ménager est également responsable du bon état de l'aire extérieure de jeu et des équipements de jeu. Cette personne peut assumer plusieurs des tâches d'entretien et d'inspection et faire les réparations mineures. Par ailleurs, certaines des fonctions d'inspection quotidienne, hebdomadaire, mensuelle ou annuelle peuvent être déléguées à d'autres membres du personnel du service de garde.

On a donc besoin de temps, d'outils et de vigilance. Il y a lieu de préparer un calendrier annuel où on indiquera les tâches à accomplir et la fréquence des contrôles. Conserver en tout temps des notes et inscrire les visites, les réparations et les observations.

D'ailleurs, la norme du CSA prévoit que le propriétaire d'une aire extérieure de jeu doit se doter d'un programme d'entretien et d'inspections quotidiennes, mensuelles et saisonnières. Le respect de la norme du CSA implique donc l'adoption d'un programme précis.

Ce programme doit également prévoir la tenue de registres détaillés portant sur l'installation, l'inspection, l'entretien et la réparation de l'équipement de l'aire extérieure de jeu. De plus, le *Guide des aires de jeu 98*, publié par la Régie régionale de la santé et des services sociaux de la Montérégie, propose plusieurs grilles d'évaluation et d'inspection des équipements de jeu.

6.1 LE PROGRAMME D'ENTRETIEN RÉGULIER

Pour répondre aux exigences de la norme du CSA et assurer le bon état de l'aire extérieure de jeu et diminuer ainsi les risques d'accident, le service de garde doit se donner un programme d'entretien régulier.

6.1.1 La visite quotidienne

Tous les jours, avant de laisser les enfants entrer dans l'aire extérieure de jeu, un membre du personnel doit inspecter celle-ci afin de vérifier qu'il n'y a pas d'objet avec lequel les enfants pourraient se blesser. Dans certains environnements, cette recherche d'objets insolites est très importante car il n'est pas rare qu'on trouve des bouteilles ou des sacs de restes de nourriture jetés par des passants inconscients. Il faut donc ramasser systématiquement tous les objets qui traînent y compris des jouets qui auraient pu être oubliés la veille.

Les équipements de jeu doivent être inspectés en même temps afin de vérifier qu'aucun bris ne s'est produit pendant la nuit ou que les intempéries n'ont pas causé d'accumulations d'eau ou d'autres dégâts qui exigent que l'on interdise temporairement aux enfants de jouer avec tel ou tel équipement.

L'inspection quotidienne avant l'arrivée des enfants peut être confiée à un membre du personnel.

6.1.2 L'inspection mensuelle

La norme du CSA exige une inspection détaillée tous les mois et précise que les résultats et les mesures prises doivent être consignés dans un dossier permanent. On comprend donc que cette inspection va beaucoup plus en profondeur que l'inspection visuelle quotidienne. Le conseil d'administration ou la direction du service de garde peut confier la responsabilité de cette vérification au responsable de l'entretien ou à un autre membre du personnel. Les fiches du *Guide des aires de jeu 98* sont une excellente base pour cette inspection.

L'inspection mensuelle doit permettre de vérifier la qualité du matériel absorbant dans les zones de protection. Le sable, utilisé par les enfants et soumis à l'action du vent et aux intempéries, peut diminuer en quantité et durcir. Il faut donc le retravailler pour lui redonner sa qualité absorbante et en ajouter au besoin pour avoir la hauteur minimale requise.

Il faut absolument consigner les résultats de cette inspection mensuelle dans un registre permanent. En cas d'accident, le service de garde pourra ainsi documenter les visites d'inspection ainsi que les réparations et l'entretien dont les équipements auront fait l'objet à intervalles réguliers.

6.1.3 L'inspection annuelle

La norme du CSA prévoit de plus que le propriétaire d'une aire extérieure de jeu publique doit faire un rapport écrit complet tous les ans. Les résultats et les mesures prises doivent être consignées dans un dossier permanent. Le texte de la norme donne des exemples de choses à faire lors de cette inspection : vérifier la qualité de l'équipement, essayer l'équipement et vérifier les ferrures aériennes des échelles.

Cette inspection vise donc à vérifier que les équipements de jeu répondent aux exigences de la norme du CSA, notamment en ce qui concerne les éléments d'intégrité structurelle qui pourraient avoir été altérés par l'usure du temps ou des saisons. Ainsi, toutes les réparations doit être faites dans le respect des prescriptions de la norme et consignées dans le registre permanent. Ces annotations obligatoires visent à la fois l'instauration d'un programme régulier d'entretien et d'inspection et la possibilité de documenter toutes les opérations touchant l'équipement de l'aire extérieure de jeu.

L'observation et le respect de la norme du CSA sur les aires et l'équipement de jeu ne sont donc pas un exercice statique mais dynamique. De plus, les inspections quotidiennes, mensuelles et annuelles ont pour but premier d'assurer que les enfants puissent continuer à jouer dans un environnement sûr.

6.1.4 La fermeture d'un équipement de jeu

En hiver, la qualité du matériel absorbant dans la zone de protection d'un équipement de jeu ne peut plus amoindrir les chocs subis par les enfants en cas de chute. Même en été, après un gros orage ou à cause d'un bris d'équipement, il faut parfois limiter l'accès de l'équipement de jeu aux enfants. Contrairement aux idées reçues, les enfants comprennent parfaitement, quand on leur explique, qu'ils ne doivent pas utiliser tel ou tel équipement et ils respectent volontiers les consignes.

Une façon simple d'indiquer aux enfants que l'accès à un équipement de jeu est interdit consiste à installer un panneau avec un gros hexagone rouge (à l'inverse, on peut signaler l'accès libre par un cercle vert). La décision de donner ou d'interdire l'accès peut être déléguée à la personne qui fait l'inspection quotidienne de l'aire extérieure de jeu avant l'arrivée des enfants.

6.2 PROGRAMME D'ENTRETIEN SELON LES SAISONS

Chaque saison a ses particularités et ses contraintes. L'entretien et l'inspection doivent donc en tenir compte : il faut adapter le programme d'entretien à chacune des saisons.

6.2.1 Au printemps

Le printemps est la période la plus occupée. Il faut d'abord repérer les signes de dommages dus à l'hiver avant même que les enfants commencent à utiliser les équipements et les surfaces.

Le site

- ratisser, tondre et fertiliser le gazon;
- nettoyer et couper les branches cassées des végétaux;
- nettoyer les carrés de sable et les zones de fibre de bois;
- nettoyer les surfaces dures des débris (roches, verre, papiers);
- enlever les clôtures à neige utilisées pour fermer l'accès à des zones ou à des équipements.

Les équipements de jeu

- vérifier les vis, les clous et les boulons;
- déterminer les éléments à repeindre;
- remettre en fonction les installations reliées à la plomberie : irrigation, jeux d'eau et fontaine à boire;
- lubrifier les pièces mobiles;
- réinstaller les balançoires avec de nouveaux crochets en esse.

6.2.2 En été

Le site

- arroser, tondre et fertiliser le gazon;
- arroser les végétaux;
- nettoyer régulièrement le sable et la fibre de bois.

Les équipements

- faire une inspection hebdomadaire des équipements;
- faites les travaux de peinture notés au printemps.

6.2.3 À l'automne

Le site

- tailler et protéger les arbres et arbustes;
- ranger tous les objets utilisés exclusivement l'été.

Les équipements

- enlever les pièces amovibles sur les équipements;
- installer les clôtures à neige pour éviter l'accès aux équipements;
- lubrifier les pièces mobiles pour réduire la rouille;
- fermer les installations reliées à la plomberie (vidanger et souffler de l'air).

6.2.4 En hiver

Chaque semaine, inspecter la cour et plus particulièrement la pente pour glisser. Enlever les roches ou tout autre objet, surtout au pied de la pente. Une utilisation intense aura pour effet d'exposer le gazon. Ces zones doivent être recouvertes pour éviter le gel de la surface gazonnée.

Pour les équipements qui ne sont pas touchés par les normes de sécurité, il faut également adopter un programme d'entretien régulier.

La maisonnette

Vérification hebdomadaire :
- nettoyer l'intérieur ou encourager les enfants à le faire;
- vérifier les pentures;
- vérifier les écrous, les boulons, les vis et les clous.

Vérification annuelle:
- remplacer les pièces endommagées;
- sabler et repeindre les surfaces.

Le carré de sable

Vérification hebdomadaire:
- nettoyer et désinfecter le sable;
- niveler les surfaces;
- remblayer les bases et la structure de soutien.

Vérification annuelle:
- ajouter du sable;
- vérifier la solidité des bordures.

Les jeux d'eau

Vérification hebdomadaire:
- vérifier l'étanchéité des joints.

Vérification annuelle:
- vidanger les tuyaux et les équipements à l'automne.

Le monticule et les gradins

Vérification hebdomadaire:
- tondre le gazon une fois par semaine durant la saison de croissance;
- nettoyer la surface des débris;
- arroser au besoin.

Vérification annuelle:
- remplacer les plaques de gazon endommagées;
- fertiliser trois fois l'an;
- aérer chaque année pour contrer la compaction.

Le terrain d'aventure et la zone naturelle

Conserver en tout temps la surface libre de débris et ranger les objets qui ne sont pas destinés au terrain d'aventure.

La zone tranquille

Conserver les surfaces propres et libres de jouets et d'équipements destinés à un autre usage. Tailler et arroser les arbustes et maintenir les clôtures fonctionnelles et sécuritaires.

Les espaces verts

Établir un programme complet d'entretien de la surface (tonte, arrosage, fertilisation, aération) et des végétaux (tailles, fertilisation, arrosage, contrôle des maladies et des insectes et protection hivernale).

La surface de revêtements durs

Garder la surface propre en tout temps. Vérifier le déplacement de pavés de béton et les fissures dans l'asphalte et le béton qui peuvent se transformer en obstacles. Éliminer les mauvaises herbes qui apparaissent dans les joints et les fissures ou à la jonction des bordures.

Le mobilier

Vérifier les boulons et les écrous régulièrement. Sabler et repeindre le bois (pour éviter les échardes) et le métal au besoin.

6.3 AUTRES TYPES D'ENTRETIEN

L'aire extérieure de jeu est un espace très sollicité pendant une courte période de temps. Pour maintenir les qualités fonctionnelles et sécuritaires de cet espace, le service de garde doit réserver un budget d'entretien dans la planification des dépenses d'exploitation. Les sommes requises varient selon le type d'aménagement qui compose l'espace. Ainsi, divers types d'entretien sont nécessaires.

Les matériaux inertes

- le bois non traité: les constructions, par exemple, le cabanon;
- le bois traité;
- l'acier galvanisé;
- l'acier non galvanisé;
- le béton coulé en place;
- le pavé et les dalles de béton préfabriquées;
- l'asphalte.

Les revêtements de protection

- le sable;
- la fibre de bois;
- les tuiles de caoutchouc;
- le caoutchouc coulé en place.

Les matériaux vivants

- les arbres feuillus;
- les arbustes feuillus;
- les vivaces;
- les fleurs annuelles;
- le gazon.

Les équipements mécaniques

- les auvents et les toits en toile;
- les fontaines à boire.

Annexe A

FICHES PRATIQUES

Fiche 1

Observation des enfants dans l'aire extérieure de jeu

Fiche 2

Les matériaux pour les aires de circulation

Fiche 3

Liste de plantes suggérées

Fiche 4

Liste de plantes toxiques

Fiche 5

Liste des zones et des éléments

Fiche 6

Les potentiels et les contraintes du site

FICHE 1 OBSERVATION DES ENFANTS DANS L'AIRE EXTÉRIEURE DE JEU

Cette fiche a pour but d'aider ceux qui possèdent déjà une aire extérieure de jeu à évaluer leur site.

- [ ] Comment les enfants se déplacent-ils naturellement dans l'espace?

- [ ] Quels espaces les enfants préfèrent-ils?

- [ ] Quels espaces les enfants aiment-ils le moins?

- [ ] Quels équipements de jeu les enfants préfèrent-ils?

- [ ] Quels jeux non disponibles dans la cour demandent-ils le plus souvent?

- [ ] Y a-t-il des espaces où les enfants se blessent souvent?

- [ ] L'espace de rangement est-il facilement accessible aux enfants pour qu'ils rangent eux-mêmes les équipements?

- [ ] L'espace protégé du soleil est-il suffisant?

- [ ] Certains espaces sont-ils trop petits pour l'usage que les enfants en font?

- [ ] Y a-t-il plusieurs espaces où les enfants se cachent et où il est difficile de les voir?

- [ ] Les enfants utilisent-ils certains espaces ou équipements d'une manière dangereuse ou qui n'avait pas été planifiée?

Fiche 2 LES MATÉRIAUX POUR LES AIRES DE CIRCULATION

MATÉRIAUX	AVANTAGES	INCONVÉNIENTS
☐ Poussière de pierres	S'adapte à plusieurs types d'aménagements. Convient aux fauteuils roulants.	Ne résiste pas au ruissellement. Colle aux chaussures quand elle est humide.
☐ Gravier	Se draine bien. Absorbe les chutes.	Il faut apprendre aux enfants à ne pas lancer les pierres ni à les mettre à la bouche. Peut dissimuler des excréments d'animaux ou des objets dangereux.
☐ Copeaux de bois	Faciles à obtenir (pourraient être donnés par la municipalité). Parfaits pour les milieux naturels. Se décomposent graduellement pour ajouter de la matière organique au sol. Sentent bon. Se drainent bien.	Nécessaire d'en ajouter régulièrement (tous les 2 ou 3 ans). Les copeaux de conifères sont plus durables. S'étendent et s'éparpillent. Nécessaire de balayer pour maintenir dans l'espace voulu. Peut dissimuler des excréments d'animaux ou des objets dangereux.
☐ Asphalte, pavés de béton et béton coulé en place	Parfaits pour rouler en tricycle. Peuvent être peints pour créer des jeux. Sèchent rapidement en pente. Conviennent aux fauteuils roulants.	Absorbent mal les chutes. Aspect très rigide s'ils ne sont pas peints. Le sable et le gravier perlé les rendent très glissants. Deviennent brûlants sous le soleil d'été (surtout l'asphalte). Imperméables : essentiel d'assurer le drainage des surfaces. Peuvent craquer avec le temps, besoin de réparer.
☐ Caoutchouc synthétique en dalles ou coulé	Proposé en diverses couleurs et épaisseurs. Absorbe les chutes. Convient aux fauteuils roulants. Peut être installé sur le béton, l'asphalte et une fondation granulaire. Facile à nettoyer.	Dispendieux. Installation professionnelle nécessaire. Inflammable. Peut se briser au gel. Durcit avec le temps.
☐ Bois, planches, billots de bois coupés	Ajoutent un élément de design (ponceaux, poutres, sentiers). Chaleureux, naturels et confortables.	Nécessitent de l'entretien : doivent être traités régulièrement (de préférence avec des produits non toxiques) et sablés à l'occasion pour éviter les éraflures. Peuvent devenir glissants quand ils sont mouillés.

LISTE DE PLANTES SUGGÉRÉES

Voici quelques suggestions de plantes. Bien sûr, il y en a beaucoup d'autres à découvrir! Pour en savoir plus, consulter les guides de plantes ou d'aménagement paysager, ou encore les professionnels (horticulteurs, pépiniéristes, architectes paysagistes). Il est important de choisir des plantes qui seront adaptées au site. Se renseigner pour connaître la zone de rusticité de sa région et se reporter à l'analyse du site pour le type de sol. Vérifier également les restrictions de la réglementation municipale pour certaines espèces d'arbres.

POUR LES COULEURS

NOM COMMUN	NOM LATIN	PARTICULARITÉS	ENSOLEILLEMENT	SOL	ZONE DE RUSTICITÉ
ARBRES					
Érable rouge	*Acer rubrum*	Feuilles rouges à l'automne	Mi-ombre/soleil	Humide	3b
Érable à sucre	*Acer saccharum*	Feuilles orange-rouge à l'automne	Soleil	Riche, profond	4
Ginko biloba	*Ginko biloba*	Feuilles jaunes à l'automne Médicinal	Soleil	Peu exigeant Léger, profond	4
Mélèze	*Larix laricina*	Épines deviennent jaunes à l'automne et tombent pour former un tapis	Mi-ombre/soleil	Frais	1
ARBUSTES					
Amélanchier du Canada	*Amelanchier canadensis*	Feuilles rouges à l'automne Feuilles blaches ou roses	Mi-ombre/soleil	Sec, bien drainé	2b
Arbre à perruque	*Corylus coggygria*	Nuage de fleurs roses ou blanches en été, feuilles vertes ou pourpres	Soleil	Bien drainé	4b
Cornouiller	*Cornus alba*	Tiges rouges visibles l'hiver	Mi-ombre/soleil	Tous	2
Cornouiller du Canada	*Cornus canadensis*	Fleurs hâtives au printemps	Tous	Humide, acide	2
Cornouiller à tige jaune	*Cornus Stolonifera « Flaviramea »*	Tiges jaunes visibles l'hiver	Mi-ombre/soleil	Tous	1b
Forsythia	*Forsythia*	Fleurs jaunes hâtives au printemps	Soleil	Riche, profond, bien drainé	4
Sorbier des oiseaux	*Sorbus aucuparia*	Fruits rouges appréciés des oiseaux qui restent sur les branches en hiver	Mi-ombre/soleil	Bien drainé	3
Vinaigrier	*Rhus typhina*	Feuilles rouges à l'automne Fruits rouges qui persistent tout l'hiver Attention : envahissant	Soleil	Tous	3
Viorne trilobée	*Viburmum trilobum*	Feuilles rouges à l'automne Fruits comestibles appréciés des oiseaux	Mi-ombre/soleil	Fertile, bien drainé	2

POUR LA FORME

NOM COMMUN	NOM LATIN	PARTICULARITÉS	ENSOLEILLEMENT	SOL	ZONE DE RUSTICITÉ
ARBUSTES					
Noisetier tortueux	*Corylus avellana « Contorta »*	Branches tordues	Soleil	Meuble, bien drainé	5
PLANTES VIVACES					
Ail géant	*Allium giganteum*	Fleurs en forme de boule de couleur violacée	Soleil	Sec, bien drainé	4
Astilboides tabularis	*Astilboides tabularis*	Feuilles géantes Plante envahissante difficile à contrôler	Ombre/mi-ombre	Acide, riche	5
Liatride à épis	*Liatris spicata*	Épis touffus de fleurs rose violacé	Soleil	Riche, bien drainé	3
Ligulaire à épis	*Ligularia stenocephala*	Épis de fleurs jaunes de 1,5 mètre, très grandes feuilles	Mi-ombre/soleil	Riche, frais	4
Lysimaque à feuille de cléthra	*Lysimachia clethroides*	Épis de fleurs blanches en forme de cou de cygne (peut devenir envahissant)	Mi-ombre/soleil	Frais	3
Marguerite blanche	*Chrysanthemum maximum*	Un classique des champs fleuris	Soleil	Riche, bien drainé	3b
Tournesols (A)	*Heliantus annus*	Impressionnant par sa hauteur (2 m)	Soleil	Riche, calcaire	—
GRAMINÉES					
Miscanthus	*Miscanthus sinensis*	Grands plumeaux doux et argentés	Soleil	Riche, humide	4
FOUGÈRES					
Fougère à l'autruche	*Matteucia struthiopteris*	Grande fougère dense et érigée Pousses comestibles	Ombre/mi-ombre	Frais, humide	4a
Onoclée sensible	*Onoclea sensibilis*	Grande fougère dense et érigée	Ombre/mi-ombre	Frais, humide	3b
AUTRES IDÉES					
Labyrinthe en haie de cèdres	*Thuya occidentalis*	La plante indigène devient très grande (mais belle) Offre de l'habitat pour les oiseaux	Mi-ombre/soleil	Tous	3
Structure de bois avec fèves grimpantes géantes (A)		Choisir des fèves géantes comme la variété « Scarlett Runner »	Soleil	Peu exigeant	—

(A) : Plante annuelle

POUR LES ODEURS

NOM COMMUN	NOM LATIN	PARTICULARITÉS	ENSOLEILLEMENT	SOL	ZONE DE RUSTICITÉ
FINES HERBES *(la plupart de ces herbes ont aussi des propriétés médicinales)*					
Lavande	*Lavandula*	Peut facilement être séchée pour créer des pots-pourris	Soleil	Sec, calcaire	5
Marjolaine	*Origanum majorana*	Peut facilement être séchée et utilisée dans la cuisine	Soleil	Léger, bien drainé	4
Mélisse	*Melissa officinalis*	Bonne en tisane, odeur de citron	Tous	Humide, bien drainé, acide	4
Menthe	*Mentha*	Bonne en tisane Peut facilement être séchée	Tous	Riche, bien drainé	4
Origan	*Origanum*	Peut facilement être séché Bon dans le spaghetti !	Mi-ombre/soleil	Léger, fertile, sec à modérément humide	4
Sauge	*Salvia officinalis*	Peut facilement être séchée	Soleil	Alcalin	4
Thym	*Thymus*	Bon en tisane Peut facilement être séché et utilisé dans la cuisine	Soleil	Sec	4
ARBUSTES À FLEURS					
Lilas	*Syringa*	Les fleurs du syringa vulgaris sont comestibles	Soleil	Profond, fertile, alcalin	2-3
Phlox	*Phlox*	Attire les papillons	Soleil	Profond, bien drainé	3
Seringat virginal	*Philadelphus virginalis*	Odeur très forte au début de l'été, attire les papillons	Mi-ombre/soleil	Tous	4

POUR LE TOUCHER

FINES HERBES					
Joubarbe	*Sempervivum x hybridum*	Feuilles grasses en rosettes denses	Soleil	Bien drainé	3
Oreilles d'ours	*Stachys byzantina*	Feuilles argentées et poilues, très douces	Soleil	Bien drainé	3
Sauge	*Salvia officinalis*	Texture un peu rugueuse	Soleil	Alcalin	4
Miscantus	*Miscantus sinensis*	Grands plumeaux, très doux, argentés, très grande plante	Soleil	Riche, humide	4
Thym laineux	*Thymus*	Texture de laine	Soleil	Riche, humide	4
Pennisetum	*Pennisetum aloenperoides*	Épis très doux à partir du milieu de l'été Planter dans un endroit protégé	Soleil	Bien drainé	5b

(A) : Plante annuelle

POUR LES FRUITS (les plantes à fruits attirent aussi les oiseaux)

NOM COMMUN	NOM LATIN	PARTICULARITÉS	ENSOLEILLEMENT	SOL	ZONE DE RUSTICITÉ
Amélanchier du Canada	*Amelanchier canadensis*	Facile à cultiver	Mi-ombre/soleil	Sec	3
Aronie noire	*Aronaria melanocarpa*	Facile à cultiver	Mi-ombre/soleil	Fertile, supporte les sols secs	4
Bleuets	*Vaccinum angustifolium*	Excellents dans les tartes !	Soleil	Acide et tourbeux	3 à 7
Cassis	*Ribes nigrum*	Très bon en gelée ou en confitures	Soleil	Acide	3
Fraises	*Fragaria anassa*	Remplacer les plants tous les 2 ou 3 ans pour une bonne production	Soleil	Bien drainé	3 à 10
Pommier	*Malus*	La plupart des cultivars sont sujets aux maladies	Soleil	Bien drainé	2 à 4b

POUR ATTIRER LES PAPILLONS

ARBUSTES

Arbuste à papillon	*Buddleia davidii*	Sensible au froid	Soleil	Meuble, bien drainé	5
Lilas	*Syringa*	Les fleurs sont comestibles et odorantes, idéales pour les bouquets	Soleil	Profond, fertile, alcalin	2-3
Spirées	*Spirea*	Plusieurs variétés sont proposées	Soleil	Fertile	2-3

FLEURS

Aster	*Aster*	Fleurit tard à l'automne	Mi-ombre/soleil	Bien drainé	3-4
Bourrache (A)	*Borago officinalis*	Fleurs et pousses comestibles	Mi-ombre/soleil	sec	—
Centaurée des montagnes	*Centaurea*	Fleurs comestibles	Mi-ombre/soleil	Meuble, bien drainé	3
Échinacée	*Echinacea purpurea*	Très bonne contre la grippe l'hiver	Mi-ombre/soleil	Bien drainé	3
Menthe	*Mentha*	Bonne en tisane Peut facilement être séchée	Tous	Riche, bien drainé	4
Monarde	*Monarda*	Fleur comestible	Mi-ombre/soleil	Riche, humide	3
Phlox des jardins	*Phlox*	Très odorant	Soleil	Bien drainé	3
Tournesols (A)	*Heliantus annus*	Impressionne par sa hauteur (2 m)	Soleil	Riche, calcaire	—

(A) : Plante annuelle

LES FLEURS COMESTIBLES

NOM COMMUN	NOM LATIN	PARTICULARITÉS	ENSOLEILLEMENT	SOL	ZONE DE RUSTICITÉ
Ail, oignon et ciboulette (A)	*Allium*	Toute la plante est comestible	Soleil	Peu exigeant	—
Bourrache (A)	*Borago officinalis*	Attire les papillons	Mi-ombre/soleil	Sec	—
Capucine (A)	*Tropaleum majus*	Très bonne en salade Convient bien aux bacs à fleurs	Soleil	Tous, pauvres	—
Hémérocalle ou lys d'un jour	*Hemerocallis*	Goût de salade un peu sucré Culture facile	Mi-ombre/soleil	Frais	2-3
Mauve musquée	*Malva*	Utilisée en tisane contre la toux	Mi-ombre/soleil	Tous, bien drainé	3
Monarde	*Monarda*	Attire les papillons, bonne en tisane	Mi-ombre/soleil	Riche, humide	3
Pensée, violette	*Viola*	Se ressème et se répand facilement	Mi-ombre/soleil	Tous, bien drainés	3
Souci (A)	*Calendula officinalis*	Bonne compagne des plantes potagères	Soleil	—	—

(A) : Plante annuelle

FICHE 4 LISTE DE PLANTES TOXIQUES

La toxicité des plantes de cette liste varie de l'irritation cutanée à la mort. Certains enfants pourraient aussi avoir des réactions allergiques alimentaires à d'autres plantes comme les fraises, qui ne sont pas dans cette liste.

NOM COMMUN	NOM LATIN	NOM ANGLAIS
ARBRES		
Marronnier d'Inde	*Aesculus hippocastanum*	Horse chestnut
Cerisier sauvage, cerisier de Virginie	*Prunus virginiana*	Choke cherry
Chicot	*Gymnocladus dioica*	Kentucky Coffee Tree
Faux acacia	*Robinia pseudo-acacia*	Black locust, honey locust, false acacia
Chêne (fruits)	*Quercus*	Oak
ARBRES		
Azalée	*Azalea*	Azalea
Buis	*Buxus*	Boxwood
Cotonéaster	*Cotoneater*	Cotoneaster
Cytise	*Cytisus scoparius*	Scottish broom
Daphnée	*Daphne mezereum*	Daphne
Datura stramoine (A)	*Datura stramonium*	Thoen apple
Euonymus	*Euonymus*	Euonymus, burning bush
Hydrangée, hortensia	*Hydrangea*	Snow ball flower
Houx	*Ilex*	Holly
Rhododendron	*Rhododendron*	Rhododendron
Chèvrefeuille	*Lonicera*	Honeysuckle
Sureau	*Sambucus canadensis*	Red berry elder
Symphorine	*Symphoricarpos*	Waxberry, snowberry
Troène commun	*Ligustrum vulgare*	Privet
If	*Taxus*	Yew, Ground hemlock
PLANTES GRIMPANTES		
Bourreau des arbres	*Celastrus scandens*	Climbing bittersweet
Clématite	*Clematis (famille)*	Clematis
Gloire du matin	*Ipomea tricolor*	Morning glory
Lierre	*Hedera belix*	Ivy, English ivy
Morelle douce-amère	*Solanum dulcamara*	Climbing nightshade
Pois de senteur	*Lathyrus odoratus*	Sweet pea
Pois sauvage	*Lathyrus*	Wild peas
Raisin de couleuvre	*Menispermum canadense*	Moonseed
Vigne vierge grimpante	*Parthenosissus quinquefoli*	Virginia creeper, American ivy, Woodbine
PLANTES HERBACÉES ET BULBES		
Achillée millefeuille	*Achillea millefolium*	Yarrow
Aconit	*Aconitum napellus*	Monkshood, aconite, wolfsbane
Actée (blanche et rouge)	*Actaea*	Baneberry
Anémone	*Anemone*	Anemone
Armoise	*Artemisia*	Wormwood
Asclépiade (crue)	*Asclepias*	Milkweed

(A) : Plante annuelle

FICHE 4 LISTE DES PLANTES TOXIQUES (SUITE)

NOM COMMUN	NOM LATIN	NOM ANGLAIS
PLANTES HERBACÉES ET BULBES (suite)		
Bouton d'or, fleur de beurre	*Ranunculus (famille)*	Buttercup, Bachelor button
Carotte à Moreau	*Cicuta maculata*	Water hemlock
Chou puant	*Symplocarpus foetidus*	Skunk cabbage
Ciguë maculée	*Conium maculatum*	Poison hemlock
Cœur saignant	*Dicentra (famille)*	Bleeding heart
Crocus d'automne	*Colchicum automnale*	Autumn crocus
Digitale, morelle à grappes	*Digitalis*	Foxglove
Euphorbe	*Euphorbia*	Spurge
Glaïeul	*Gladiolus*	Gladiolus
Hellebore blanc, Berâtre vert	*Veratum viride*	Indian hellabore, American white hellabore
Herbe à puce	*Rhus radicans*	Poison ivy
Iris	*Iris*	Iris
Jacinthe (bulbe)	*Hyacinthus*	Hyacinth
Jonquille et narcisse (bulbe)	*Narcissus*	Daffodil
Lanterne chinoise	*Physalis*	Chinese lantern
Lobélie vivace et annuelle	*Lobelia*	Cardinal flower
Lupin	*Lupinus*	Lupine
Millepertuis	*Hypericum perforatum*	St-John's-Wort
Morelle douce-amère	*Solanum dulcamara*	Nightshade
Moutarde des champs	*Brassica kaber*	Wild mustard
Muguet	*Convallaria majalis*	Lily of the valley
Pavot	*Papaver*	Poppy
Perce-neige	*Galanthus nivalis*	Snowdrop
Pied d'alouette, dauphinelle	*Delphinium*	Larkspur
Pois sauvage	*Vicia sativa*	Common vetch
Ricin (graines)	*Ricinus communis*	Castor oil plant
Souci d'eau	*Caltha palustris*	Marsh marigold
Tabac	*Nicotina tabacum*	Tobacco
Tulipe	*Tulipa*	Tulip
PLANTES POTAGÈRES		
Rhubarbe (feuilles)	*Rheum rhabarbarum*	Rhubarb
Tomates (tiges et feuilles)	*Lycopersicon esculentum*	Tomato
Pomme de terre (partie aérienne)	*Solanum tuberosum*	Potato

Plusieurs variétés de champignons sont également toxiques; consulter les guides.

FICHE 5 LISTE DES ZONES ET DES ÉLÉMENTS

Cette fiche à pour but d'aider les responsables du projet à compiler leurs idées pour l'aménagement de l'aire extérieure de jeu. On pourra la remettre au chargé de design.

ZONE	ÉLÉMENTS À INTÉGRER	CRITÈRES DE DESIGN ET IDÉES	NOMBRE D'ENFANTS UTILISATEURS

Fiche 6 LES POTENTIELS ET LES CONTRAINTES DU SITE

POTENTIEL	MISE EN VALEUR

CONTRAINTE	SOLUTION

Annexe B

ÉTUDES DE CAS

Projet 1

CPE Deux par deux

Projet 2

CPE Fleur de Papier

Projet 3

CPE Ses Amis

Projet 4

CPE L'escouade des mioches

Projet 5

CPE Des câlins

Projet 6

CPE Ami-soleil

Projets 7

Aires de jeu pour les 18 mois et moins

Projet 1

CPE Deux par deux

INSTALLATION EXISTANTE

Grande cour, réaménagement complet

Problématique

Les équipements en place étaient désuets et ne répondaient plus aux normes en vigueur. De sérieux problèmes de drainage inondaient une partie du terrain. Le mandat consistait à créer des zones et des espaces à caractères et à ambiances particuliers.

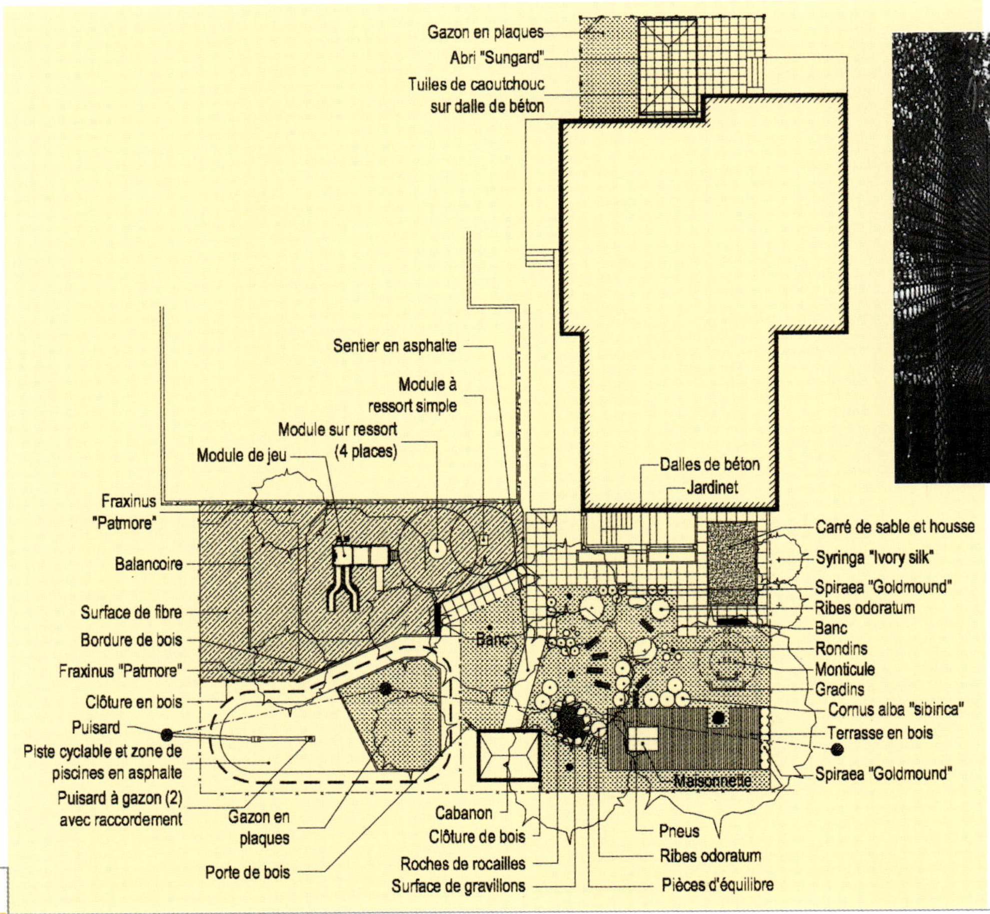

Terrasse de jeu

Zone de jeu d'eau
et piste cyclable
en caoutchouc

Superficie	**595 m²**
Année de réalisation	**2000**
Durée du processus de conception	**4 mois**
Durée des travaux de construction	**4 semaines**
Coûts de construction	**62 663 $**
taxes en sus, soit	**105 $/m²**
Préparation du site	4 500 $
Balançoire à déplacer	575 $
Surface d'asphalte (87 m²)	4 220 $
Pavage de dalles de béton (50 m²)	3 390 $
Surface de gravillon (2,5 m²)	195 $
Gazon en plaques (100 m²)	900 $
Revêtement caoutchouc piste cyclable 10 mm (81 m²)	6 662 $
Surface de fibre de cèdre (165 m²)	5 416 $
Bordure de bois (57 m.lin.)	1 007 $
Terrasse de bois au niveau du sol (31 m²)	2 728 $
Carré de sable	1 200 $
Clôture basse en bois (6 m.lin.)	960 $
Banc de bois (4 m.lin.)	640 $
Jardinet	700 $
Gradins de bois	125 $
Arbres frênes 70mm (4 unités)	1 500 $
Arbres lilas 60mm (2 unités)	800 $
Arbustes (30 unités)	882 $
Housse carré de sable	300 $
Drainage souterrain	1 615 $
Ajout point d'eau	1 360 $
Pneus enfouis (7 unités)	252 $
Rondins enfouis (8 unités)	112 $
Pièces de bois enfouis (4 unités)	100 $
Pierres plates (2 unités)	72 $
Roches à rocailles (9 unités)	495 $
Module de jeu 2-5 ans	19 648 $
Module à ressort 4 places	1 300 $
Module à ressort 1 place	1 009 $

Projet 2

CPE Fleur de papier

INSTALLATION EXISTANTE

Cour moyenne, réaménagement complet

Problématique

Le projet consistait à refaire l'aménagement de l'aire extérieure de jeu pour créer des espaces pouvant répondre à divers besoins de stimulation et à diviser l'aire en zones pour empêcher les enfants de courir d'une zone à l'autre. Enfin, il faillait régler les problèmes de rangement et de drainage.

Panneaux séparateurs

Carré de sable

Haie

Piste cyclable

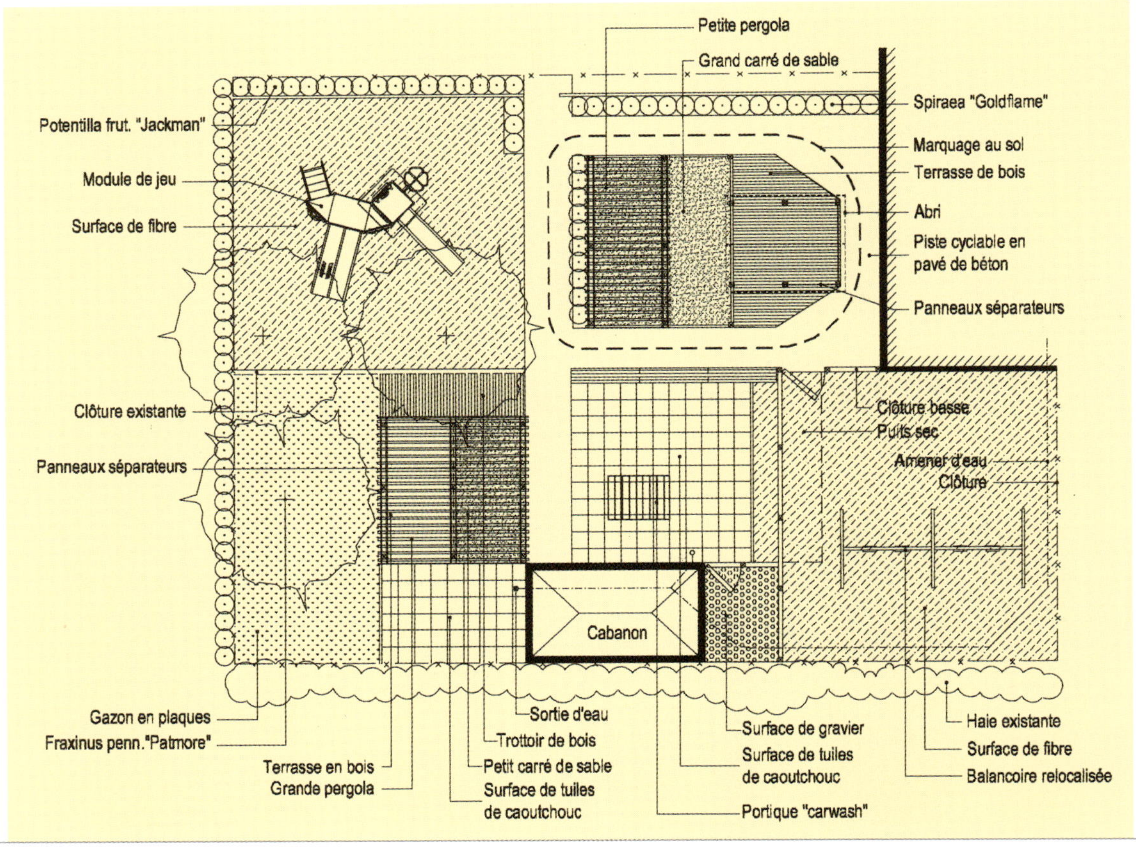

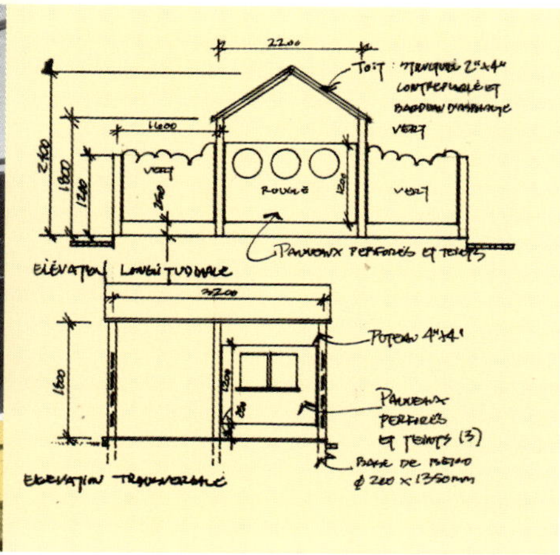

Bancs à hauteur variable   Cloisons   Abri

Détails : panneaux séparateurs / abri

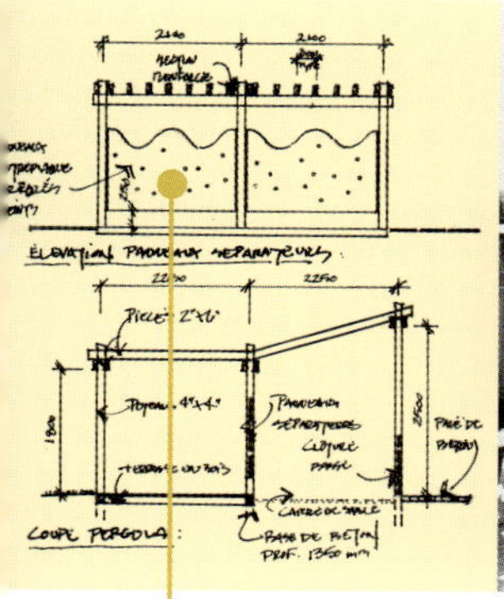

Panneaux séparateurs

Pergola

Superficie	**378 m²**
Année de réalisation	**1998**
Durée du processus de conception	**3 mois**
Durée des travaux de construction	**4 semaines**
Coût de construction	**54 500 $**
taxes en sus, soit	**144 $/m²**
Préparation du site et excavation	3 940 $
Drainage puits sec	560 $
Ajouter deux points d'eau	850 $
Cabanon	3 500 $
Bordure de bois	750 $
Grande pergola et panneaux séparateurs	1 764 $
Terrasse en bois au niveau du sol	3 165 $
Petite pergola	822 $
Abri et panneaux séparateurs	2 152 $
Clôture basse en bois	1 275 $
Bancs	1 350 $
Réfection du trottoir de pavé de béton	5 238 $
Grand carré de sable	1 301 $
Petit carré de sable	642 $
Surface de gravier	110 $
Gazon en plaques (38 m²)	190 $
Balançoire à déplacer	180 $
Portique « Lave auto »	1 763 $
Housse de carré de sable	580 $
Arbres frênes 70 mm (3 unités)	660 $
Arbustes (67 unités)	1 206 $
Tuiles de caoutchouc (130 m²)	6 353 $
Module de jeu 2-5ans	10 832 $
Surface de fibre de cèdre (147 m²)	5 269 $

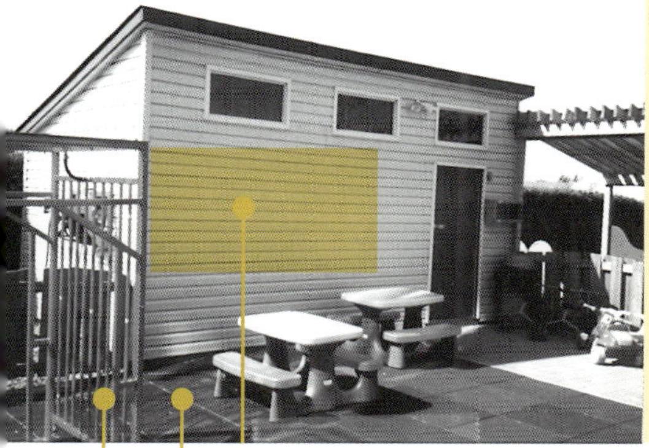

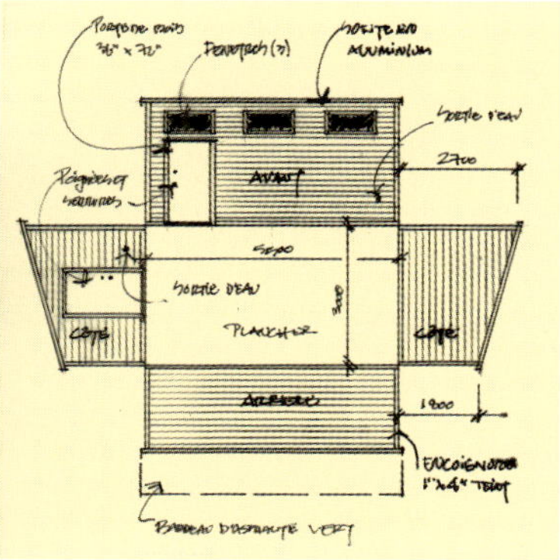

Espace pour tableau pour peindre

Détails : cabanon

Zone de jeux d'eau en tuiles de caoutchouc

Portique « Lave auto »

Nouveau module de jeu 18 mois-5 ans

Surface amortissante en fibre de cèdre

Projet 3

CPE Ses Amis

INSTALLATION EXISTANTE

Petite cour, réaménagement complet

Problématique

La cour posait des problèmes sérieux de sécurité et de propreté. Le sable recouvrait l'ensemble de l'aire extérieure de jeu, de dimension très réduite. Les équipements étaient désuets et ne répondaient plus aux normes en vigueur. Un budget très serré a régi le choix des équipements et des traitements de surfaces.

AVANT

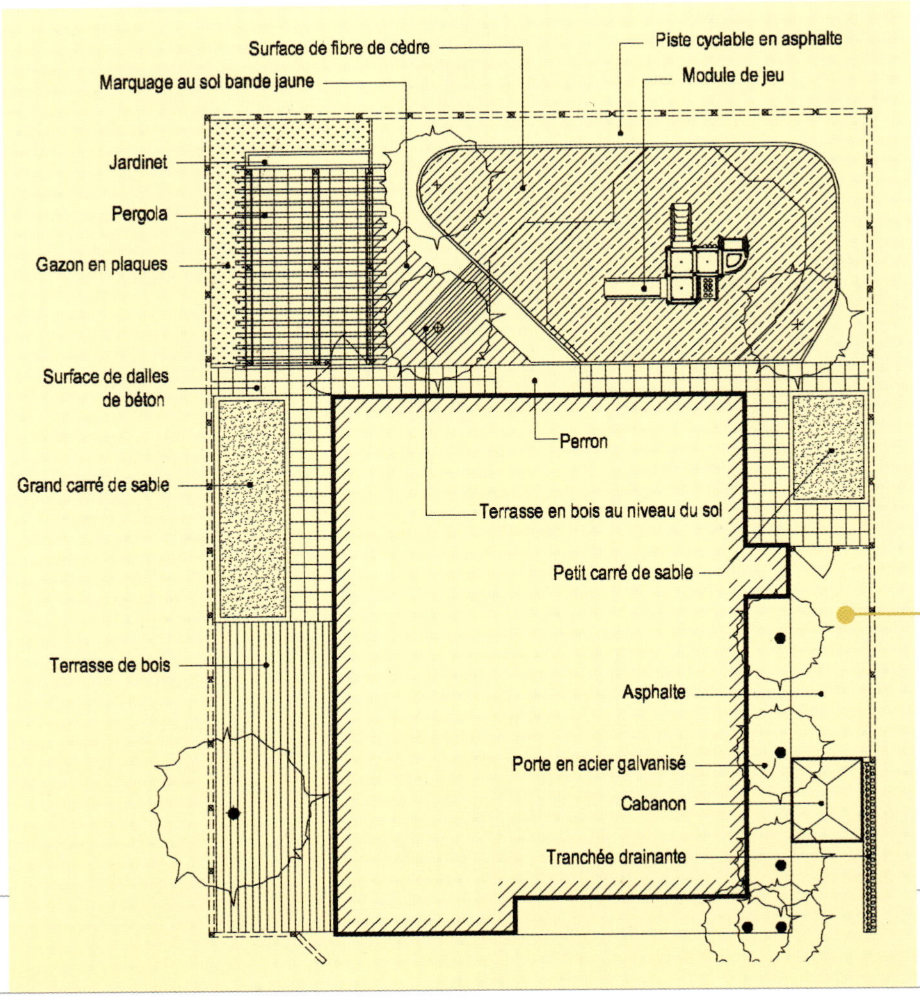

APRÈS

Nouveau module de jeu 18 mois-5 ans

Piste cyclable

Superficie	**230 m²**
Année de réalisation	**1998**
Durée du processus de conception	**6 mois**
Durée des travaux de construction	**2 semaines**
Coût de construction taxes en sus, soit	**32 000 $ 139 $/m²**
Préparation du site et excavation	2 550 $
Surface de dalles de béton (45 m²)	2 160 $
Surface d'asphalte (45 m²)	2 208 $
Marquage de l'asphalte	400 $
Bordure de bois	255 $
Grand carré de sable	1 375 $
Petit carré de sable	890 $
Clôture de bois h. 180 m (65 m.lin.)	6 372 $
Clôture de bois h. 0,75 m (15 m.lin.)	1 680 $
Jardinet de bois	340 $
Pergola	3 000 $
Terrasse de bois au niveau du sol	450 $
Arbres frênes 70mm (3 unités)	960 $
Porte en acier galvanisé h. 1,2 m	575 $
Housse du grand carré de sable	275 $
Housse du petit carré de sable	175 $
Tranchée drainante	160 $
Surface de fibre de cèdre (67 m²)	2 088 $
Module de jeu	6 000 $

Clôture basse de bois

Changement de matériau

Pergola

Nouveau module de jeu 18 mois-5 ans

Projet 4

CPE L'escouade des mioches

NOUVELLE INSTALLATION

Grande cour, aménagement complet

Problématique

Cette immense cour n'offrait aucune zone ombragée et exigeait une organisation spatiale qui permettrait aux enfants de se retrouver dans divers espaces de jeu et d'apprentissage.

AVANT

APRÈS

Terrasse en bois — Carré de sable — Modules à ressort — Butte

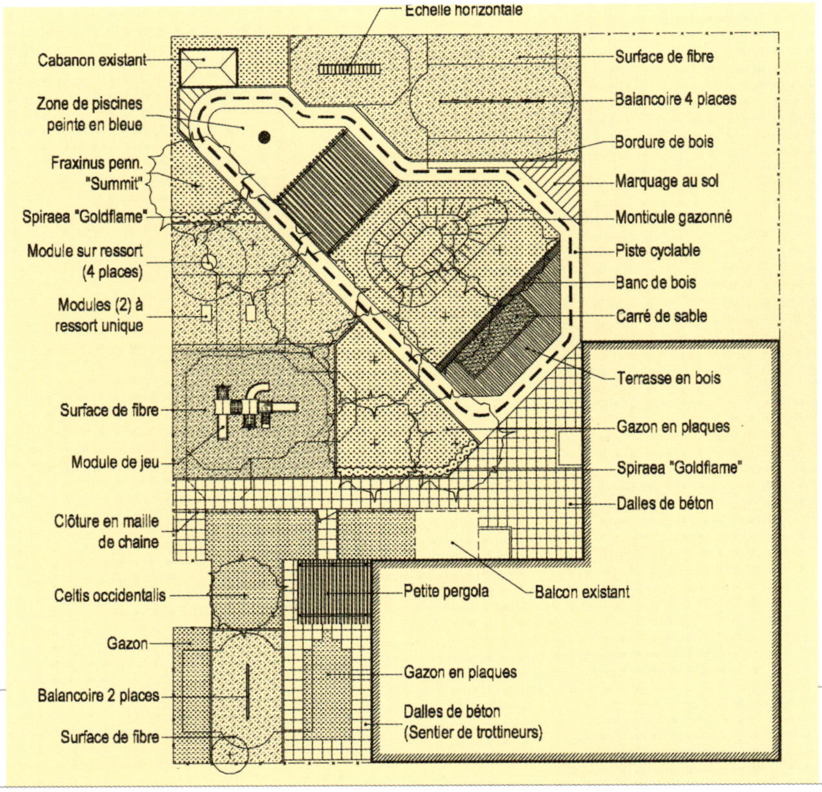

Superficie	**1166 m²**
Année de réalisation	**1999-2000**
Durée du processus de conception	**2X 2 mois**
Durée des travaux de construction	**2 x 3 semaines**
Coût de construction	**72 900 $**
taxes en sus, soit	**63 $/m²**

Phase 1–1999

Décapage et excavation	1 850 $
Surface de dalles de béton (92 m²)	6 072 $
Bordure de bois (48 m.lin.)	1 164 $
Clôture en maille de chaîne (h. 1,2 m)	1 050 $
Arbres frênes 60mm (8 unités)	1 050 $
Arbre celtis 90mm (1 unité)	530 $
Surface de fibre (85 m²)	2 975 $
Module de jeu	15 000 $

Phase 2–2000

Décapage et excavation	5 000 $
Balançoire à déplacer	250 $
Surface d'asphalte (118 m²)	5 418 $
Surface de dalles de béton (49 m²)	4 875 $
Gazon en plaques (140 m²)	665 $
Bordure de bois (140 m.lin.)	2 340 $
Trottoir de bois au niveau du sol (54 m²)	2 310 $
Grande pergola	4 232 $
Petite pergola	2 208 $
Carré de sable	1 050 $
Banc de bois (11 m.lin.)	1 400 $
Arbustes (26 unités)	572 $
Surface de fibre (222 m²)	6 598 $
Balançoire 4 places	2 941 $
Échelle horizontale	1 200 $
Module à ressort 4 places	1 115 $
Module à ressort une place	1 025 $

Projet 5

CPE Des câlins

NOUVELLE INSTALLATION

Cour moyenne, aménagement complet

Problématique

Le site, sur une portion de terrain élevé, est exposé aux vents et au soleil intense. Le mandat consistait à créer des zones bien définies et sécuritaires.

Zone de jeux calmes

Nouveau module de jeu
15 mois-5 ans

Auvent

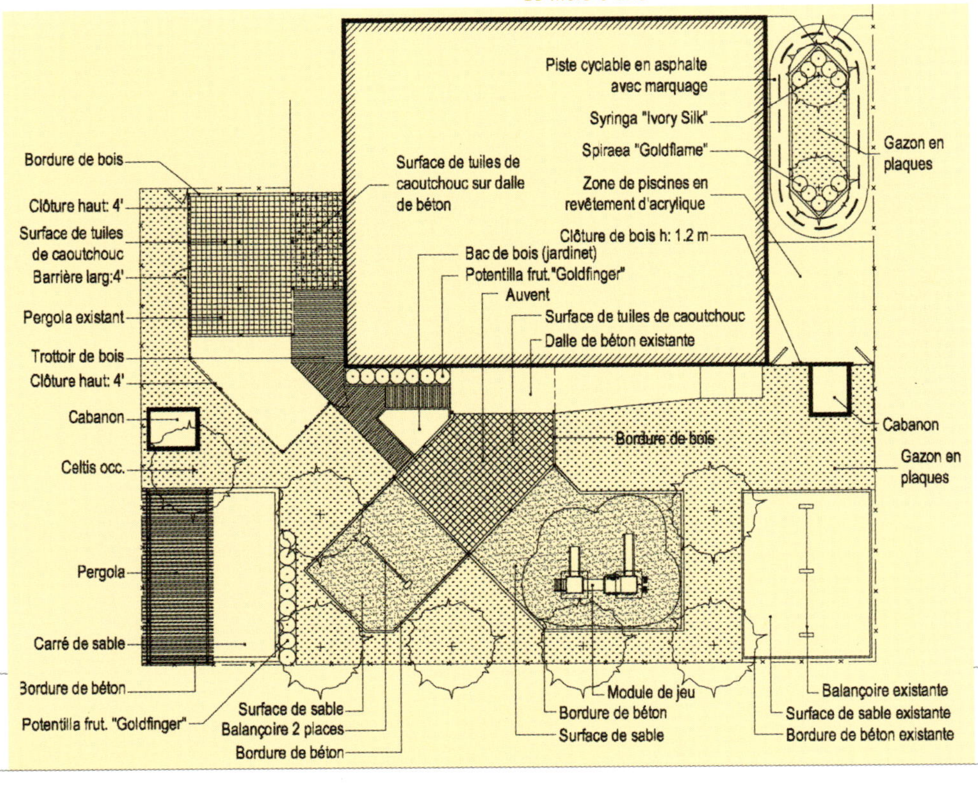

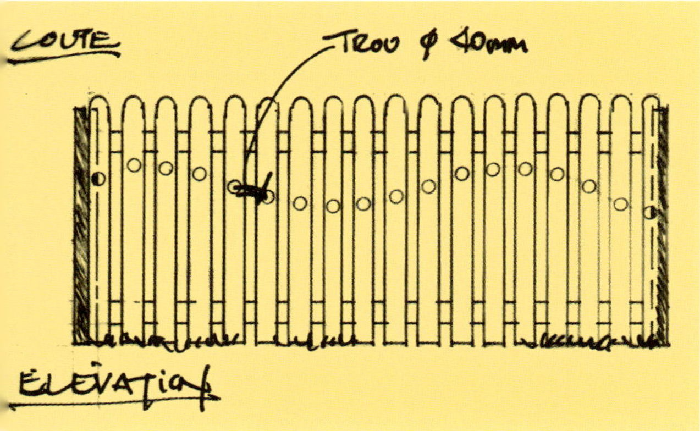

Superficie	919 m²
Année de réalisation	1998-2000
Durée du processus de conception	2 x 2 mois
Durée des travaux de construction	2 x 3 semaines
Coût de construction	58 712 $
taxes en sus, soit	64 $/m²
Phase 1–1998	
Trottoir de bois au niveau du sol	2 148 $
Clôture de bois h. 1,2 m (23 m.lin.)	1 265 $
Bac de jardinage en bois	807 $
Aire de sable–balançoires	2 210 $
Aire de sable–module de jeu (global)	2 998 $
Gazon en plaques (130 m²)	650 $
Pavage de dalles de béton (8,6 m²)	688 $
Arbres celtis 60mm (7 unités)	1 540 $
Arbustes (16 unités)	288 $
Module de jeu	10 852 $
Phase 2–2000	
Asphalte piste cyclable (100 m²)	4 200 $
Marquage de la piste (global)	200 $
Gazon en plaques (20 m²)	160 $
Bordure de bois (25 m.lin.)	600 $
Cabanon	1 200 $
Clôture de bois h. 1,2 m	400 $
Pergola carré de sable	4 000 $
Arbres lilas 50mm (2 unités)	600 $
Revêtement de caoutchouc 10mm (39 m²)	3 912 $
Surface de tuiles de caoutchouc sur dalle existante (14 m²)	1 244 $
Surface de tuiles de caoutchouc sur fondation (108 m²)	9 456 $
Auvent	5 000 $
Pergola (corvée)	3 000 $
Balançoire 2 places en bois	1 294 $

Projet 6

CPE Ami-soleil

NOUVELLE INSTALLATION

Petite cour, aménagement complet

Problématique

L'espace de jeu réservé pour cette nouvelle installation est situé dans un ancien stationnement donc entièrement asphalté et entouré d'asphalte. Le soleil et l'asphalte ont tendance à surchauffer l'espace, qui devient inutilisable. Le mandat consistait à rendre cet espace confortable et stimulant.

AVANT

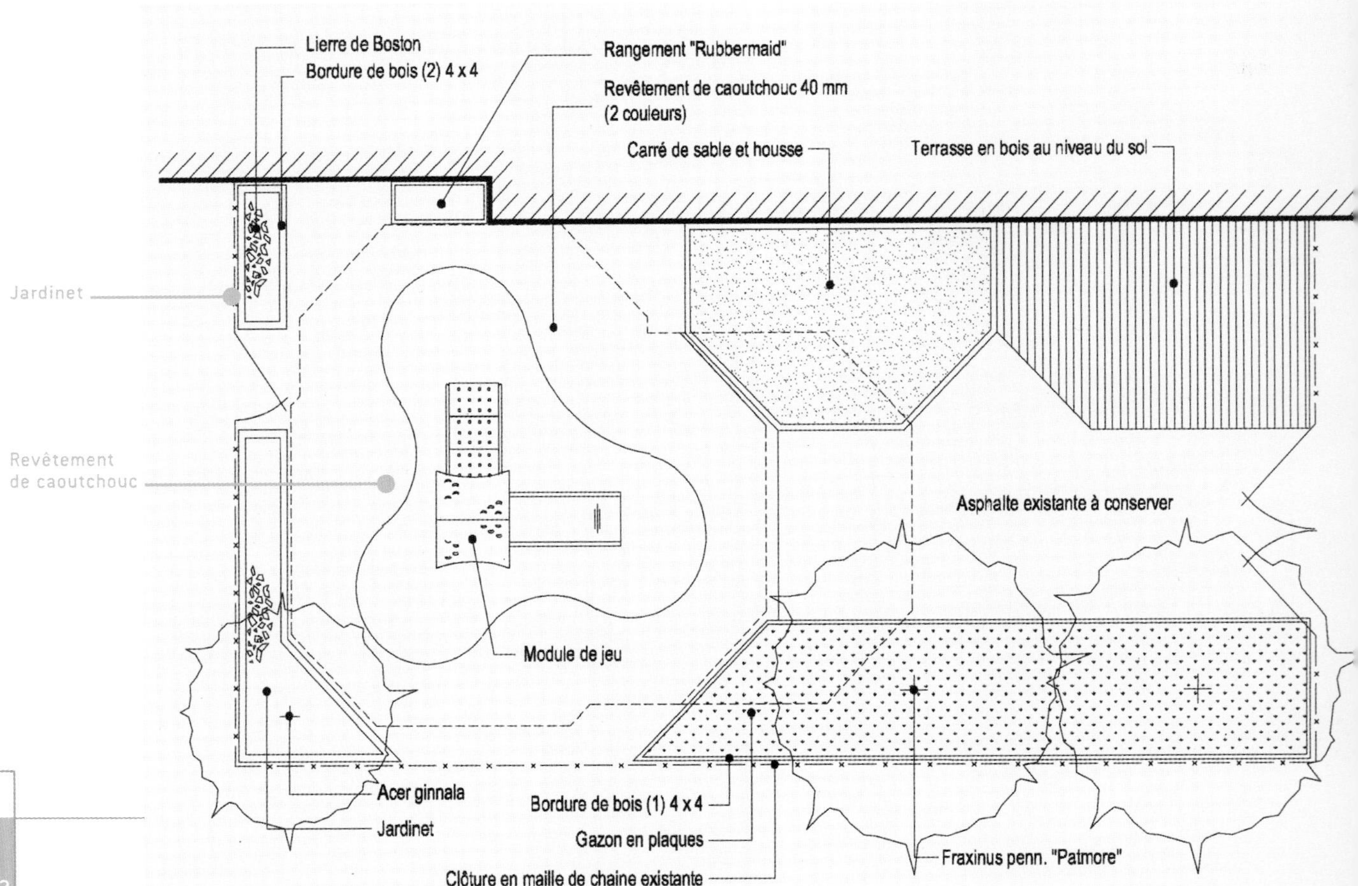

Module de jeu
18 mois-5 ans

Surface
amortissante
en caoutchouc

Arbre
Gazon

APRÈS

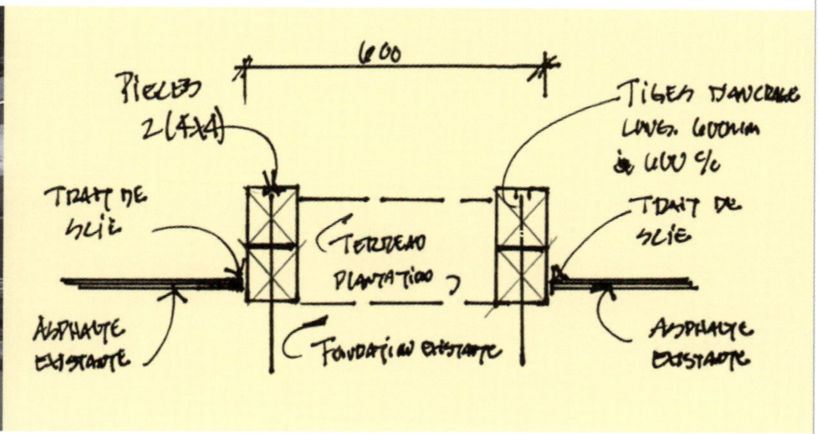

Détail : Jardinet

Carré de sable — Terrasse en bois

Superficie	80 m²
Année de réalisation	2001
Durée du processus de conception	3 mois
Durée des travaux de construction	1 semaine
Coût de construction	14 000 $
taxes en sus, soit	175 $/m²
Asphalte à couper et excavation	800 $
Bordure de bois (35 m.lin.)	612 $
Terrasse de bois au niveau du sol (8,5 m²)	935 $
Carré de sable	1 100 $
Arbrisseau érable de l'Amur 250 cm (1 unité)	240 $
Arbres frênes 60mm (2 unités)	600 $
Gazon en plaques (11 m²)	88 $
Module de jeu	4 874 $
Revêtement de caoutchouc 40 mm (33 m²)	4 389 $
Rangements de plastique (2 unités)	300 $

Projet 7

Aires de jeu pour les 18 mois et moins

Exemples d'aménagements réalisés spécifiquement pour les poupons. Chacun des cas présente une aire distincte et isolée par une clôture.

Pergola

Balançoires

CPE FLEUR DE PAPIER

Terrasse en bois

Aire de jeu délimitée par **une clôture**

Surface amortissante en caoutchouc

CPE LA RELÈVE

CPE PATACHOU

Surface amortissante en fibre de cèdre

Module de jeu 0-18 mois

Dalle de béton recouverte de caoutchouc

CPE JULIE-SOLEIL

Module de jeu 0-18 mois

Surface amortissante en tuile de caoutchouc

CPE PETIT PAIN D'ÉPICE

CPE L'ESCOUADE DES MIOCHES

CPE DES CÂLINS

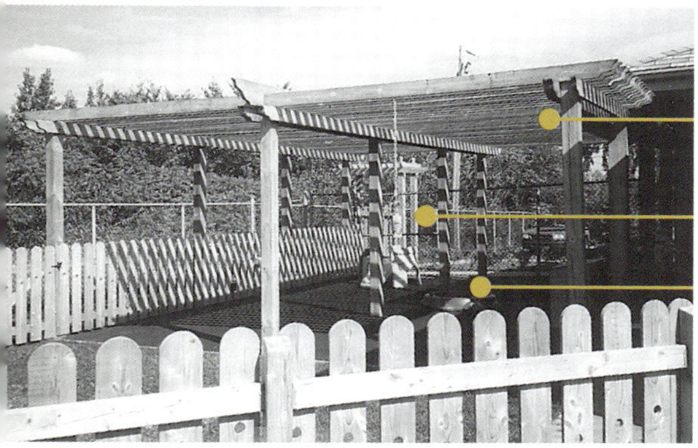

CPE AU ROYAUME DES CHÉRUBINS

CPE JARDIN FLEURI

CPE VERMOUILLEUSE

CPE JULIE-SOLEIL

Annexe C

RÉFÉRENCES ET RESSOURCES

OUVRAGES DE RÉFÉRENCE

Ouvrages généraux

BRETT, A., R. C. Moore et E. F. Provenzo. *The Complete Playground Book*, Syracuse, New York : Syracuse University Press, 1993. ISBN 0-8156-2576-6

ESBENSEN, S. B., et Société canadienne d'hypothèques et de logement. *Aires de jeux pour enfants d'âge préscolaire*, Ottawa, Société canadienne d'hypothèques et de logement. Édition révisée : c1976, révision : 1980, 1997. Aussi disponible en anglais sous le titre : *Play Spaces for Preschoolers*. ISBN 0-660-95561-X.

GILLAIN MAUFFETTE, Anne. *Revisiter les environnements extérieurs pour enfants, un regard sur l'aménagement, le jeu et la sécurité*, Hull, Québec, Les Éditions REFLEX, 1999. ISBN 2-921582-03-1.

Ouvrages à consulter sur les caractéristiques et les besoins de l'enfant

American Society for Testing and Materials. *Playgrounds Equipment for Public Use : continuum of skills and size differences of children age two to twelve*, Arlington, Virginie, National Recreation and Park Association, 1992.

BRONSON, M. B. *The Right Stuff for Children Birth to 8 : selecting play materials to support development*, Washington DC, National Association for the Education of Young Children, 1995.

MARTIN, J., C. Poulin et I. Falardeau. *Le bébé en garderie*, Québec, Presses de l'Université du Québec, 1995.

Ouvrages à consulter sur l'accessibilité des enfants qui ont des limitations fonctionnelles

BRETT, A., R. C. Moore et E. F. Provenzo. *The Complete Playground Book*, Syracuse, New York, Syracuse University Press, 1993. ISBN 0-8156-2576-6. Section 5

British Columbia, Ministry for Children and Families. *Supported Child Care : Enhancing Accessibility*, Victoria, Colombie-Britannique, 1997. ISBN 0-7726-3172-7
Disponible au ministère de l'Enfance et de la Famille de la Colombie-Britannique, Child Care Branch, Parliament Buildings, Victoria, Colombie-Britannique, V8V 1X4.

British Columbia Special Education and British Columbia School Facilities Branch. *The Universal Playground : a planning guide*, Victoria, Colombie-Britannique, 1990. ISBN 0-7726-1118-1.

GILLAIN MAUFFETTE, Anne. *Revisiter les environnements extérieurs pour enfants, un regard sur l'aménagement, le jeu et la sécurité*, Hull, Québec, Les Éditions REFLEX. ISBN 2-921582-03-1. Chapitre 4.

Ouvrages à consulter sur les plantes

Utilisation des plantes

MOORE, R. C. Plants for Play, *A Plant Selection Guide for Children' Outdoor Environments*, Berkeley, Californie, MIG Communications, 1993. ISBN 0-944661-18-1
Excellente ressource américaine pouvant donner des idées ; la liste de plantes, toutefois, n'est pas adaptée à nos conditions climatiques.

AGYEMAN, J. People, *Plants and Places*, Don Mills, Ontario, Green Brick Road, 1995. Source : Learning Through Landscapes (Royaume-Uni). ISBN 1-85741-017-3
Ouvrage provenant d'Angleterre, qui traite des plantes au cours de l'histoire, de leur usage à travers le monde, de leur utilisation en ville et des jardins culturels. Disponible chez Green Brick Road.

Royal Society for the Protection of Birds and Learning Through Landscapes. *Wildlife and the School Environment*, Don Mills, Ontario, Green Brick Road, 1992. ISBN 0-903138-51-4
Ouvrage britannique. Contenu : la faune et son intégration dans les cours d'école ; les possibilités d'apprentissage que la nature offre ; la création de prairies, d'étangs de jardins pour insectes, et de zones boisées ; études de cas. Disponible chez Green Brick Road.

Fédération de la faune du Québec. *Guides sur l'aménagement pour les oiseaux : Faites la cour aux oiseaux*, www.fondationdelafaune.qc.ca

Jardinage

www.jardinage.net/pro et www.ile.qc.ca/guides/habitation/amenagementpaysager/index.html

All *Hands in the Dirt : A Guide To Designing and Creating Natural School Grounds* (on peut lire la version française du guide sur le site d'Evergreen : http://www.evergreen.ca/fr/lg/toolshed/allhands/toc.html

Nom des plantes

LAMOUREUX G., et autres. *Plantes sauvages des villes et des champs*, volume 1, Saint-Henri-de-Lévis, Québec, Les éditions Fleurbec, 1978. ISBN 2-920174-00-2

LAMOUREUX G., et autres. *Plantes sauvages des villes et des champs et en bordure des chemins*, volume 2, Saint-Augustin, Québec, Les éditions Fleurbec, 1983. ISBN 2-920174-07-X

LAMOUREUX G., et autres. *Plantes sauvages comestibles*, Saint-Cuthbert, Québec, Les éditions Fleurbec, 1981.

LAMOUREUX G., et autres. *Plantes sauvages au menu* (guide culinaire), Saint-Cuthbert, Québec, Les éditions Fleurbec, 1981. ISBN 2-920174-04-5

ROULEAU R., et autres. *Petite flore forestière du Québec*, deuxième édition, Québec, Les Publications du Québec, 1990. ISBN 2-551-12265-1

TURNER N. J., et A. F. Szczawinski. *Common Poisonous Plants and Mushrooms of North America*, Portland, Oregon, Timber Press, 1991. ISBN 0-88192-312-5 ou 0-88192-179-3

Encyclopédie sur les plantes : www.come.to/jardin

Jardin botanique de Montréal : www.ville.montreal.qc.ca/jardin/jardin.htm

Ouvrages sur les zones et équipements de jeu

Santé et Bien-être social Canada. *Installation et équipements de service de garde.*

SANOFF Henry. *Creating Environments for Young Children*. Mansfield, Ohio, BookMasters inc., 1995.

WALSH Prue. *Early Childhhod Playgrounds, Planning an Outside Learning Environment*, Cattle Hill, Australie, Pademelon Press, 1991. ISBN 0 94913323X

Southeastern Day Care Project. *Planning Playgrounds for Day Care*, Southern Regional Education Board, 130 Sixth Street, N. W., Atlanta, Georgie 30313, 1973.

Alberta Recreation and Parks, Recreation Development Division. *Play Space Planning*, 1986.

Sunset books and Magazine. *Sunset Ideas for Children's Rooms and Play Yards.* Menlo Park, California, Lane Publishing Co., 1981. ISBN 0-376-01054-1

Navir. *Les dossiers de la petite enfance, Les espaces de jeu à l'extérieur, la participation des enfants, des parents et des professionnels*. 56, rue de la Réunion, 75020 Paris

Navir. *Les temps de l'enfance et leurs espaces, Les nouveaux lieux d'accueil de la petite enfance : exemples et pratique, création, aménagement,* Architecture, Navir, Paris, 1994. ISBN 2-9508186-0-9

LENOIR, Danièle. *Les jeux de sable et d'argile*, Revue petit à petit, volume 6, numéro 3, 1987.

VERERONT, Jeanne. *Places and Spaces for Preschool And Primary,* National Association for the Education of Young Children, Washington DC, 1994. ISBN 0-935989-25-0

MOORE, Robin C., Susan M. Goltsman et Daniel S. Iacofano. *Play for All, Guidelines, Planning, Design and Management of Outdoor Play Settings for All Children*, Berkley CA, MIG Communications, 1987. ISBN 0-944661-00-9

Régie régionale de la santé et des services sociaux de la Montérégie, Direction de la santé publique. *Guide des aires de jeu 1998, outil d'interprétation et de gestion de la norme CSA Z614-98 sur l'aménagement sécuritaire des appareils et aires de jeu.*
S'adresser à : Claudette Girard, Direction de la santé publique, Régie régionale de la santé et des services sociaux de la Montérégie, 1255, rue Beauregard, Longueuil (Québec) J4K 2M3, (450) 928-6777 poste 4052, Courriel : c.girard@rrsss16.gouv.qc.ca

Autres ouvrages consultés lors de la rédaction du guide

Cromwell, E. S.. *Quality Childcare, A Comprehensive Guide for Administrators and Teachers*. Toronto, Allyn and Bacon, 1994.

Greenman, J. *Caring Spaces, Learning Places : Children's Environments that Work.* Redmond, Washington, Exchange Press, 1998. ISBN 0-942702-04-2

National Recreation and Park Association. *Playground Equipment for Public Use, Continuum of Skills and Size Differences of Children Age Two to Twelve*. Arlington, Virginie, 1992.

Sanoff, H. *Creating Environments for Young Children*, Mansfield, Ohio, BookMasters, Inc., 1995

ORGANISMES

Ministère de la Famille et de l'Enfance: www.mfe.gouv.qc.ca

Verdissement des cours d'écoles: Evergreen www.evergreen.ca

Création d'espace extérieur: www.planetearthplayspaces.com

Organismes qui diffusent des livres et des ressources pour les enfants et l'éducation environnementale

Green Brick Road: www.gbr.org
1-800-green-38 ou (416) 421-9816, staff@gdr.org

Center for Environmental Education: bookstore.cec-ane.org/

Acorn naturalists: www.acornnaturalists.com

Organismes pour les enfants aux limitations fonctionnelles

Office des personnes handicapées du Québec: www.ophq.gouv.qc.ca

(Plusieurs liens avec des organismes spécialisés, documentation et ressources)

US Access Board (bureau de normes américaines pour les personnes qui ont des limitations fonctionnelles): voir Accessibility Guidelines and Standards. www.access-board,gov

Organismes de recherche

Centre de recherche sur les environnements des enfants: pour recevoir le catalogue des ressources du Centre de recherche sur les environnements des enfants, GERIS, Université du Québec à Hull, aller sur le site Internet de GERIS:

Cliquer sur « Projets aménagement et sécurité » et Catalogue

Natural Learning Initiative, Research and Extansion Program of the College of Design, North Carolina University, Raleigh NC, USA. Directeur: Robin Moore. www.naturalearning.com

Association canadienne de normalisation : www.csa-international.org

International Play Equipment Manufacturers Association (IPEMA) http://www.ipema.org/home.asp

Achevé d'imprimer en février 2003
sur les presses de l'imprimerie
Transcontinental Québec
à Québec